統一ドイツ教育の多様性と質保証

日本への示唆

坂野慎二

東信堂

はじめに

　教育政策は、今日、多くの国において重点的な政策領域となっている。

　1970年代まで、多くの国は福祉国家論に基づく「大きな国家」政策が進めていた。教育の大衆化によって、多くの者が後期中等教育や高等教育を受けるようになり、教育には多くの公的資金が投入されるようになった。国は教育に対して多額の資金を投入し、教育の機会均等を推し進めることにより、社会的公正さの実現を目指していた。しかし1970年代の石油危機によって国家歳入が減少したことにより、福祉国家論は見直しを迫られる。

　1980年代以降、各国に広まったNPM（New Public Management）は、歳入減少に見合った「小さな国家」政策を掲げた。そこでは教育は医療や福祉とともに、「費用対効果」が問われることとなった。その発端となったのはイギリスのサッチャー政権であり、アメリカのレーガン政権である。教育と経済とを国レベルでセットとして考え、より良い教育をより安い費用で実現しようとする考え方は、1990年代以降多くの国に普及していった。

　こうした「費用対効果」の考え方を進めるためには、教育の効果を明確に測定する必要がある。OECD（経済教育開発機構）は、教育の費用をデータ化する必要を認識し、1992年に最初の「図表でみる教育（Education at a glance）」を作成した。更に義務教育の成果を測定する方法として開発されたのがPISA調査である。PISA調査は2000年に初めて実施され、その後3年サイクルで実施されている。PISA調査は、各国における教育政策の成果を測定する規準として、各国の教育政策に影響力を持つに至った。日本でもPISA2003年調査において、得点や順位が低下したことにより、2004年に「PISAショック」が起こった。文部科学省は学力向上策を打ち出し、教育基本法が改正されるとともに（2006年）、全国学力学習状況調査の実施（2007年から）、ゆとり教育から方向を転換した学習指導要領の改訂（2008年）等が行われた。

　こうした「PISAショック」を日本よりも先に経験した国がドイツである。ドイツは2001年に公表されたPISA2000年調査結果が、OECD諸国の平均を下

回り、大きな衝撃を受けた。マスコミも大々的にこの結果を取り上げ、教育政策は大きな社会的関心事となった。

　日本とドイツの教育政策を比較すると、幾つかの基本的枠組に違いがある。第一にドイツでは教育決定を行う権限が連邦レベルにはなく、16ある州が教育政策を独自に実施できることである。このため、「ドイツ」の教育政策はなく、16州の教育政策を分析する必要がある。アメリカやカナダ、オーストラリア等も同様だが、連邦政府の権限は憲法に規定される事項に制限され、教育を含む多くの事項は州政府の権限に属する。ドイツの面白さは16ある州毎に教育政策が異なることである。これは、各州が独自の教育政策を実施することが可能となり、多様な教育政策を展開することが可能である。その中で、良いと思われる教育政策は他の州にも広がり、そうでないものは、その州独自の教育政策としてとどまる。ただし、各州が全く異なる教育政策を実施すれば、多くの課題が生じるため、一定の枠内で教育政策の調整を行う常設各州文部大臣会議(KMK)が設置されている。KMKによって、ドイツ全体に共通する大枠が作成され、各州は、その枠組を独自の方法で教育政策として実施していく。州による多様性と連邦全体での共通性という2つの異なる要素のバランスの上で教育政策が展開している(第1章参照)。

　第二の相違点として、多様な子ども達が教育政策の対象として位置づけられている。ドイツでは1960年代を中心に多くの外国人労働者(Gastarbeiter)を招いた。1970年代に外国人労働者の移入政策をやめた後も、彼らは家族をドイツに招き入れ、ドイツに定住していった。近年ではアフリカや中東からの難民も多い。彼らやその子孫をドイツ社会にどのように統合していくのかは、ドイツ社会では大きな課題である。PISA2000年調査は、そうした社会的に不利な子ども達の学力が低いことを明らかにした。彼らの学力向上策が2000年代の教育政策の中心となり、終日学校や学校入学前のドイツ語支援策等が実施された。その結果、PISA2012年調査結果では、OECD平均を上回るところまでドイツの学力は向上していったのである(第2章参照)。

　第三の相違点として、日本が第二次世界大戦後に単線型学校制度を導入したのに対して、ドイツは分岐型学校制度を維持してきたことが挙げられる。

日本の学校は、中学校までは通学区域によって多様な児童生徒で一つの学校、一つの学級が成り立っている。一方、ドイツでは、第5学年からギムナジウム、実科学校、ハウプトシューレという形で能力適性別に振り分けられてきた。こうした学校制度がどちらの国も揺らぎ始めている。日本では中等教育学校や義務教育学校等の制度化により、ある種の多様化された学校制度を志向しているのに対し、ドイツでは二分岐型学校制度への転換が進んでいる。ドイツの学校制度政策は、学力や適性が多様な児童生徒に対して、どのような学校制度が効果的なのかを考えるヒントとなる（第3章参照）。

　これまで日本とドイツの教育政策における相違点を挙げてきたが、両国の教育政策には共通点も存在する。第一に、学校教育の質保証に関心が集まっていることである。NPMの影響を受けた両国において、事前規制型から事後評価型への教育政策の転換は、どちらの国にも共通しているが、学校評価の実施方法では日本とドイツとでは異なっていた。日本では学校の自己評価が中心とし、学校関係者評価が実施されるようになってきた。一方ドイツでは学校の外部評価が質保証政策の中心となっている。学校が独自の教育目標を設定し、学校の組織力を高め、授業改善を進めるための手段として、学校の外部評価は重要な役割を果たしている（第4章参照）。

　第二に、教員の質向上は、両国に共通の課題である。教員養成の学修課程を詳細にみていくと、理論と実践の往還・組み合わせをどのように効果的に行うのか、という点で日本とドイツは共通性を有している。そのために教員養成を行う大学側と実習校との協力の枠組をどのように構築するのかが両国に共通して問われている。しかし日本では開放制の教員養成システムを中心とし、一方、ドイツでは州立大学で定員を定めて教員養成を行っている。どちらのシステムが教員の質保証として効果的なのかを考えるヒントとなるであろう（第5章参照）。

　かつての教育政策は、ある国が新たな教育政策を導入し、その成果が紹介され、各国がその教育政策を自国の教育に合うように取捨選択しながら取り入れていくという流れがあった。その情報が知られるようになるためには、一定の時間が必要であり、教育政策の時差が存在した。しかし今日では、IT

の進展によって、各国の情報も多くはほぼ同時に収集できる。良い事例を参考にほぼ同時代に教育改革を進めている。教育研究でも英語文献が中心となり、英語圏以外の国の情報は少なくなってきている。今日のドイツの教育についてある程度見渡すことができる著作は、木戸裕(2012)『ドイツ統一・EU統合とグローバリズム－教育の視点からみたその軌跡と課題』(東信堂)、久田敏彦(2013)『PISA後の教育をどうとらえるか－ドイツをとおしてみる』(八千代出版)等、多くない。こうした中で、本書がドイツ全体の教育政策の大きな流れを理解し、日本の教育政策における特徴を考えるためのきっかけとなることを願っている。

目　次・統一ドイツ教育の多様性と質保証

はじめに …………………………………………………………………………… i

序　論　3

第1節　今日的教育改革の背景 …………………………………………… 3
1　グローバル化と標準化　(3)
2　福祉国家論からNPMへの転換　(4)
3　成果主義と経営サイクル　(5)
4　教育の多様性と質保証　(6)
5　ドイツにおける教育政策の傾向　(7)

第2節　本書の目的と構成 ………………………………………………… 10
1　本書の目的　(10)
2　本書の構成　(11)

注・主要参考文献等 ……………………………………………………………… 15

第1章　ドイツの教育政策を取り巻く状況　17

はじめに …………………………………………………………………………… 17

第1節　ドイツにおける教育政策の方向性 …………………………… 17
1　2001年の「PISAショック」　(17)
2　PISAショック以降の教育政策の方向性
　　―KMKの「7つの行動プログラム」―　(19)
3　教育フォーラム　(20)
4　連邦と州の教育権限　(22)

第2節　教育政策を取り巻く状況 ………………………………………… 23
1　社会的状況　(23)
2　経済的状況　(29)
3　政治的状況　(38)

まとめ ……………………………………………………………………………… 42
1　数字に見るドイツ教育の変化　(42)
2　日本への示唆　(46)

注・参考文献等 ………………………………………………………… 47・48

第2章　就学前教育と初等教育における学力保証政策　51

 はじめに……………………………………………………………………… 51

 第1節　国際学力調査結果の衝撃………………………………………… 52
  1　国際学力調査の結果　(52)

 第2節　義務教育段階以前の支援………………………………………… 54
  1　移民の背景を持つ子どもの支援(行動プログラム1、2、4)　(54)
  2　就学前教育と初等教育の接続(行動プログラム1、2)　(55)
  3　早期から短期間での学校教育(行動プログラム3)　(57)

 第3節　義務教育段階における支援……………………………………… 61
  1　終日学校の拡大(行動プログラム4、7)　(61)
  2　学校制度の改革(行動プログラム5)　(63)
  3　学習指導要領の改訂(行動プログラム3)　(63)
  4　教師教育の充実(行動プログラム6)　(68)

 第4節　義務教育段階の「出口」における質保証………………………… 68
  1　共通教育スタンダードの作成(行動プログラム5)　(68)
  2　教育成果の検証(行動プログラム3、5)　(70)

 まとめ………………………………………………………………………… 72
  1　成績の向上と分散の縮小　(72)
  2　日本への示唆　(75)

 注・主要参考文献・資料等………………………………………………… 77・80

第3章　中等教育段階への接続と選抜　85

 はじめに……………………………………………………………………… 85

 第1節　ドイツにおける中等教育学校制度の変化……………………… 86
  1　中等教育学校制度の歴史的経緯　(86)
  2　ギムナジウムへの通学率の上昇　(89)
  3　三分岐型と二分岐型　(91)
  4　中等教育段階の修学年限　(94)

 第2節　中等教育段階Iの現状…………………………………………… 96
  1　中等教育段階の枠組み　(96)
  2　教育課程と授業時数　(98)
  3　修了証の取得　(99)

第3節　保護者の学校選択と進学実態……………………………………… 101
　　1　学校種選択の意味　(101)
　　2　個別の学校選択　(103)
　　3　進学実態　(105)
　まとめ………………………………………………………………………… 110
　　1　ドイツにおける分岐型学校制度と学校選択の特質　(110)
　　2　日本への示唆　(112)
　注・主要参考文献…………………………………………………… 113・114

第4章　学校教育の質保証と学校外部評価　　117

第1節　学校の自主性・自律性と学校外部評価導入の経緯……………… 118
　　1　「良い学校」論から学校評価へ　(118)
　　2　「新制御」と学校評価　(119)
　　3　学校外部評価の普及　(120)
第2節　各州の学校評価制度の概要………………………………………… 121
　　1　学校教育の質保証としての学校評価の導入　(121)
　　2　学校外部評価の多様性　(126)
第3節　各州の学校評価制度の事例………………………………………… 130
　　1　ニーダーザクセン州の学校評価制度　(130)
　　2　バーデン・ヴュルテンベルク州における学校外部評価　(139)
第4節　学校外部評価と学校改善…………………………………………… 147
　　1　学校外部評価と学校の自己評価　(147)
　　2　学校外部評価後の教育行政の支援　(149)
　　3　学校外部評価の効率化　(149)
　　4　学校外部評価後の学校の対応　(150)
　まとめ………………………………………………………………………… 151
　　1　学校外部評価による学校改善　(151)
　　2　学校外部評価の費用対効果　(151)
　　3　学校外部評価の継続的効果　(151)
　　4　日本への示唆　(152)
　注・主要参考文献・資料…………………………………………………… 153

第5章　教員政策と質保証　　　159

　はじめに………………………………………………………………159
　第1節　ヨーロッパ連合における教員の質保証………………………161
　　1　ヨーロッパ連合における教員の質保証　(161)
　　2　ヨーロッパ連合における教員政策の現状　(163)
　第2節　ドイツの教員政策………………………………………………166
　　1　ドイツにおける教員政策の特色　(166)
　　2　1990年代後半以降の教員養成政策の推移　(168)
　　3　教師教育スタンダードの作成　(171)
　　4　各州における教員養成改革の動向　(173)
　第3節　各州の教員政策…………………………………………………175
　　1　ニーダーザクセン州　(175)
　　2　ハンブルク市における教員養成課程改革　(177)
　第4節　教員政策の成果と課題…………………………………………183
　　1　ドイツの教員政策　(183)
　　2　日本への示唆　(186)
　注・主要参考文献………………………………………………187・190

結　論　　　195

　　1　教育の公正さと多様な者のための教育政策　(195)
　　2　質保証のための教育政策　(198)
　　3　日本との比較及び示唆　(200)

あとがき……………………………………………………………………205
事項索引……………………………………………………………………209
人名索引……………………………………………………………………210

統一ドイツ教育の多様性と質保証
―日本への示唆―

序 論

1　今日的教育改革の背景

　本書は、ドイツの教育政策の分析を中心として、教育政策の今日的特徴を明らかにすること、それによって、日本の教育政策への示唆を引き出すことを目的とする。今日の教育改革は世界的な動きである。そこには多くの共通点があると同時に、各国それぞれに特殊性が表れている。日本を含む多くの国でNPM（New Public Management）の流れと整理される今日の教育政策の傾向は、ドイツでは「新制御（Neue Steuerung）」として整理されることが多い。新制御は1990年代に教育政策の領域にも入り始め、2000年代以降、頻繁に使用されるようになる。フィッシュ（Fisch 2005）、アルトリヒター（Altrichter 2007; Ders 2010）、ファン・アッケレン／クレム（Van Ackeren / Klemm 2009）等が研究上引用されることが多い。

　以下、今日の教育改革に共通する背景を概観しておこう。

1　グローバル化と標準化

　今日、世界各国が「学力」の競争に翻弄されている。そのきっかけとなったのが2000年に実施されたPISA調査である。実施主体はOECD（経済協力開発機構）である。OECDは、1970年代前後から経済成長と教育との関係性に着目し、1990年代にはデータを基盤とした教育成果分析を進めるようになった。1992年には最初の「図表に見る教育」を作成し、各国の教育政策を比較検討するための資料を提供するようになった。

1989年に始まった東ヨーロッパ諸国におけるビロード革命と「ベルリンの壁」崩壊、1990年の東西ドイツ統一、そして1991年のソビエト連邦の崩壊によって、東西冷戦構造は終焉した。旧社会主義諸国への経済圏の拡大によって、人と物の移動が活発化したこと、そして先進国と途上国との区分が相対的にボーダレス化することによる競争の激化、が経済のグローバル化を引き起こした。1990年代から国境を越えた物とサービスの移動はより活性化し、国際的な分業体制が再構築されつつある。途上国の安価な人件費を基盤とした企業の国際化は、賃金の高い先進国の雇用減少となり、先進国では、従来の生活の豊かさを特権的に享受することは困難となってきている。ヨーロッパ諸国における失業率の高さは、国内産業の空洞化の結果として位置づけられよう。

　更にヨーロッパでは、国家連合としてのヨーロッパ連合 (EU、2016年現在28カ国が加盟) が大きな影響力を持つようになってきた。域内の関税撤廃のみならず、人と物の移動の自由化や、統一通貨であるユーロの導入等、EUの決定に合わせて国内法令の整備を進めることが必要となってきた。国外と国内の相違が小さくなることによって、各領域の政策は、ある種の共通化・標準化が進行することになる。その典型的な例はボローニャ・プロセスによるヨーロッパ高等教育圏 (EHEA) の形成であろう。2016年現在、48ヶ国・地域が参加し、高等教育の共通枠組みを構築しつつある。教育の世界においても、共通化・標準化が進められているといえよう。同時に、各国は大枠では共通化された政策を実施する際に、独自性を発揮している。各国がそれぞれ政策を展開し、その良さを競い合うことにより、よりよい政策が可能となる。

2　福祉国家論からNPMへの転換

　アメリカの社会学者であるM.トロウが高等教育の拡大モデルを提示し、I.イリッチが学歴社会の課題を指摘したのは1970年代のことである。当時アメリカを中心に現れたこうした教育制度の量的拡大現象は、今日多くの先進国、そしてアジア諸国を含む多くの国々にも現れている。教育は医療、福祉等と並んで、1970年代まで主流であった「福祉国家」論の重要な政策領域であっ

た。教育に予算を支出することは国の責務とされ、義務教育段階の無償化が実現した。各国では1960年代から起こった後期中等教育段階の生徒増、さらに1970年代以降の高等教育段階の拡大は、多大な費用負担を国に強いることとなった。折しも、1973年の第一次石油ショック以降、各国は歳入不足による構造的な赤字体質を抱え、福祉国家からの転換を求められていた。

　1980年代に入ると、イギリスのサッチャー首相、アメリカのレーガン大統領を中心として、国の歳入の減少に合わせて歳出構造を見直す動きが活発になる。市場原理による競争と、民間活力の活用による歳出の削減を行う、いわゆる「NPM（New Public Management）」による国家システムが構築されていった。日本やドイツでは、経済成長が持続していたためその導入が遅れたが、ドイツでは1990年の東西ドイツの統一によって、日本ではバブル崩壊による平成の大不況によって、国家支出の削減による財政赤字を圧縮する必要が生じた。ドイツではヨーロッパ共通通貨であるユーロを導入する条件として、財政赤字削減が課されていた。こうして各国では、教育等の領域でも一律に資源を投入するのではなく、教育政策に対する費用対効果が問われることとなった。

3　成果主義と経営サイクル

　教育政策に対する費用対効果を明らかにするためには、教育の成果・結果を示すことが求められる。初等中等教育段階では、OECDにより2000年に実施されたPISA調査が2001年12月に公表された。各国はその順位や点数を評価の参考材料に用いることにより、教育の成果を示すようになった。各国政府はPISA調査の順位や点数を向上させることに注力することとなった。考慮すべきは、教育は国の経済成長の手段としての側面を有するが、①実際にPISA調査で測定している能力（読解力、数学的リテラシー、科学的リテラシー）は、経済成長とどのような関係にあるのか、②人間の能力をそうした基準で測定できるのか、という点を検証していく必要がある。しかし、実際の教育政策は、こうした検証なしにランキング競争を繰り広げている。

　日本もこうした学力の国際競争の波に飲み込まれている。1998年に「生き

る力」を掲げた学習指導要領が公表されると、学力低下が懸念された。おりしも「分数のできない大学生」が出版され、学力に対する不安が高まっていた。2002年1月、遠山敦子文部科学大臣（当時）は、「学びのすすめ」をアピールし、家庭学習の重要性を訴えた。2002年度からの完全実施から時を経ずして学習指導要領改訂の準備を進め、2003年12月には学習指導要領が一部改訂された。この改訂によって、学習指導要領は「最低基準」であることが示され、発展的学習が公認されることとなった。更にPISA2003年調査の結果が2004年12月に公表されると、読解力の順位が8位から15位に低下したことから、学力向上は重要な政策課題として位置づけられた。

　諸外国、例えばドイツにおける学力向上策において、主たる対象となる児童生徒は低学力層である。全体的なレベルの引き上げがなければ平均点は上昇しないからである。これに対して日本では順位のみが取り上げられる。しかし、ある種の平等意識が強く働いているためか、学力向上の主たる対象が設定されていない。具体策がないまま、学校現場に成果を求めているものの、十分な資源が投入されていない。日本では2007年度から全国学力学習状況調査が実施されている。文部科学省は学校や市町村毎に結果を公表しないことを求めていたが、一部の首長は結果の公表を求めている。結果を公表するならば、成績のふるわなかった学校や市町村に重点的に資源を投入し、「てこ入れ」していくことが政策となるはずなのだが、首長から表明されるのは、学校や教員への罰のみである。

　日本でも政策評価が導入されている。教育委員会も2007年の地方教育行政法の改正によって、政策評価が義務づけられた。しかし評価は形式的なものとなり、経営サイクルが回っているところはむしろ例外的なのではないだろうか。また、指標化しているものが、真に全体の評価として適切なものなのかを検証し続けることが必要である。

4　教育の多様性と質保証

　日本では、小泉純一郎政権（2001～2006年）以降、首相官邸を中心とした、

与党及び政府主導の教育改革が進められている。従来の教育政策の中心であった文部科学省は、首相官邸からの要求への対応に追われ、中央政府における政策決定の力学が変化しつつある。また、1999年の地方分権一括法により、国の権限の一部が地方に移譲されたが、その後の動きを見ると、再度中央集権型となってきている。中央政府における政策決定の一元化は、地方においても散見できる。地方に設置されている行政委員会としての教育委員会は、大阪府や大阪市にみられるような首長主導型の教育政策提言にうまく対応できず、その存在意義が問われている。

　アメリカでも1983年の「危機に立つ国家」(橋爪 1984)以降、教育政策への連邦政府の介入が進んできた。このため補助金を獲得するためには各州は連邦の政策誘導に従う方向となりつつある。しかも地方における権限は学区から州へと移動しつつある。

　一方、ドイツはアメリカと同様に連邦国家であり、教育政策は16ある州が権限を持つ。2001年の「PISAショック」の後、連邦政府が教育スタンダードを作成しようとする動きもあったが、常設各州文部大臣会議（KMK）の合意によって、州が主体性を持って教育改革を進めていくこととなった。従来は見られなかった、教育スタンダードのように、各州の合意による一定の枠組みの中で、各州は独自性を保証され、多様な教育政策が進められている。教育政策は、誰が、どの範囲で、どのように決定すべきなのかが問われているといえよう。しかも、教育政策もその結果を明示することが求められている。

5　ドイツにおける教育政策の傾向

　イギリス等で1980年代にNPMが普及し始めた。これは1960年代から1970年代までの福祉国家論に対する新しい国家観である。福祉国家論は、国が多くの領域に介入し、ある種の国家計画経済と関連している。しかし1973年の石油危機以降、イギリス等では経済活動が停滞し、少ない税収では福祉国家論よる「大きな国家」を維持できず、国の役割を市場や市民社会に委ねようとする動きとなった。NPMは医療、福祉、そして教育といった領域を市場

による調整を前提とした民営化や規制緩和として現れた。こうした国家観の転換は、その他の国々にも大きな影響を与えた。

　ドイツ(語圏)ではこうした動きは「新制御モデル neues Steuerungsmodell」と呼ばれている。郡及び市町村の連合体である地方自治体連合会(Kommunale Gemeinschaftsstelle für Verwaltungsmanagement, KGSt) は1993年に新制御モデルについて報告書をまとめている。さらに1996年には「学校領域における新制御」の報告書を作成している。また、連邦教育研究省は、2010年から2016年まで「教育システムにおける制御(Steuerung im Bildungssystem)」を研究重点として研究委託を行っている[1]。学校教育研究の領域では、主に1990年代後半から、新制御に関連する研究がみられる。1980年代の効果的な学校研究の流れを受け、学校の自治強化、あるいは学校開発という文脈が多い(代表的な研究としてRolff 1991、Altrichter / Posch 1996)。

　ドイツ語圏では1990年代にこれまでとは異なる行政概念として「ガバナンス Governance」が使用されるようになった(Kussau / Brüesemeister 2007)。その特色は、国による権限の縮小によって、国による一方的な規制から、国、市民社会、市場による緩やかな相互関連性による統治システムへの変化を示すものである。その特色としてあげられるのは、①関係者の相互の合意、②関係者の相互依存、③3段階のシステムの相互関係性、に整理できよう。ここで重要となるのは、3段階の関係である。第一段階であるマクロレベル―国・政治、第二段階であるメゾレベル―自治体、第三段階であるミクロレベル―学校・教員・児童生徒等が、相互に依存しながら、同時に全体としてある方向性に緩やかに合意しながら活動していくことである。マクロレベルは規制緩和によってミクロレベルに一定の範囲における裁量を委ねる。ミクロレベルでは、その範囲内での自主性・自律性あるいは裁量権を関係者の合意によって有するものの、マクロレベルの決定に対して、直接的な関与は行われず、選挙等によって間接的に決定に関与するのみである。新制御はこうした枠組みの中でマクロレベルが統治する手法であるといえる。ハインリヒ(Heinrich 2007)、コップ(Kopp 2008)、ファン・アッケレン／クレム(Van Ackeren / Klemm 2009)らの研究によれば、「新制御」についての統一的な定義はない。しかしいくつかの共

通する枠組みを描き出すことは可能であろう。

　フックス（Fuchs 2009）は、「新制御」の特色について、以下のように整理している（Fuchs 2009, 371f）。第一の特色は、インプット制御からアウトプット制御への移行である。これまでの教育行政が学校や授業に与える影響は、法令や学習指導要領、授業時数、そして学校で活動する教員養成といったインプットによる制御であった。PISA 調査結果に代表されるように、こうしたモデルは十分な成果を上げていないことが明らかとなってきた。そのために新たに導入されたのが、学習過程の定義された結果を統制する手法、つまりアウトプット、アウトカム、インパクトを制御する手法である。この考え方は「学校の効果（School-Effectiveness）論」とも接続する。学校は時間的資源、財政的資源、設備的資源及び人的資源を自由に使いながら、最終的にコンピテンシーと呼ばれる学習成果を上げることが求められる。この過程において、教育はインプット、プロセス、アウトプットに区分される。こうしたモデルはアングロサクソン系諸国で先行した。こうした国々では教育スタンダードに基づいた期待される教授・学習成果が定義されることが論争とはならない。

　フックスによる第二の特色は、結果を統制する要求と連動した新制御原則による、そして競争による制御とも対応する、「学校の自治（Schulautonomie）」である。1960 年代後半から 1970 年代にかけて、学校の自治についての議論が盛んとなったが、1980 年代には下火となっていた。1990 年代の学校の自治論は、学校裁量権の拡大（日本でいえば学校の自主性・自律性）であるが、これは教育行政の事前規制緩和と平行している。しかし、成果の基準はスタンダードとしてすでに教育行政により規定された学校裁量の拡大なのである。つまり、新制御システムにおける学校は、独自の成果への裁量を得るのではなく、成果を上げるための選択幅が拡大されたという構造になる。この点は前述のクッサウ／ブリューゼマイスター（Kussau / Brüsemeister 2007）の指摘とも一致する。

　こうした成果指向的な制御のための教育行政手法は、①学校査察や学校外部評価、②統一修了試験、③教育スタンダード、④学習状況調査、⑤学校プログラムである（Fuchs 2009, 373）。すなわち、緩やかなマクロレベルは緩やかな規則により、その実施方法をメゾレベル、そしてマクロレベルに委ねる。

その結果・成果を規定された手法によって測定し、より効率的な規定へと修正を行う。ミクロレベルは一定の裁量権を有するものの、結果・成果に対する責任を負うことになる。ただしこうした教育行政手法が従来の手法よりも効果的であるのかどうかは必ずしも明らかではない (Kussau / Brüesemeister 2007)。

2　本書の目的と構成

1　本書の目的

　こうした教育政策を取り巻く諸要因は、非常なスピードで変化している。日本では、国レベルの教育政策が大きな比重を占めており、地方発の教育改革は、幾つかの事例(たとえば東京都品川区、京都市等)は見られるものの、国の教育政策における枠内での改革である。
　これに対して、ドイツは、ユニークな位置づけを持っていると考えられる。第一に、連邦国家であるため、多様な教育政策を国内で実施することが可能である。同時にEUという国家を超えた枠組みからの影響を強く受けており、他国との一定の共通枠組みにおける教育政策が進められている。連邦国家はアメリカ、カナダ、オーストラリアといった国々も同様であるが、EUという国家連合的枠組みにおける連邦国家という位置づけは他国ではない。こうした枠組みによって、一定の方向性の中で、多様な教育政策が実施されるところにドイツの教育政策を検証する意義がある。
　第二に、イギリスのNPM型の改革が遅れたという点で、日本との共通性がある。教育政策における費用対効果をどのように意識しながら、教育改革を進めようとしているのかは、対照的である。しかも近年の日本の教育政策はイギリスの影響を強く受けている。ドイツはイギリスの教育政策とともに、他のヨーロッパ諸国の教育政策から、自国に適した政策を選択している。例えば学校外部評価は、イングランドの教育水準局(Ofsted)による学校評価のみならず、オランダやスコットランドといった国の影響も受けている。その取捨選択がどのような目的によって行われたのかを分析することは、日本の教

育政策にも多くの示唆を与えるものである。

　第三に、教育政策の立案・実施・評価という手法である。諸国の教育政策において、結果重視の政策が進められているが、これまでは教育の成果は測定できないという「ブラックボックス型」として考えられてきた。しかし、成果の一部を「学力」として測定し、その結果を新たな教育政策に反映させるという循環が求められている。ドイツにおいても、教育報告書の作成による教育政策の評価、学校外部評価による学校経営サイクルへの関心が高まっている。こうした教育政策における経営サイクルをどのように確立していくのかをドイツの事例から検討し、日本への示唆を得ることは意義あることと考えられる。

　本書は、こうした日本との比較という視点に立脚し、ドイツの教育政策の分析を行い、教育の質保証という観点を抽出することにより、日本の教育政策への示唆を得ることを目的とする。

2　本書の構成

　本書は、以下のように構成されている。第1章は、ドイツが2001年の「PISAショック」以降、KMKや教育フォーラムが教育改革の方向性を示したことを提示する。そこでは連邦と州との権限関係において、州が教育政策についての権限があることが確認される。また、1990年以降のドイツの基本的状況について整理する。政治的には、東西ドイツ統一後は、当初CDU/CSU（キリスト教民主・社会同盟）が優位な状況にあったが、1990年代後半にはSPD（ドイツ社会民主党）を与党の中心とした動きが進む。その後、2000年代半ばには再度CDU/CSUを中心とした政治的な動きが強まっていく。経済的、社会的には2000年代前半までは、景気回復が遅れていたものの、2000年代後半以降は後に見るシュレーダー改革の成果によって経済が上向いていく。2010年代に入り、PISA調査等に見られるドイツの学力は一定の改善傾向を示している。しかし、教育政策は、各州の政治的、経済的、社会的状況から大きな影響を受けており、学力向上を単純に教育政策の成果として整理することには慎重でなければならないことを指摘する。

第2章は、ドイツの就学前教育段階と初等教育段階の教育政策に焦点を当てる。2001年の「PISAショック」に象徴される、学力が低い国ドイツという認識の共有は、ドイツの教育改革を推進する大きな要因となった。従来、教育の分権化（州における文化高権）による多様性を尊重した教育政策は、各州共通の政策枠組みを設定する機会となった。連邦政府も共通の政策づくりの支援を行ったが、共通枠組みの決定は連邦ではなく、KMKが州間の合意として決定する形がとられている。そしてその実施は、ドイツ基本法の規定に従い、州が中心となって進めていくという構図が確認されつつある。義務教育段階における学力向上の主な対象は、低学力層である。具体的には、移民の背景を持つ子ども、社会的に不利な状態にある子ども（一人親、一人っ子等）、経済的に不利な状態にある子ども、である。ドイツの子どもの学力は分散が大きく、学力中位層が少なく、低学力層が多いという特色を持っている。低学力層の底上げなしに、学力の全体的引き上げは困難であるという政策的判断がそこにある。こうした低学力層へのてこ入れは、イギリス等他国においてもみられる。ドイツでの具体的な施策として、基礎学校入学前のドイツ語能力検査と、ドイツ語習得が不十分な子どもへの支援、就学期間中の放課後支援としての終日学校の拡大、三分岐型学校から統合的な学校への移行、といった施策を挙げることができる。こうした施策の効果を検証することが教育研究に求められている。

第3章は、教育の機会均等と、教育の質保証を前期中等教育段階でどのように行おうとしたのかを明らかにする。ドイツでは伝統的な三分岐型学校制度を維持してきたが、現在では二分岐型学校制度へと転換しつつある。この中で、児童生徒数の減少と、ギムナジウムの維持を主張する保護者等関係者、そしてNPM型の施策によって、二分岐型が浸透していく過程を明らかにする。保護者の学校選択権は強化される一方で、基礎学校の勧告書という専門家の見解は、その存在意味が問われている。二分岐型学校制度への転換は、より多くの生徒に大学入学資格を取得する機会を提供を可能とし、教育機会の拡大に資しているといえる。

第4章は、各学校の教育成果をどのように評価すべきか、という課題である。2001年の「PISAショック」によって、学校の効果について検証することの重

要性が明らかとなった。ドイツにおいて、学校の自己評価あるいは外部評価という手法は、それまでの学校文化とはかけ離れたものであったため、その普及はゆっくりとしたものであった。各州は学校外部評価を導入するにあたり、学校の自己評価を前提とするが、多くの学校では自己評価自体が初めての経験であった。学校外部評価の導入は、学校の自己評価を促し、経営サイクルを動かすという側面も持っている。学校外部評価は、教員の個業意識を打ち破り、学校が組織体として協働する組織へと変革していくための手段としての一面を有している。評価結果に対する対応策を実施するために、学校は自己改善努力が求められると同時に、学校設置者である自治体と目標協定を結ぶことにより、学校設置者に必要な支援を求めることができる。学校設置者が実際にどの程度支援を行いうるのか、学校が自己改善のために必要な支援をだれがどのように提供するのかが今後の課題である。

　第5章は教員の質保証に関わる政策についての検討である。第5章では、ヨーロッパ連合における教員養成政策の動向を整理し、今日の教員に必要な資質・能力を示している。そこで強調されているのは、教員養成段階で十分な能力が準備されているとはいえず、今後は研修が重視されるという方向性である。従って、教員養成終了段階では最低限必要な諸能力の獲得、とりわけ授業力の獲得が必要であることが示される。ヨーロッパでは、1999年以降、ボローニャ・プロセスが進み、教員も学士（BA、3年）と修士（MA、2年）で養成する方向で進んでいる。ドイツでは、①国家試験による養成課程であったため、これを二段階型へと改組すること、②ドイツ語圏で実施されている試補制度と大学における教員養成課程をどのように接続するのか、が課題となる。ドイツでは教員に必要とされる諸能力（コンピテンシー）を各州間での合意事項（KMK協定）として定め、その内容を各州の教員養成機関の学修課程に落とし込む作業を行った。その特徴は、諸能力の獲得のために小単元をまとめたモジュールに集約し、モジュール毎に試験を実施するシステムである。加えて、実習が重視され、理論と実践の相互作用を促す学修課程が構築されつつある。一方、大学における養成期間の長期化（特に基礎学校教員養成）は、主に財政的理由から試補制度の期間短縮となり、実際に必要な諸能力が獲得できるのか

が問われている。

　以上の分析を通じて、教育政策の在り方が変容してきたことが明らかとなる。ドイツを中心としたヨーロッパ諸国では、1980年代から1990年代以降、行財政改革の進行と平行して、教育改革が進められた。その中心となる理念は、教育の公正さと、質保証である。ドイツの現状からすると、教育の公正さと質保証を両立させるためには、個人の多様性を前提とする必要がある。家庭的、社会的、経済的状況は、学校教育に入る時点で、子ども達の発達を同じ程度に保証しているとはいえない。児童生徒の多様化によって、一定の学力を保証するためには、従来の学校教育の枠組みでは困難であり、就学前教育や放課後の支援等が重要な教育政策課題となっている（第2章等）。また、教育の機会均等と行政の効率性を高めるために、伝統的な三分岐型学校制度が二分岐型に変化しつつあることが明らかになる（第3章）。更に、学校教育の質を高めるために、学校外部評価が導入された。学校外部評価は、データに基づいた政策の1つの手段として位置づけられる。学校外部評価は、学校のインプット・プロセス・アウトプットという流れで分析を行い、学校の成果・結果のみならず、インプットやプロセスを含めた学校における課題を明らかにする有力な手段である。しかし、重要な点はその後の学校の自己努力と外部からの支援による改善である。学校における経営サイクルを回すことによって効果を高めるとともに、学校教育の監督庁等による一定の資源の投入が必要である（第4章）。こうした学校の成果を高めるために、その重要な構成員である教員に求められる責務は増大する傾向にある。ドイツでは大学における教員養成に加え、試補勤務による教員の質保証を目指してきたが、その中心として位置づけられるのは授業力や児童生徒の診断力である。教員養成では早い段階からの理論と実践を繰り返すことが重要であり、教員養成段階の終了は最低限の能力獲得に過ぎず、その後の研修が必要であることを示している（第5章）。
　こうした分析を通じて、ドイツの学校教育が課題解決へと進んでいる手法は、日本を含む他の国々の教育政策に対してどのような示唆を含んでいるのかを明らかにしていく。

注

1　<http://www.stebis.de/>（160828 access）

主要参考文献等

Van Ackeren, I. / Heinrich, M. / Thiel, F.（2013）Evidenzbasierte Steuerung im Bildungssytem? DDS 12. Beiheft. Waxmann, Muenster.
Van Ackeren, I. / Klemm, K.（2009）Entstehung, Struktur und Steuerung des deutschen Schulsystems: eine Einführung. S Verlag fuer sozialwissenschaft, Wiesbaden.
Altrichter, H.（Hrsg.）（2010）Handbuch neue Steuerung im Schulsystem. VS Verlag fuer sozialwissenschaft, Wiesbaden.
Altrichter, H.（Hrsg.）（2007）Educational governance: Handlungskoordination und Steuerung im Bildungssystem. VS Verlag fuer sozialwissenschaft, Wiesbaden.
Altrichter, H. / Posch, P.（1996）Mikropolitik der Schulentwicklung. Innsbruck/Wien, Studienverlag.
Fend, H.（2011）Die Wirksamkeit der Neuen Steuerung–theoretische und methodische Probleme ihrer Evaluation. Zeitschrift fuer Bildungsforsch（2011）1:5-24. DOI 10.1007/s35834-011-0003-3.
Fisch, R. / Koch, S.（Hrsg.）（2005）Neue Steuerung von Bildung und Wissenschaft. Lemmens, Bonn.
Fuchs, H. -W.（2009）Neue Steuerung–neue Schulkultur? Zeitschrift für Pädagogik 55（2009）3, S. 369-380.
Heinrich, M.（2007）Governance in der Schulentwicklung: von der Autonomie zur evaluationsbasierten Steuerung. VS Verlag fuer Sozialwissenschaft, Wiesbaden.
Kopp, B. V.（2008）Bildungssteuerung: Vom Drehen an der Stellschraube zu Governance. Erweiterte und überarbeitete Fassung des Beitrags "Steuerung". In: Trends in Bildung -international（TiBi）,（2008）19.<http://www.pedocs.de/volltexte/2012/5068/pdf/tibi_2008_19_Kopp_Bildungssteuerung_D_A.pdf>（160828 access）
Kussau, J. / Brüsemeister, T.（2007）Educational Governance: Zur Analyse der Handlungskoordination im Mehrebenensystem der Schule. In Altrichter, H.（2007）15-54.
Rolff, H. -G.（1991）Schulentwicklung als Entwicklung von Einzelschulen? Zeitschrift für Pädagogik, 37, 865-886.
イリッチ、I.（1977）『脱学校の社会』（東洋、小澤周三訳）東京創元社
トロウ、M.（1976）『高学歴社会の大学：エリートからマスへ』（天野郁夫、喜多村和之 訳）東京大学出版会
橋爪貞雄（1984）『危機に立つ国家：日本教育への挑戦』黎明書房

第1章
ドイツの教育政策を取り巻く状況

はじめに

　2001年12月、ドイツの教育関係者や政治家は「PISAショック」に遭遇していた。ドイツの学校教育の成果は、OECD諸国の平均以下であること、諸州の教育成果に大きな相違があること、階層の再生産性が高いこと、が明らかにされた。

　それから12年後の2013年12月、ドイツのPISA調査結果がOECD諸国の平均以上へと上昇し、一定の結果を残すところまで来た。この10年余りの期間で、何が学校教育の成果を押し上げたのであろうか。そこから導くことができる日本への示唆は何か。

　本章では、ドイツの学校教育の成果の変化について、ドイツの社会的・経済的な状況を整理した上で、どのような教育政策が実施されていったのかを概観する。その結果、どのような学校教育の成果が改善され、何が課題として残されているのかを明らかにすることを目的とする。

1　ドイツにおける教育政策の方向性

1　2001年の「PISAショック」

　ドイツはこれまで必ずしも国際学力調査に積極的に参加してきた訳ではない。これは州毎に教育政策に関する考え方が異なっており、必ずしも国際学力調査の必要性について、認識が一致していたわけではないためである。

表1-1　PISA調査 (2000) の数学の各国の結果

順位	国名	得点平均	順位	ドイツ州名	得点平均
1	日本	557			
2	韓国	547			
3	ニュージーランド	537			
4	フィンランド	536			
5	オーストラリア	533			
6	カナダ	533			
7	スイス	529			
8	イギリス	529	1	バイエルン州	528
9	ベルギー	520			
10	フランス	517			
11	オーストリア	515			
12	デンマーク	514			
13	アイスランド	514			
14	リヒテンシュタイン	514	2	バーデン・ヴュルテンベルク州	512
15	スウェーデン	510	3	ザクセン州	508
16	アイルランド	503	4	シュレスヴィヒ・ホルシュタイン州	503
17	ノルウェー	499	5	チューリンゲン州	500
18	チェコ	498	6	メクレンブルク・フォアポンメルン州	497
			7	ラインラント・プファルツ州	496
19	アメリカ	493	8	ニーダーザクセン州	493
20	ドイツ	490	9	ザールラント州	492
21	ハンガリー	488	10	ヘッセン州	489
			11	ノルトライン・ヴェストファーレン州	484
			12	ザクセン・アンハルト州	480
22	ロシア	478	13	ブランデンブルク州	477
23	スペイン	476			
24	ポーランド	470			
25	ラトビア	463	14	ブレーメン州	465
26	イタリア	457			
27	ポルトガル	454			
28	ギリシャ	447			
29	ルクセンブルク	446			
30	メキシコ	387			
31	ブラジル	334			

出典：Deutsches PISA-Konsortium 2002. S.114.

　1995年にはIEAによる国際学力調査であるTIMSSが実施された。これは5州のみの参加であったが、結果は惨憺たるものであった。第8学年の結果でみると、数学は41国中23位 (国際平均513点、ドイツ平均509点) であった[1]。この調査結果を受けて、1997年10月24日の常設各州文部大臣会議 (KMK) は、2000年に実施される国際学力調査であるPISA調査に参加し、州毎に比較研究することに合意した (コンスタンツ協定)。つまり、TIMSS調査によって州による学力差が大きいことが予想されること、その検証のためにPISA調査を利

用したということである。

2000年に実施されたPISA調査は、2001年12月4日に結果が公表されたが、TIMSS調査を裏付ける結果となった。PISA調査は、義務教育終了段階にある生徒(15歳)の読解力、数学的リテラシー及び科学的リテラシーを調査している。PISA調査は、TIMSSのように「知識の量」を問うのではなく、知っている知識を活用する力を問う問題で構成されている。ドイツの成績は、数学が31国中20位(ドイツ平均490点、日本1位557点)、科学(理科)が31国中20位(ドイツ平均487点、日本2位550点)、読解力が31国中21位(ドイツ平均484点、日本8位522点)という結果であった[2]。

更に2002年に公表されたPISA補足調査(各国でPISA調査に追加して行うオプション)の結果から、次のような結論が導かれた。諸外国と比較において、ドイツの教育は、①教育の質が高くないこと、②州間の格差が大きいこと、③成績の分散が大きいこと、④成績に社会階層が強く影響していること(階層格差)、等が明らかにされたのである。その後の教育政策を見ていくと、こうした国際学力調査結果をしっかりと分析した上で、その対応策を実施していることが理解できる。こうして、ドイツではデータに基づいた教育政策立案が実施されるようになっていく。

2 PISAショック以降の教育政策の方向性—KMKの「7つの行動プログラム」—

2001年12月5日(PISA 2000年調査の結果公表の翌日にあたる)、KMKは「7つの行動プログラム」を公表した。これが後の教育政策のための基本的方向性を示したものである。その概要は、以下の通りである。

1. とくにハウプトシューレや特別支援学校の学習についての新たな考え方によって、低学力層の生徒が、支援されなければならない。
2. 学校システム全体での授業の質的開発と質的改善。中核となるコンピテンシー領域における学習目標の設定及び最低スタンダードの確保。
3. 「読む力が弱い者」を正確に認識する、診断的コンピテンシーの開発。

4．就学時期、原級留置、進学の決定や成績の良い生徒の支援。
5．就学前教育領域と基礎学校における補助的な学習の提供によって、言語理解やコミュニケーション能力の促進のためのプログラムの開発や改善。
6．教職の専門性の改善。実践に即した初期養成と研修の義務化。
7．教授学習研究並びに教科教授法研究における多元的努力。

　ここで示されている内容は、次の「教育フォーラム」とほぼ同じであるが、別途強調されているのが、教育スタンダードである (Gehrmann 2010)。すなわち、出口における一定水準の確保が重視されていることを読み取ることができる。この点から、結果の制御に教育政策の力点を置く、NPM (New Public Management) 型の政策手法を読み取ることができる (Hepp 2011)。

3　教育フォーラム

　PISA 調査の結果が発表される以前の 1998 年 9 月の連邦議会選挙において、すでに教育政策が一つの争点となっていた。TIMSS 調査の結果が公表され、各州の学力を検証する必要があったためである。SPD (ドイツ社会民主党) 及び緑の党が選挙に勝利し、シュレーダー首相を中心とする SPD と緑の党による連立政権が成立したが (〜 2005 年)、政権樹立後に「教育フォーラム」を立ち上げた (1999 年)。この「教育フォーラム」は、連邦教育研究大臣であるブルマン、6 州の文部大臣、企業側代表 2 名、労働側代表 2 名、学識者 2 名、教会代表 2 名、職業訓練生代表 1 名、学生代表 1 名から構成されている。「教育フォーラム」は、市民との対話を通じながら、ドイツの教育の今後を話し合う場となった。「教育フォーラム」は当初の予定通り 2001 年末までで活動任期を終えて解散し、14 冊の中間報告書と 4 冊の最終報告書を残した[3]。最終報告書第 1 巻 (勧告) の目次は以下の通りである (図 1-1)。

1. 就学前教育の促進
　1．1　保育所（Kindertageseinrichtungen）の教育任務の実現
　1．2　幼稚園の保育料の検討
2. 個人への支援
　2．1　ドイツ語獲得のための就学前の支援
　2．2　終日学校（Ganztagsschule）
　2．3　障害児の統合
　2．4　教員による支援
3. 生涯学習
　3．1　生涯学習を提供する際のモジュール化、資格化、透明さ
　3．2　生涯学習への参加
4. 責任を引き受ける学習
5. 教授者：教育改革の鍵
　5．1　教員の養成と研修の改革
　5．2　労働時間モデル
6. 一貫した原則としての男女同等の関与
　6．1　男女の職業選択展望の拡大
　6．2　指導的地位への女性参加
7. 将来への能力（Kompetenz）：しっかりとした専門知識と専門を超えた能力
　7．1　学校組織間のなめらかな移動
　7．2　大学卒業者比率の上昇
　7．3　数学・自然科学の授業の魅力化
　7．4　ギムナジウム上級段階における重点コース選択
8. 新たなメディア機会の活用
　8．1　学校におけるコンピュータ：入り口、関心、活用
9. 境界を打ち破る
　9．1　職業修了証の獲得
　9．2　職業訓練から職業への移動
　9．3　継続教育への参加
10. 移民の教育と資格
　10．1　学校修了証
　10．2　長期的：統計の包括的拡充
11. 学習場所を開放しネットワークにする
12. 教育施設のいっそうの自己責任、評価による学習

図1-1　教育フォーラムの最終報告書（2002年）における勧告一覧

　この報告書の目次から、ドイツにおける教育改革の方向性として、以下の点が重視されていることが理解できよう。第一に、PISA調査の趣旨にもあるように、生徒が獲得した知識・技能の量的評価ではなく、情報をうまく処理し(8)、問題解決型能力の獲得が重視されている(7)。また、大学卒業者比率の上昇により、人材育成を強化する方向性が示されている(7)。第二に、個人を中心とした支援の必要性を重視している(2)。第三に、その背景には特に移民の背景を持つ生徒を支援することが必要であり(10)、そのために就学前教育の改

善(1)、終日学校の拡大(2)、そして学校終了時及び生涯にわたる資格獲得(3, 7, 10)を重視していることが読み取れる。第四に、教員の質向上(5)、学校の自律性(12)とネットワーク化(11)といった、教育的諸条件の整備が重視されている。

前に述べたKMKの行動プログラムとともに、この報告書に盛り込まれた内容は、その後の各州における教育政策の基本的方向性を示したものであるといえる。

4 連邦と州の教育権限

2002年になると、教育スタンダードの主導権を連邦教育研究省が持つのか、KMKが中心となって各州の合意を基に州が文化高権(Kulturhoheit)に従って進めていくのかで論争があった(Gehrmann 2010; Hepp 2011, 126)。ドイツ基本法において、教育は各州の権限に属する事項である。これは連邦与党であるSPDや緑の党が連邦主体でドイツの教育改革、更には格差是正を進めようとしたのに対し、CDUを中心とした各州は、それに抵抗したという構図でもある。結果的にはKMKを中心とした州間の合意に基づく教育スタンダードを基盤とし、その実施方法は各州に委ねられることとなった。

この当時、連邦と各州との教育政策を調整するために、BLK(連邦・州・教育計画及び研究促進のための委員会)が1970年に設置されていた[4]。これは1969年5月12日に改正されたドイツ基本法第91条b(1970年1月1日施行)において、連邦及び各州は協定に基づいて教育計画並びに地域性を超える学術研究の施設及び設備の促進について協働することができると規定していた。BLKはこの規定に基づいて設置され、先に見た教育フォーラムの事務局を担当する等の活動を行っていた。

しかし、2005年にSPDと緑の党のシュレーダー連立政権(赤緑連立)からCDUのメルケルを首相とするCDU/CSUとSPDの大連立政権へと交替した後、2006年8月28日にドイツ基本法は改正され、第91条bの教育に関する連邦の権限は従来よりも小さくなった(2006年9月1日施行)。教育計画に関して連邦の権限はなくなり、連邦は協定に基づいて国際比較調査における教育制度

の成績を確定することとそれに関連する報告書と勧告について協働することができるのみとなった（高等教育領域については、引き続き協働できるとされた）。

こうしたドイツ基本法の改正によって、BLK はその法的基盤を失い、2007年12月31日で廃止された。高等教育領域に関する業務は、GWK (Gemeinsame Wissenschaftskonferenz、共同学術会議) が引き継いでいる[5]。その後メルケル首相は、2008年10月22日にドレスデンに各州首相を招集し、教育会議を行い、「教育による上昇 (Aufstieg durch Bildung)」を決議した[6]。しかし連邦が教育に関与すると具体的な成果は乏しいとの指摘もある (Hepp 2011, 128)。

2　教育政策を取り巻く状況

教育政策は、連邦の権限ではなく、各州の権限である。そのため、各州議会選挙等において、教育政策は大きな争点の1つとなっている。また、教育政策は、政治的な状況に加え、経済的、社会的な状況によっても影響を受ける。以下、1990年以降のドイツにおける社会的、経済的、政治的状況を概観しておく。

1　社会的状況

ドイツでは日本と同様に少子高齢化が進んでいる。2012年のドイツの人口は8052万人である。1990年の東西ドイツ統一時と2012年の人口を較してみると、ドイツ全体では人口は77.1万人(0.1%)増加している。その間、前半は人口が増加し、人口が最も多くなったのは2002年の8254万人である。その後、人口は減少に転じているが、旧東ドイツ地区の減少が著しい（**表1-2**参照。旧東ドイツ5州はゴチック）。

州別に人口をみてみると(2012年)、人口が最も多いのはノルトライン・ヴェストファーレン州(1755万人)で、次いでバイエルン州(1252万人)、バーデン・ヴュルテンベルク州(1057万人)となっている。逆に人口が少ないのはブレーメン市(66万人)、ザールラント州(99万人)となっている。

次に1990年と2012年の間の22年間において、人口の変動をみてみよう。第一に、旧東ドイツ5州及びザールラント州では、1990年から5ポイント以

上の人口減少がみられる。旧東ドイツでは、すでに 1970 年代及び 1980 年代から人口が減少し始めている。第二に、1990 年の東西ドイツの統一以降、旧西ドイツで人口が減少している州は、ザールラント州、ブレーメン市、ベルリン市の 3 州である。その他の 8 州は、1990 年よりは人口が増加しているが、現在は人口が減少傾向にある。

表1-2　ドイツの州別人口の推移（千人）

州＼年	1990	2000	2005	2010	2012	12/90（％）
ドイツ全体	79,753	82,260	82,438	81,752	80,524	100.1
バイエルン州	11,449	12,230	12,469	12,539	12,520	109.4
バーデン・ヴュルテンベルク州	9,822	10,524	10,736	10,754	10,569	107.6
シュレスヴィヒ・ホルシュタイン州	2,626	2,790	2,833	2,834	2,807	106.9
ラインラント・プファルツ州	3,764	4,035	4,059	4,004	3,990	106.0
ニーダーザクセン州	7,387	7,926	7,994	7,918	7,779	105.3
ハンブルク市	1,652	1,715	1,744	1,786	1,734	105.0
ヘッセン州	5,763	6,068	6,092	6,067	6,016	104.4
ノルトライン・ヴェストファーレン州	17,350	18,010	18,058	17,845	17,554	101.2
ベルリン市	3,434	3,382	3,395	3,461	3,375	98.3
ブレーメン市	682	660	663	661	655	96.0
ブランデンブルク州	2,578	2,602	2,559	2,503	2,450	95.0
ザールラント州	1,073	1,069	1,050	1,018	994	92.6
ザクセン州	4,764	4,426	4,274	4,149	4,050	85.0
メクレンブルク・フォアポンメルン州	1,924	1,776	1,707	1,642	1,600	83.2
チューリンゲン州	2,611	2,431	2,335	2,235	2,170	83.1
ザクセン・アンハルト州	2,874	2,615	2,470	2,335	2,259	78.6

出典：Statistisches Jahrbuch 2014. 2.1.4.

表1-3　年齢別人口とその比率

	年齢＼年	1990	1995	2000	2005	2010	2012
人口（千人）	1歳未満	911	766	767	686	678	674
	1-6	4,433	4,219	3,951	3,660	3,421	3,373
	6-15	7,594	8,253	8,060	7,304	6,842	6,602
	15-18	2,406	2,664	2,723	2,908	2,400	2,406
	18-21	3,066	2,575	2,853	2,868	2,728	2,467
	21-25	5,215	3,918	3,681	3,914	4,009	3,904
	25-40	18,906	20,379	18,856	16,546	14,760	17,508
	40-60	20,960	21,834	21,598	24,012	25,420	24,929
	60-65	4,351	4,477	5,718	4,670	4,649	4,969
	65歳以上	11,912	12,732	13,694	15,870	16,844	16,691
比率（％）	1歳未満	1.1	0.9	0.9	0.8	0.8	0.8
	1-6	5.6	5.2	4.8	4.4	4.2	4.2
	6-15	9.5	10.1	9.8	8.9	8.4	8.2
	15-18	3.0	3.3	3.3	3.5	2.9	3.0
	18-21	3.8	3.1	3.5	3.5	3.3	3.1
	21-25	6.5	4.8	4.5	4.7	4.9	4.8
	25-40	23.7	24.9	22.9	20.1	18.1	18.0
	40-60	26.3	26.7	26.7	29.1	31.1	31.0
	60-65	5.5	5.5	7.0	5.7	5.7	6.2
	65歳以上	14.9	15.6	16.6	19.3	20.6	20.7

出典：Statistisches Jahrbuch 2014. 2.1.10.

　少子化についても明らかにしておこう。1990年の時点では、1年間に生まれた者は約91万人であったが、2000年には約77万人、2012年には約67万人へと減少している。1歳から6歳未満の者の比率は5.6％から4.2％と1.4ポイントの減少、6歳から15歳未満の者の比率は9.5％から8.2％と1.3％の減少となっている（**表1-3**参照）。

表1-4　州別年齢別人口比率（2012年）

	人口（千人）	6歳未満	6-15	15-18	18-25	25-40	40-60	60-65	65歳以上
ドイツ全体	80,254	5.0	8.2	3.0	7.9	18.0	31.0	6.2	20.7
バーデン・ヴュルテンベルク州	10,569	5.2	8.8	3.3	8.6	18.3	30.5	5.8	19.5
ニーダーザクセン州	7,779	4.9	8.8	3.4	8.0	16.6	31.1	6.2	21.0
シュレスヴィヒ・ホルシュタイン州	2,807	4.8	8.6	3.3	7.7	16.1	31.2	6.2	22.1
ノルトライン・ヴェストファーレン州	17,554	4.9	8.5	3.2	8.3	17.6	31.1	6.0	20.4
バイエルン州	12,520	5.1	8.4	3.2	8.3	18.6	30.8	5.9	19.7
ヘッセン州	6,016	5.2	8.4	3.1	7.9	18.4	31.0	6.1	20.0
ラインラント・プファルツ州	3,990	4.8	8.3	3.2	8.3	16.8	31.6	6.5	20.5
ハンブルク市	1,734	5.5	7.6	2.6	8.1	23.4	28.7	5.2	18.9
ブレーメン市	655	4.8	7.5	2.8	8.9	19.8	29.0	6.0	21.3
ブランデンブルク州	2,450	4.8	7.3	2.2	5.8	16.5	33.9	6.8	22.7
ザールラント州	994	4.2	7.3	3.0	7.9	16.3	32.2	7.1	22.1
ベルリン市	3,375	5.7	7.2	2.3	7.9	22.9	29.1	5.8	19.1
メクレンブルク・フォアポンメルン州	1,600	4.8	7.0	2.0	6.6	17.5	32.8	7.0	22.3
ザクセン州	4,050	5.1	7.0	1.9	6.5	18.1	29.7	7.0	24.7
チューリンゲン州	2,170	4.8	6.8	2.0	6.4	17.6	31.7	7.2	23.5
ザクセン・アンハルト州	2,259	4.5	6.6	2.0	6.4	16.6	32.1	7.2	24.5

出典：Statistisches Jahrbuch 2014. 2.1.11.

　州別にみてみよう。**表1-4**は、学齢期にあたる6-15歳の割合の高い順に並べている。そこで明らかになるのは、やはり旧東ドイツ5州は下位に位置づけられていることである。旧東ドイツ5州では、15-18歳及び18-25歳の比率も低くなっている。これは、1990年の東西ドイツ統一以降、旧東ドイツ5州において出生率が急激に低下したためである。6歳未満の割合も、ザクセン州を除いて4％台となっていて、ドイツ全体を下回っている。

　一方、6-15歳の割合が高いのは、バーデン・ヴュルテンベルク州、ニーダーザクセン州、シュレスヴィヒ・ホルシュタイン州等である。また、6歳未満の割合では、ベルリン市、ハンブルク市といった都市州で高くなっている。

ドイツにおいて、人口問題を検討する際、移民の背景を持つ者の存在を考慮する必要がある。1950年代末から1960年代にかけて、旧西ドイツは労働力不足を補うために、外国人労働者を呼び寄せた。外国人労働者の主な派遣元となった国はトルコである。1973年の第一次石油ショック以降、旧西ドイツは外国人労働者の招集を止めたが、彼らは派遣元の国に戻ることが想定されていた。しかし多くの者が家族を呼び寄せ、そのままドイツに定住することとなった。

表1-5-1　年齢層別移民の背景を持つ者とその割合（2014年）

年齢層	ドイツ全体（千人）	移民背景（千人）	移民背景（％）
0-05	3,419	1,182	34.6
05-10	3,466	1,224	35.3
10-15	3,690	1,157	31.4
15-20	4,008	1,111	27.7
20-25	4,493	1,074	23.9
25-35	10,062	2,528	25.1
35-45	10,284	2,665	25.9
45-55	13,243	2,186	16.5
55-65	10,880	1,660	15.3
65-75	8,717	965	11.1
75-85	6,554	505	7.7
85-95	1,995	123	6.2
95歳以上	86	/	/
総計	80,897	16,386	20.3

出典：Statistisches Bundesamt（2015）Fachserie 1 Reihe 2.2 Bevölkerung und Erwerbstätigkeit 2014.1.1.

　2014年の時点で、移民の背景を持つ者は、1638万人を超え、ドイツの人口の20％を超えるまでに至っている。年齢層別に見てみると、15歳よりも若い者の割合が高く、30％を超えている（**表1-5-1**）。州別にみてみると、旧東ドイツ5州において、移民の背景を持つ者の割合は5％程度と非常に低い。その要因として、旧東ドイツでは外国人労働者が限られていたこと、統一後の経済状況がよくないため、外国人労働者が移住してこない、等が考えられよ

う。移民の背景を持つ者の割合が高い州は、ブレーメン市、ハンブルク市といった都市州である。2012年に作成されたブレーメン市の教育報告書は、『教育－移民－社会状況　相互に一緒に学ぶ』と名付けられている[7]。また、ドイツの教育政策においても、教育的弱者のボトムアップの必要性が強調されている。ドイツ全体の第1回「教育報告書（Bildungsbericht）」が2006年に初めて公表されたが、その特集テーマを「移民（Migration）」に設定していることからも、移民の背景を持つ者について重視していることは明らかである[8]。

表1-5-2　州別移民の背景を持つ者とその割合（2014年）

州	ドイツ全体（千人）	移民背景（千人）	移民背景（％）
ドイツ全体	80,897	16,386	20.3
ブレーメン市	659	189	28.6
ハンブルク市	1,762	497	28.2
ヘッセン州	6,059	1,675	27.6
バーデン・ヴュルテンベルク州	10,667	2,893	27.1
ベルリン市	3,443	911	26.5
ノルトライン・ヴェストファーレン州	17,579	4,351	24.8
バイエルン州	12,643	2,580	20.4
ラインラント・プファルツ州	3,996	811	20.3
ザールラント州	989	174	17.6
ニーダーザクセン州	7,799	1,356	17.4
シュレスヴィヒ・ホルシュタイン州	2,819	357	12.7
ブランデンブルク州	2,449	128	5.2
ザクセン州	4,045	205	5.1
ザクセン・アンハルト州	2,238	99	4.4
メクレンブルク・フォアポンメルン州	1,594	68	4.3
チューリンゲン州	2,156	94	4.3

出典：Statistisches Bundesamt（2015）Fachserie 1 Reihe 2.2 Bevölkerung und Erwerbstätigkeit 2014.1.1.

　以上のように、人口の変動は、教育政策に大きな影響を及ぼしうる。児童生徒数の減少は、学校の統廃合を促すこととなり、基礎学校や中等教育諸学校の在り方に影響を及ぼしている。また、移民の背景を持つ子どもの増加は、彼らを統合するための政策がより重要であることを示している。

2 経済的状況

　1990年の東西ドイツ統一以降、ドイツの国内総生産(Brottoinlandsprodukt)及び住民一人当たりの国内総生産は、上昇傾向にある[9]。1991年以降、国内総生産の前年度比成長率が3％以上となったのは、2000年(3.1％)、2006年(3.7％)、2007年(3.3％)、2010年(4.0％)、2011年(3.3％)の5回、1％から3％未満の上昇が9回、成長率がマイナスとなったのは、1993年(-1.0％)、2003年(-0.4％)、2009年(-5.1％)と3回ある。2000年代後半は、2008年のリーマン・ショックの影響があったものの、概ね成長率が高い。また、被用者一人当たりの収入は、2009年に横ばいとなったが、データのある1991年以降一貫して増加している。

表1-6　国内総生産の推移と住民一人当たりの国内総生産

年	1991	1992	1993	1994	1995	1996	1997	1998
成長率(％)	-	1.9	-1.0	2.5	1.7	0.8	1.7	1.9
住民一人当たりの国内総生産(ユーロ)	19,186	20,453	20,903	21,888	22,636	22,895	23,310	23,890
年	1999	2000	2001	2002	2003	2004	2005	2006
成長率(％)	1.9	3.1	1.5	0.0	-0.4	1.2	0.7	3.7
住民一人当たりの国内総生産(ユーロ)	24,367	24,912	25,527	25,850	26,024	26,614	26,974	28,093
年	2007	2008	2009	2010	2011	2012	2013	
成長率(％)	3.3	1.1	-5.1	4.0	3.3	0.7	0.4	
住民一人当たりの国内総生産(ユーロ)	29,521	30,124	28,998	30,517	31,914	32,550	33,343	

出典：Statistisches Jahresbuch 2014.12.1.

表1-7　州別国内総生産（2013年）

州	国内総生産 （10億ユーロ）	割合(%)	住民一人 当たり （ユーロ）
ドイツ全体	2726.6	100.0	33,355
ハンブルク市	97.7	3.6	53,611
ブレーメン市	28.6	1.0	43,085
ヘッセン州	235.7	8.6	38,490
バイエルン州	488.0	17.8	38,429
バーデン・ヴュルテンベルク州	407.2	14.9	37,472
ノルトライン・ヴェストファーレン州	599.8	21.9	33,621
ザールラント州	32.1	1.2	31,834
ベルリン市	109.2	4.0	30,642
ラインラント・プファルツ州	121.6	4.4	30,420
ニーダーザクセン州	239.0	8.7	30,149
シュレスヴィヒ・ホルシュタイン州	78.7	2.9	27,684
ザクセン州	99.9	3.6	24,226
ブランデンブルク州	59.1	2.2	23,751
ザクセン・アンハルト州	53.0	1.9	23,196
チューリンゲン州	51.0	1.9	23,168
メクレンブルク・フォアポンメルン州	37.1	1.4	22,817

出典：Statistisches Jahresbuch 2014, 12.21.

次に州別に住民一人当たりの国内総生産をみてみよう。「**表1-7**」に示されているように、ドイツ全体の平均は33,343ユーロである（**表1-6**の数値と一致していない）。住民一人当たりの国内総生産の高い州は、ハンブルク市、ブレーメン市、ヘッセン州、バイエルン州と続く。一方、旧東ドイツ5州は、下位に固まっている。旧東ドイツの経済状況が厳しいことが現れている。州別の国内総生産が1位のハンブルク市と旧東ドイツ5州を比較してみると、2倍以上の開きがある。

　経済的状況と労働市場とは密接に関係する。次に失業者数及び失業率をみておこう。

第1章 ドイツの教育政策を取り巻く状況　31

表1-8-1　ドイツの失業者数及び失業率

年	失業者（人）			失業率（％）		
	ドイツ全体	旧西ドイツ	旧東ドイツ	ドイツ全体	旧西ドイツ	旧東ドイツ
1991	2,602,203	1,596,457	1,005,745	-	-	-
1992	2,978,570	1,699,273	1,279,297	7.7	-	-
1993	3,419,141	2,149,465	1,269,676	8.9		-
1994	3,698,057	2,426,276	1,271,781	9.6	8.1	14.8
1995	3,611,921	2,427,083	1,184,838	9.4	8.1	13.9
1996	3,965,064	2,646,442	1,318,622	10.4	8.9	15.5
1997	4,384,456	2,870,021	1,514,435	11.4	9.6	17.7
1998	4,280,630	2,751,535	1,529,095	11.1	9.2	17.8
1999	4,100,499	2,604,720	1,495,779	10.5	8.6	17.3
2000	3,889,695	2,380,987	1,508,707	9.6	7.6	17.1
2001	3,852,564	2,320,500	1,532,064	9.4	7.2	17.3
2002	4,061,345	2,498,392	1,562,953	9.8	7.6	17.7
2003	4,376,795	2,753,181	1,623,614	10.5	8.4	18.5
2004	4,381,281	2,782,759	1,598,522	10.5	8.5	18.4
2005	4,860,909	3,246,755	1,614,154	11.7	9.9	18.7
2006	4,487,305	3,007,158	1,480,146	10.8	9.1	17.3
2007	3,760,076	2,475,234	1,284,843	9.0	7.4	15.0
2008	3,258,453	2,138,521	1,119,932	7.8	6.4	13.1
2009	3,414,531	2,313,877	1,100,654	8.1	6.9	13.0
2010	3,238,421	2,227,090	1,011,331	7.7	6.6	12.0
2011	2,975,836	2,026,087	949,749	7.1	6.0	11.3
2012	2,896,985	1,999,837	897,148	6.8	5.9	10.7
2013	2,950,250	2,080,270	869,980	6.9	6.0	10.3
2014	2,898,388	2,080,342	823,835	6.7	5.9	9.8
2015	2,794,664	2,020,503	774,162	6.4	5.7	9.2

出典：<http://www.bpb.de/nachschlagen/zahlen-und-fakten/soziale-situation-in-deutschland/61718/arbeitslose-und-arbeitslosenquote>（160823 access）

表1-8-1が示しているように、1990年代後半と2000年代半ばに失業者数が増加して失業率が上昇している。連邦議会選挙で政権交代が起こったのは、1998年と2005年である。経済状況の悪化により、失業者が増加し、現状変革を求める者が増加した時期に政権交代が起こったという関連性を読み取ることが出来よう。

表1-8-2　州別失業者及び失業率（2012年）

州	失業者(人)	失業率1[1]	失業率2[2]
ベルリン市	215,353	14.5	12.3
メクレンブルク・フォアポンメルン州	101891	13.2	12.0
ザクセン・アンハルト州	136,678	12.4	11.5
ブレーメン市	36,826	12.3	11.2
ブランデンブルク州	136,115	11.3	10.2
ザクセン州	207,796	10.9	9.8
チューリンゲン州	99,316	9.4	8.5
ノルトライン・ヴェストファーレン州	733,276	8.9	8.1
ハンブルク市	70,435	8.6	7.5
シュレスヴィヒ・ホルシュタイン州	100,048	7.7	6.9
ニーダーザクセン州	264,533	7.3	6.6
ザールラント州	34,283	7.3	6.7
ヘッセン州	178,32	6.4	5.7
ラインラント・プファルツ州	111,079	5.9	5.3
バーデン・ヴュルテンベルク州	222,196	4.4	3.9
バイエルン州	248,84	4.2	3.7
ドイツ全体	2,896,985	7.6	6.8
旧西ドイツ	1,999,837	6.6	5.9
旧東ドイツ	897,148	11.9	10.7

出典：<http://www.bpb.de/nachschlagen/zahlen-und-fakten/soziale-situation-in-deutschland/61721/arbeitslosigkeit-nach-laendern>（160823 access）
注：1：失業率1：被用者数に対する失業率
　　2：失業率2：就業者数に対する失業率

2012年の時点における州別の失業率（**表1-8-2**）をみてみると、ベルリン市が最も高く、それに続いて旧東ドイツ5州やブレーメン市の失業率が高くなっており、就業者数に対する失業率では10％を超えている。一方で経済が好調なバイエルン州及びバーデン・ヴュルテンベルク州では失業率が5％を切っている。

このように見ていくと、経済的に好調な州と、経済的に厳しい州との間に大きな違いがあることが理解できる。州別の住民一人当たりの国内総生産は州の豊かさを示す1つの指標である。しかし州別国内総生産と州別失業率の関係からも読み取れるように、州別国内総生産が州住民の豊かさと連動しているとは必ずしもいえない。このことは、次の州間財政調整額においても裏付けられる。

「**表1-9**」は、2000年以降の州間財政調整額の推移を示したものである。ここから州財政が好調な州、州財政が厳しくなった州、州財政が慢性的に厳しい州に区分できる。第一の州財政が好調な州は、バイエルン州、バーデン・ヴュルテンベルク州、ヘッセン州の3州である。これらの州は、拠出調整額の金額が配分される調整額を上回っている。第二に、2000年には拠出する調整額が配分される調整額を上回っていたが、現在は逆に配分される調整額が上回っている州である。これに該当するのはハンブルク市及びノルトライン・ヴェストファーレン州の2州が該当する。ノルトライン・ヴェストファーレン州は、2000年当時差し引き調整額として11億ユーロ以上を他州に拠出していたが、2013年には10億ユーロを他州から受け取っている。州財政状況が急速に悪化したことが読み取れる。第三に、他州から州間財政調整額を常に受け取っている州である。これは旧東ドイツ5州を含む11州である。中でもベルリン市は33億ユーロを受け取っており、州間財政調整額84,6億ユーロのおよそ4割を占めている。

表1-9 州間財政調整額（百万ユーロ）

州 \ 年	2000	2005	2010	2012	2013
バイエルン州	-1,884	-2,234	-3,511	-3,797	-4,320
バーデン・ヴュルテンベルク州	-1,957	-2,235	-1,709	-2,765	-2,429
ヘッセン州	-2,734	-1,606	-1,752	-1,304	-1,711
ハンブルク市	-556	-383	-66	-25	87
ニーダーザクセン州	568	363	259	178	106
ザールラント州	167	113	89	94	138
シュレスヴィヒ・ホルシュタイン州	185	146	101	134	169
ラインラント・プファルツ州	392	294	267	256	243
メクレンブルク・フォアポンメルン州	500	434	399	453	464
ブランデンブルク州	644	588	401	543	521
チューリンゲン州	670	581	472	542	547
ザクセン・アンハルト州	711	587	497	550	563
ブレーメン市	442	366	445	521	589
ノルトライン・ヴェストファーレン州	-1,141	-490	354	435	693
ザクセン州	1,182	1,020	854	961	1,002
ベルリン市	2,812	2,456	2,900	3,224	3,338

出典：Statistisches Jahresbuch 2014 9.1.2.
注：1：2013年は暫定値
　　2：マイナスは他州への財政供出を、プラスは他州から財政支援を、それぞれ意味する。

表1-10-1 対GDP教育支出比（％）

国	項目 \ 年	1995	2000	2005	2010	2011	2011 公費	2011 私費
ドイツ	対GDP教育支出比(全体)	5.1	4.9	5.0	5.3	5.1	4.4	0.7
日本	対GDP教育支出比(全体)	4.9	5.0	4.9	5.1	5.1	3.6	1.6
OECD平均	対GDP教育支出比(全体)	5.4	5.4	5.8	6.5	6.1	5.3	0.5
ドイツ	対GDP教育支出比(初等中等教育)	3.4	3.3	3.2	3.3	3.7	3.3	0.5
日本	対GDP教育支出比(初等中等教育)	3.1	3.0	2.9	3.0	3.1	2.8	0.3
OECD平均	対GDP教育支出比(初等中等教育)	3.6	3.6	3.8	3.9	4.5	4.1	0.4
ドイツ	対GDP教育支出比(高等教育)	1.1	1.1	1.1	1.3	1.3	1.1	0.2
日本	対GDP教育支出比(高等教育)	1.3	1.4	1.4	1.5	1.6	0.5	1.0
OECD平均	対GDP教育支出比(高等教育)	1.2	1.3	1.5	1.6	1.6	1.1	0.5

出典：OECD Education at a glance 2013/2014 Table B2.1, B2.2, B2.3 を基に筆者作成。

次に教育費について、みていこう。**表1-10-1**に示されているように、対GDP教育支出比において、ドイツは日本と同様にOECD平均を下回っている。ドイツ、日本双方とも5％前後で推移している。しかし、公私別にみてみると（2011年）、日本は明らかに教育私費の割合が高くなっている。ドイツは高等教育における私費は低いが、初等中等教育における私費の割合は、日本を上回っている。しかし、公的支出における教育費の割合の推移をみてみると、日本とドイツにおける違いが見えてくる。**表1-10-2**から明らかなように、ドイツでは2000年代後半から公的な教育費の割合を高めている。一方、日本では公的支出における教育費の割合は2000年以降低下傾向にある。

表1-10-2　公的支出における教育費の割合（％）

国＼年	1995	2000	2005	2010	2011
ドイツ	8.6	10.2	10.1	10.6	11.0
日本	9.7	9.8	9.6	9.3	9.1
OECD平均	11.8	12.6	13.1	13.0	12.9

出典：OECD Education at a glance 2013/14. TableB4.2.

実際に、ドイツにおける公的教育支出は、増加傾向にある。**表1-11-1**は、州別にみた教育費の推移である。公的教育費は金額ベースではっきりと増加していることが確認できる。ただし、旧東ドイツ諸州（表ではゴチックで示している）では、2000年から2005年にかけて、教育費が減少している。これは1990年の東西ドイツ統一後に出生者が減少したことにより、児童生徒数が減少したことによると考えられる。

表1-11-1　州別公的教育費の推移（100万ユーロ）

州 \ 年	1995	2000	2005	2010	2011
バーデン・ヴュルテンベルク州	8,890	10,141	11,003	13,139	13,377
バイエルン州	10,034	10,894	11,935	15,092	15,395
ブランデンブルク州	2,451	2,220	2,135	2,422	2,621
ヘッセン州	4,912	5,278	5,870	8,095	8,295
メクレンブルク・フォアポンメルン州	1,860	1,752	1,635	1,800	1,872
ニーダーザクセン州	6,535	6,829	7,669	9,106	9,229
ノルトライン・ヴェストファーレン州	14,836	16,323	18,897	21,343	22,168
ラインラント・プファルツ州	3,088	3,410	3,685	4,582	5,084
ザールラント州	794	848	965	1,120	1,091
ザクセン州	4,244	4,052	4,238	5,049	5,058
ザクセン・アンハルト州	2,785	2710,	2,527	2,696	2,734
シュレスヴィヒ・ホルシュタイン州	2,090	2,215	2,441	2,957	2,734
チューリンゲン州	2,659	2,522	2,351	2,650	2,630
ベルリン市	4,837	4,068	4,132	4,591	4,719
ブレーメン市	678	742	742	881	890
ハンブルク市	1,990	2,280	2,200	2,657	2,831
州合計	72,662	75,285	82,426	98,450	100,947
市町村合計	16,238	16,668	18,033	23,410	23,225
連邦	3,281	2,979	4,290	7,769	9,080
総計	75,944	79,264	86,716	106,219	110,027

出典：Statistisches Bundesamt Bildungsfinanzbericht 2014 Table3.0-1.

　同時に、児童生徒一人当たりの教育支出も増加している。**表1-11-2**にあるように、公立学校の児童生徒一人当たりの教育支出は、増加している。従って、ドイツでは2000年代以降、教育支出を増やしているということが確認できる。

　このことは、各州にとっての財政負担を意味している。州の公的支出における教育費の割合は、1995年には29.2％であったが、2000年には30.7％、2005年には32.2％、2010年には35.0％まで上昇している[10]。教育政策が、州議会選挙において、重要な争点の1つとして位置づけられることが理解できよう。

表1-11-2　公立学校の生徒一人当たりの教育支出の推移（ユーロ）

州＼年	1995	2000	2005	2010	2011
バーデン・ヴュルテンベルク州	4,400	4,500	5,000	6,100	6,200
バイエルン州	4,400	4,500	4,900	6,400	6,600
ベルリン市	5,100	4,900	5,700	7,000	7,400
ブランデンブルク州	3,500	3,700	4,700	6,200	6,500
ブレーメン市	5,200	5,000	4,900	6,100	6,300
ハンブルク市	5,900	6,100	5,900	7,100	7,400
ヘッセン州	4,200	4,300	4,700	6,500	6,600
メクレンブルク・フォアポンメルン州	3,600	3,800	4,400	5,800	6,000
ニーダーザクセン州	4,500	4,300	4,700	5,800	5,800
ノルトライン・ヴェストファーレン州	4,200	4,200	4,600	5,200	5,300
ラインラント・プファルツ州	4,200	4,200	4,600	5,600	6,000
ザールラント州	4,200	4,200	4,500	5,600	5,600
ザクセン州	3,600	3,800	5,000	7,000	6,900
ザクセン・アンハルト州	3,800	4,300	5,300	7,200	7,500
シュレスヴィヒ・ホルシュタイン州	4,400	4,300	4,800	5,400	5,400
チューリンゲン州	4,000	4,400	5,700	7,900	8,000
ドイツ全体	4,300	4,300	4,700	6,000	6,200

出典：Statistisches Bundesamt Bildungsfinanzbericht 2008, 2014 Table4.2.5-1.

　「**表1-12**」は、各州の支出全体、教育・科学・文化支出及びその割合を整理したものである。この表から、ザクセン州、ベルリン市、チューリンゲン州、ザクセン・アンハルト州、メクレンブルク・フォアポンメルン州の教育支出の割合が高いことがわかる。ベルリン市以外はすべて旧東ドイツの州である。これらの州は、財政基盤が弱いため、教育費の割合が高くなるものと考えられる。

表1-12 各州の教育予算 (2011年)

	支出全体	教育・科学・文化	教育費等割合
	百万ユーロ	百万ユーロ	%
総　計	1,110,165	117,564	10.6
連邦	316,643	16,075	5.1
連邦特別会計	16,286	3,337	20.5
EU	23,348	-	—
保険	398,983	-	—
州	354,905	98,153	27.7
ザクセン州	12,474	5,086	40.8
ベルリン市	14,578	5,005	34.3
チューリンゲン州	7,842	2,626	33.5
ザクセン・アンハルト州	8,354	2,689	32.2
メクレンブルク・フォアポンメルン州	5,685	1,826	32.1
ブレーメン市	3,252	924	28.4
バーデン・ヴュルテンベルク州	47,321	13,368	28.2
バイエルン州	58,647	16,038	27.3
ニーダーザクセン州	32,900	8,840	26.9
ラインラント・プファルツ州	17,498	4,666	26.7
ハンブルク市	10,279	2,697	26.2
ノルトライン・ヴェストファーレン州	79,697	20,519	25.7
ヘッセン州	31,315	7,824	25.0
ブランデンブルク州	9,246	2,299	24.9
ザールラント州	4,196	1,009	24.0
シュレスヴィヒ・ホルシュタイン州	11,620	2,736	23.5

出典：Statistisches Jahresbuch 2014. S.260.

3 政治的状況

　1990年のドイツ統一以降、連邦政府は連立政権の枠組みが変化している。1990年の連邦議会選挙では、CDU/CSU（キリスト教民主・社会同盟、保守系政党）が第一党となり（662議席中319議席、得票率43.8％）、CDU/CSUとFDP（自由民主党）の保守連立政権となった[11]。この連立政権はコール首相を首班としており、1982年以来の継続である。コール政権は1994年の連邦議会選挙でも勝利した（672議席中CDU/CSUが294議席、得票率41.4％）。しかしCDU/CSUは

1998年の連邦議会選挙で敗退した(669議席中245議席、得票率35.1%)。

替わって首相を輩出したのがSPD(ドイツ社会民主党、元来は労働組合系政党として設立)である。SPDは前回1994年選挙における36.4％から、1998年選挙では40.9％へと得票率を伸ばし、1972年選挙以来の第一党となった。SPDはシュレーダーを首相として緑の党との連立政権を発足させた。「赤緑連立」政権は、次の2002年連邦議会選挙でも過半数を確保し、政権を維持した。しかし、第二次シュレーダー政権は、痛みを伴う労働福祉政策等の実施(アジェンダ2020)によって支持を失っていった。

予定を1年繰り上げした実施された2005年の連邦議会選挙では、CDU/CSUが614議席中の226議席、SPDが222議席、FDPが61議席、緑の党が51議席、PDS(後の左派党、旧東ドイツのSEDの後継政党)が54議席を獲得した。CDU/CSUとFDP、SPDと緑の党のどちらも過半数を獲得することができなかった。協議の結果、CDUのメルケルを首相とするCDU/CSUとSPDの「大連立」政権が発足した。

2009年の連邦議会選挙では、SPDが議席数を減少させる一方、FDPが議席数を増加させた。第一党のCDU/CSUは連立相手をFDPに変更して第二次メルケル政権が発足した。2013年の選挙では、FDPが5％条項によって議席を獲得できず、CDU/CSUは再びSPDとの「大連立」を選択して第三次メルケル政権が発足した。

表1-13　連邦議会選挙の結果

年	総議席数	CDU/CSU	SPD	FDP	緑の党	左派党
1990	662	**319**	239	**79**	8	17
1994	672	**294**	252	**47**	49	30
1998	669	245	**298**	43	**47**	36
2002	603	248	**251**	47	**55**	2
2005	614	**226**	**222**	61	51	54
2009	622	**239**	146	**93**	68	76
2013	631	**311**	**193**	0	63	64

出典：<http://www.election.de/cgi-bin/content.pl?url=/btw.html>（151022 access）
注：太字、下線は与党を表す。

このように、1990年のドイツ統一以降の連邦議会における与党は、コール首相(CDU)によるCDUとFDPの保守系連立政権でスタートし(コール政権そのものは1982年から)、1998年にシュレーダー首相(SPD)のSPDと緑の党の左派系連立政権に交替した。その後2005年にはメルケル(CDU)を首相とするCDUとSPDの「大連立」政権、2009年にはCDUとFDPの保守系連立政権、2013年以降はCDUとSPD再度「大連立」政権となっている。CDUはコール政権時(1982-1998年)に経済の自由を全面に押しだしたが(西田2014,39)、メルケル政権(2005年-)は、環境政策を含め、柔軟な政策を打ち出している。一方、SPDは経済停滞によってシュレーダー政権(1998-2005年)を誕生させたが、自由主義的政策を進め、左派党員の党からの離脱を招くとともに、国民に負担をかける政策(アジェンダ2020等)を推進したために、政権を維持できなくなった。教育政策領域では、2006年のドイツ基本法改正によって、連邦政府が教育政策に関与できる領域は高等教育や国際比較調査に限定された。ただし2014年12月23日のドイツ基本法改正(2015年施行)により、第91条bの高等教育関連規定は、科学、研究及び教授について協働することがすべての州の合意によってできるとされ、大学とそれ以外の機関という区分がなくなった。大規模設備については、すべての州の合意は必要なくなった[12]。

次に州レベルの政治的状況について整理していく。各州の様相は更に多様である。**表1-14**は、1990年以降の各州議会(都市州では市参事会選挙)の選挙年と中心与党(州首相を出している政党)を示している。CDUは主にFDPと、SPDは主に緑の党並びに旧東諸州では左派党(Die Linke)と連立することが多い。CDUとSPD「大連立」の場合には、両党の名前を記載している。太字は政権交代を表している。また、ゴチックをかけてあるのが旧東ドイツ5州である。

概観してみると、基本的に政権交代がなく安定している州と、25年の間に複数回政権交代が起きた州とに大別される。保守系政党(CDU/CSU)が政権を維持している州は、バイエルン州(BY)及びザクセン州(SN)の2州である。バーデン・ヴュルテンベルク州(BW)は、CDUが与党であった州だが、2011年3月の州議会選挙で緑の党が第一党となり、数十年ぶりのCDUから緑の党への政権交代が起こった(SPDとの連立政権)。2016年3月の州議会選挙でも緑の党

は第一党を維持した(連立相手はCDUに変更された)。チューリンゲン州(TH)は、CDUが州首相を勤めてきたが、比較的左派党が強い州である。CDUとSPDは左派党との連立を拒んできたが、2014年の州議会選挙によって、初めて左派党が州首相となる連立政権が発足した。一方、SPD(労働組合系政党)が政権を維持している州は、ブレーメン市(HB)、ラインラント・プファルツ州(RP)、ブランデンブルク州(BB)の3州である。

表1-14　各州の中心与党の推移

州	中心与党
BW	92CDU, 96CDU, 01CDU, 06CDU, **11 緑の党** /SPD 16, 緑の党/CDU
BY	90CSU, 94CSU, 98CSU, 03CSU, 08CSU, 13CSU
BE	90CDU/SPD, 95CDU/SPD, 99CDU/SPD, **01SPD,** 06SPD, 11SPD/CDU
HB	91SPD, 95SPD/CDU, 99SPD, 03SPD/CDU, 07SPD, 11SPD, 15SPD
HH	91SPD, 93SPD, 97SPD, **01CDU,** 04CDU, 08CDU/ 緑の党, **11SPD,** 15SPD
HE	91SPD, 95SPD, **99CDU,** 03CDU 08 なし 09CDU, 13CDU/ 緑の党
NS	90SPD, 94SPD, 98SPD, **03CDU,** 08CDU, **13SPD**/ 緑の党
NW	90SPD, 95SPD, 00SPD, **05CDU, 10SPD,** 12SPD/ 緑の党
RP	91SPD, 96SPD, 01SPD, 06SPD, 11SPD, 16SPD
SL	90SPD, 94SPD, **99CDU,** 04CDU, 09CDU, 12CDU/SPD
SH	88SPD, 92SPD, 96SPD, 00SPD, **05CDU,** 09CDU, **12SPD**/ 緑の党 /SSW
BB	90SPD, 94SPD, 99SPD, 04SPD, 09SPD, 14SPD/Linke
MV	90CDU, 94CDU/SPD, **98SPD,** 02SPD, 06SPD, 11SPD/CDU
SN	90CDU, 94CDU, 99CDU, 04CDU/SPD, 09CDU, 14CDU/SPD
ST	90CDU, **94SPD,** 98SPD, **02CDU,** 06CDU/SPD, 11CDU/SPD, 16CDU/SPD/Linke
TH	90CDU, 94CDU/SPD, 99CDU, 04CDU, 09CDU/SPD, **14Linke**/SPD/ 緑の党
連邦議会	90CDU, 94CDU, **98SPD,** 02SPD, **05CDU**/SPD, 09CDU, 13CDU/SPD

出典:各州 HP 等を参考に筆者作成。

　残りの州は、何らかの形で政権交代が起こっている。連邦政府で CDU から SPD への首相交替が行われたのは1998年であるが、同様の政権交代が起こったのは、ザクセン・アンハルト州(ST、1994年)、メクレンブルク・フォアポンメルン州(MV、1998年)、ベルリン市(BE、2001年)である。一方、SPDか

らCDUへの政権交代が起こったのが連邦では2005年であるが、州レベルでは、ヘッセン州（HE、1999年）、ザールラント州（SL、1999年）、ハンブルク市（HH、2001年）、ザクセン・アンハルト州（ST、2002年）、ニーダーザクセン州（NS、2003年）、ノルトライン・ヴェストファーレン州（NW、2005年）、シュレスヴィヒ・ホルシュタイン州（SH、2005年）の7州である。この他に2010年代に入ってからSPDへと政権交代した州は、ノルトライン・ヴェストファーレン州（2010年）、ハンブルク市（2011年）、シュレスヴィヒ・ホルシュタイン州（2012年）、ニーダーザクセン州（2013年）の4州に上る。

　州における政権交代を時系列でみてみると、1998年まではSPDへの政権交代であるが、1999年以降はCDUへの政権交代が生じている。その後2010年からはSPD、緑の党、左派党への政権交代が起きている。とりわけ、近年の状況は複雑であり、パターン化して整理することは難しい。州議会選挙の動向が連邦議会選挙に反映している関係といえよう。

　教育政策において、CDU/CSUは、伝統的な三分岐型学校制度の維持を基本的な政策としてきた。一方、SPDや緑の党は、単線型の学校制度や総合制学校を推進する立場をとってきた。州議会選挙の結果、CDUとSPDの「大連立」政権や、CDUと緑の党の連立政権といった状況において、どのような教育政策を推し進めるのかが争点となる。この点については、第3章でみていくことになろう。

まとめ

1　数字に見るドイツ教育の変化

　2008年10月22日、連邦首相のメルケルと、各州首相が一同に会した「ドレスデン会議」が開催され、教育政策を優先課題とする「教育による上昇」が決議された。「教育による上昇」は、以下の7点の行動領域が掲げられている。

　①教育はドイツにとって最優先事項である。

②子どもはできるだけ最善のスタート条件を持つべきである。
③一人ひとりが学校修了証及び職業修了証を獲得することができるようにすべきである。
④一人ひとりが教育による上昇の機会を持つべきである。
⑤若者は大学教育を受けるべきである。
⑥多くの者が自然科学・技術系の職業に夢中になるようにすべきである。
⑦多くの者が継続教育の可能性を利用すべきである。

　こうした教育政策の方針は、16州に共通のものとなっている。各州首相会議は、1955年のデュッセルドルフ協定や1964年のハンブルク協定のように、各州の教育政策に拘束力を持った取り決めであったが、ドレスデン会議は、あくまで教育政策の方向性についての合意である。しかし教育政策のPDCAサイクルがある程度確立してきたドイツでは、この「教育による上昇」政策についても政策評価報告書がKMK及びGWK (Gemeinsame Wissenschaftskonferenz) によって2009年以降毎年作成されている。最新の報告書は2015年10月に公表されている[13]。
　同報告書によれば、以下のような教育政策の変化が確認されている。

1) 国内総生産 (GDP、ドイツではBIP) における教育研究費の割合は、2008年の8.5％から2013年には9.2％へと上昇している。絶対額でも1570億ユーロから1875億ユーロへと増加している。
2) 就学前教育の充実は、4歳児の就園率が96％、3歳児のそれが92％と、OECD平均を上回っている (2013年データ)。また、3歳未満の幼児就園者数及び就園率は、2006年の28.7万人 (13.6％) から69.3万人 (32.9％) へと増加、上昇している。就学前教育施設で働く者の数は、31.7万人から55.5万人へと増加した。
3) 学校修了証を持たない離学者の割合は、KMKの調査によれば、2006年の8％から2013年には5.7％へと減少した。

2001年の「PISAショック」以降、ドイツはその後のPISA調査でどのように推移していったのか。PISA2000年調査と2012年調査のドイツの結果を整理したものが**表1-15**である。

表1-15　PISA調査におけるドイツの領域別点数と順位

項目＼年	2000年	2012年
読解力得点	484	508
読解力順位	21/31	20/65
数学的リテラシー得点	490	514
数学的リテラシー順位	20/31	16/65
科学的リテラシー得点	487	524
科学的リテラシー順位	20/31	12/65

出典：国立教育政策研究所『生きるための知識と技能』1、5に基づき筆者作成。

　ドイツのPISA調査結果は表1-15から明らかなように、得点、順位ともに上昇傾向にあることが理解できる。それでは、ドイツはどのような教育政策を実施し、PISA調査における成績の上昇を可能にしたのであろうか。
　ドイツの教育政策は、16ある州により異なるが、共通する教育政策も少なくない。その理由は、KMKによって、各州共通の枠組みを設定しているからである。その代表的な事例は教育スタンダードの設定である。
　連邦政府は、教育政策に影響を及ぼす場合もある。例えば各州の教育政策を誘導するための補助金を拠出する場合がある。その代表的な事例は終日学校（Ganztagsschule）である。更に、PISAショック前後には、連邦政府が主導して設置した「教育フォーラム」によって教育政策の枠組みを設定しようとした。しかし、2006年のドイツ基本法（ドイツの憲法に相当する）の改正によって、連邦政府が教育政策に関与することのできる対象領域が縮小された。このため、教育政策においては、各州による主体性が強調されることとなった。このことは、州毎による教育政策の「実験」が行いやすくなることを意味している。
　先に見た児童生徒数の減少という条件、経済状況の変化等によって、連邦政府及び多くの州では政権交代が行われた。州議会選挙の際しては、教育政策は大きなテーマの1つとなっている。教育の質保証と機会均等の問題をど

のように実現していくのか、という方法も、各州によって多様である。実際に、次章以下で述べるように、学校制度も二分岐型の州と三分岐型の州が並存している。また、就学前教育におけるドイツ語テストの後の補習コースも、州により多様である。

　財政的にも州毎に大きな違いが出てきている。バイエルン州、バーデン・ヴュルテンベルク州及びヘッセン州は、財政が豊かな州である。しかしこれらの州の教育財政支出が特別に多い訳ではない(表1-12)。むしろベルリン市やブレーメン市といった都市州と、旧東ドイツ諸州における教育費負担の割合や生徒一人当たりの教育費支出が多い(表1-11-2、表1-12)。その結果、旧東ドイツ諸州の成績は良く、教育支出が成績に反映しているといえるかもしれない。しかしベルリン市やブレーメン市の教育支出は、成績には必ずしも反映していない。単純な費用対効果という論証にはなっていないのである。都市州などでは移民の背景を持つ子どもたちの存在を考慮せざるを得ないのである。

　教育政策は州の事項であるため、州議会選挙によって政権交代が起こると、教育政策が変更する場合がある。具体的な例を2つだけ挙げておこう。

　ノルトライン・ヴェストファーレン州では2005年の州議会選挙でSPD/緑の党からCDU/FDPへと政権交代が起きた。CDU/FDP政権は2005年に学校法等を改正し、基礎学校の通学区域を廃止することとし、2008年度から学校選択制を導入した。2010年にSPDと緑の党による少数連立政権が成立すると、同年に学校法が再度改正され、基礎学校等の義務教育諸学校について、通学区域を設定できることとなった(第84条)。学校教育の疑似市場化を進めようとするCDUと、教育の平等性を重んじるSPDとの教育政策の違いを示す例である。2010年のSPD/緑の党連立政権は州議会で過半数を確保できていなかったため、2012年に州議会選挙を行い、州議会で多数を確保した。

　ニーダーザクセン州では、2003年にSPD政権からCDU/FDP政権へと政権交代が起こり、2013年にはSPD/緑の党政権へと再度政権交代が起こった。2003年に成立したCDU/FDP政権は、ギムナジウムの年限を9年から8年へと短縮した(学校法第11条)。2013年の州議会選挙において、CDUは選挙公約として、第一に財政の健全化、第二に経済・労働・交通を掲げ、教育は

5番目に掲げられている。教育政策では、就学前教育や終日学校の成果を示し、これらの政策を継続するとともに、授業の質向上を推進する一方、学校査察を検証するとしている (CDU in Niedersachsen 2012)。学校査察の縮小ないし廃止については先行研究 (Sowada / Dedering 2016) の指摘とも一致している。一方、SPDの選挙公約は、教育を第一に取り上げ、就学前教育の充実、8年制ギムナジウムの見直し、大学の授業料廃止と学生数の拡大等を掲げた (SPD Niedersachsen 2012)。緑の党も選挙公約の最初の課題として教育を取り上げ、就学前教育の充実、8年制ギムナジウムの見直し、大学の授業料廃止と学生数の拡大等とSPDと共通の政策を掲げた (Bündnis 90 / Die Grünen 2012)。2013年の政権交代によって、SPD/緑の党政権はギムナジウムの年限を9年に延長するとともに、学校査察をむしろ拡充する方針を示した (Sowada / Dedering 2016)。また、CDU/FDP政権時の2006/07年度から学期毎に500ユーロの大学の授業料が導入されたが、2013年12月11日の大学法改正によって、2014/15年度から大学授業料は廃止された[14]。

州レベルにおいて、政治的要因は教育政策に大きな影響を与えることが確認できる。KMKや教育フォーラムの示した方向性を各州はどのように実施していったか。次章以降で、具体的な教育政策について分析していく。

2 日本への示唆

日本では、1990年代以降、「失われた10 (20) 年」として位置づけられてきた。経済の後退期に教育改革を主張することは、政治的にはある種の合理性があるが、その手法と投入する資源、検証方法がなければ十分な効果は期待できない。経済的状況の違いを日本とドイツで比較する際には念頭におく必要がある。ドイツの教育財政では、OECD諸国の平均には満たないものの、経済的好況もあり、公的資金を教育、とりわけ初等中等教育により多く投入している。こうした改革の基盤があってこそ、教育改革は進行するのである。ただし、ドイツでは高等教育の大衆化が遅れているため、高等教育領域への資源投入は比較的低くなっている。日本は高等教育領域を私立大学が多く引き

受けることによって大衆化したが、その費用負担が個人に帰せられている。この点を解消しなければ、高等教育を含めた教育の機会均等は困難であろう。

　一方、日本の政治は比較的安定しているといえる。自民党が野党となったのは、1993-94年と2009-12年の短期間であり、戦後一貫してほぼ自民党が政権を維持している。逆にそこでの教育政策の成否は自民党政権の責に帰することになる。このため、教育政策の転換を図る場合、選挙を通じての変更は困難となり、経済や社会といった時代の変化を強調することになる。このことは、それまでの教育政策を検証し、評価する作業が不十分となる可能性がある。

注

1　Baumert, J.u.a.（1997）、Baumert, J. u.a.（1998）、国立教育研究所（1997）等を参照。
2　Deutsches PISA-Konsortium（Hrsg.）（2001）, Ders（2002）, Ders（2003）国立教育政策研究所（2002）．
3　教育フォーラムの中間報告書及び最終報告書については、以下を参照。<http://www.blk-bonn.de/forum-bildung-archiv.htm>（160823 access）
4　Bund-Länder-Kommission für Bildungsplanung und Forschungsförderung. 1970年の設立当初は連邦・州・教育計画委員会（Bund-Länder-Kommission für Bildungsplanung）であった。<http://www.blk-bonn.de/blk-rueckblick.htm>（151015 access）
5　<http://www.gwk-bonn.de/>（151015 access）
6　Die Bunderegierung und die Regierungschefs der Länder（2008）Aufstieg durch Bildung. Die Qualifizierungsinitiative für Deutschland. <https://www.kmk.org/fileadmin/Dateien/pdf/Bildung/AllgBildung/2008-10-22-Qualifizierungsinitiative.pdf>（160805 access）
7　Die Senatorin für Bildung, Wissenschaft und Gesundheit（2012）Bildung–Migration–soziale Lage. Voneinander und miteinander lernen. Bremen.
8　Konsortium Bildungsberichterstattung（2006）Bildung in Deutschland. Ein indikatorengestützter Bericht mit einer Analyse zu Bildung und Migration. Bertelsmann Verlag.
9　Statistisches Bundesamt（2014）Statistisches Jahrbuch 2014. 12.1
10　Statistisches Bundesamt. BILDUNGSFINANZBERICHT 2014. Tabelle3.2-1
11　選挙結果については、以下のHPによった。<http://www.election.de/>（151023 access）
12　<http://lexetius.com/GG/91b,1>（151015 access）
13　<https://www.kmk.org/fileadmin/Dateien/veroeffentlichungen_beschluesse/2015/2015_00_00-Bericht-Qualifizierungsinitiative.pdf>（160820 access）
14　Studieren in Niedersachsen ohne Studienbeiträge <http://www.mwk.niedersachsen.de/themen/studium/studienbeitraege/studienbeitraege-in-niedersachsen-18991.html >（160823 access）

参考文献等

Arbeitsgruppe Bildungsforschung / Bildungsplanung Universität Duisburg-Essen,Standort Essen (2003) Indikatorisierung der "Forum Bildung" –Empfehlungen–. Ein exemplarischer Versuch unter Berücksichtigung der bildungbezogenen Indikatorenforschung und -entwicklung. Essen.
Baumert, J.u.a. (1997) TIMSS–Mathematisch-naturwissenschaftlicher Unterricht im Vergleich. Opladen.
Bündnis 90 / Die Grünen (2012) Programm zur niedersächsichen Landtagswahl 2013. <http://www.gruene-niedersachsen.de/landtagswahl/wahlprogramm.html> (160823 access)
CDU in Niedersachsen (2012) So machen wir das. Für Niedersachsen. Regierungsprogramm 2013-2018 der CDU in Niedersachsen. <http://cdu-niedersachsen.de/regierungsprogramm-2013-2018-der-cdu-in-niedersachsen/> (160823 access)
Deutsches PISA-Konsortium, Baumert, J. (Hrsg.) (2003) PISA 2000: ein differenzierter Blick auf die Länder der Bundesrepublik Deutschland. Leske+Budrich.
Deutsches PISA-Konsortium (Hrsg.) (2002) PISA 2000: die Länder der Bundesrepublik Deutschland im Vergleich. Leske+Budrich.
Deutsches PISA-Konsortium (Hrsg.) (2001) PISA 2000: Basiskompetenzen von Schülerinnen und Schülern im internationalen Vergleich. Leske+Budrich.
Gehrmann, A. (Hrsg.) (2010) Bildungsstandards und Kompetenzmodelle. Beiträge zu einer aktuellen Diskussion über Schule, Lehrerbildung und Unterricht. Verlag Julius Klinkhardt, Bad Heilbrunn.
Hepp G. F. (2011) Bildungspolitik in Deutschland. VS Verlag für Sozialwissenschaften.
PISA-Konsortium Deutschland (2004) PISA 2003: der Bildungsstand der Jugendlichen in Deutschland–Ergebnisse des zweiten internationalen Vergleichs. Waxmann.
PISA-Konsortium Deutschland; Manfred Prenzel [et al.] (Hrsg.) (2005) PISA 2003: der zweite Vergleich der Länder in Deutschland: was wissen und können Jugendliche? Waxmann.
PISA-Konsortium Deutschland; Manfred Prenzel [et al.] (Hrsg.) (2007) PISA 2006: die Ergebnisse der dritten internationalen Vergleichsstudie. Waxmann.
Sowada, M. G. / Dedering, K. (2016) Die Reform der Reform. Legitimität und Strategien zu deren Gewinnung, Aufrechterhaltung und Optimierung im Zuge der Veränderung von Verfahren der Schulinspektion. In: Arbeitsgruppe Schulinspektion (Hrsg.) Schulinspektion als Steuerungsimpuls? Ergebnisse aus Forschungsprojekten. Springer VS, Wiesbaden. 169-199.
SPD Niedersachsen (2012) Anapacken. Besser Machen. DAS Regierungsprogramm 2013–2018. <http://www.spdnds.de/content/360000.php> (160823 access)
網谷龍介編著 (2014)『ヨーロッパのデモクラシー』(改訂第2版) ナカニシヤ出版
木戸衛一 (2015)『変容するドイツ政治社会と左翼党―反貧困・反戦―』耕文社
熊谷徹 (2014)『ドイツ中興の祖ゲルハルト・シュレーダー』日経BP社
近藤正基 (2013)『ドイツ・キリスト教民主同盟の奇跡－国民政党と戦後政治1945～2009―』ミネルヴァ書房
国立教育研究所 (1997)『中学校の数学教育・理科教育の国際比較』(国立教育研究所

紀要第 127 集)
国立教育政策研究所 (2002)『生きるための知識と技能』ぎょうせい
国立教育政策研究所 (2004)『生きるための知識と技能　2』ぎょうせい
国立教育政策研究所 (2007)『生きるための知識と技能　3』ぎょうせい
国立教育政策研究所 (2010)『生きるための知識と技能　4』ぎょうせい
国立教育政策研究所 (2013)『生きるための知識と技能　5』ぎょうせい
坂野慎二 (2000)『戦後ドイツの中等教育制度研究』風間書房
坂野慎二 (2001)『日本とドイツにおける中等教育改革に関する比較研究』(科研費報告書)
坂野慎二 (2003)『統一後ドイツの教育政策』(科研費報告書)
坂野慎二 (2004)「ドイツにおける PISA ショックと教育政策」日本ドイツ学会『ドイツ研究』第 37/38 号　成文堂
田口晃・土倉莞爾 (2013)『キリスト教民主主義と西ヨーロッパ政治』木鐸社
西田慎編著 (2014)『現代ドイツ政治－統一後の 20 年－』ミネルヴァ書房
保坂稔 (2013)『緑の党政権の誕生―保守的な地域における環境運動の展開―』晃洋書房
ボルマン (2014)『強い国家の作り方－欧州に君臨する女帝メルケルの世界戦略』ビジネス社 (原書は Bollmann, R. Die Deutsche: Angela Merkel und wir. Klett-Cotta, Stuttgart. 2013)
三好範英 (2015)『ドイツリスク―「夢見る政治」が引き起こす混乱―』光文社

第2章
就学前教育と初等教育における学力保証政策

はじめに

　ドイツでは2001年の「PISAショック」以降、学力向上政策が進められている。政策的に看取できる主たる傾向は、教育スタンダードの設定と、学校の自律性強化と自己責任、そして学校（外部）評価である。その主たる対象は、PISA調査結果により明らかとなった、学力が低い層、とりわけ、ドイツ語を母語としない児童生徒の学力の底上げである。

　ドイツは連邦国家であり、教育に関する権限は16ある州に属している。連邦レベルでは2006年のドイツ基本法（憲法にあたる）の改正により、連邦の教育に関する権限は国際学力調査等に限定されることとなった。これはドイツの伝統である「文化高権（Kulturhoheit）」による州の事項としての教育という立場を改めて確認したものといえる。

　学力向上を目指すドイツの教育政策は、ヨーロッパ諸国を中心とする諸外国の影響を受けながら、行政主体による事前規制型から成果主義へと大きく方向転換している点では、日本の教育政策と基本的に同じ方向のようにもみえる。しかし詳細に検討していくと、幾つかの相違点が見えてくる。第一に、不利な状況にある子どもたち（移民の背景を持つ子どもたち等）に対して、より良い教育の機会を提供し、教育の機会均等を推し進めることによって全体の底上げを図る政策を推し進めている。具体的には就学前教育の重視や終日学校の拡大という施策となって実施された。第二に、多様性、独自性の重視である。主要教科に共通する教育スタンダードが作成されるが、その位置づけは、各州が教育スタンダードを基盤として学習指導要領等を作成するための最低規

準を意味している。学校外部評価の導入等は、学校の自律性を重視していることが前提である。つまり、規制緩和に基づいて、州・学校が独自性、多様性を前提とした教育改革を進めている。その成果はデータに基づいて検証され、次の教育改革の方向性が定められる。

本章は、近年のドイツの教育改革の基本的方向性を示した上で、義務教育段階の入り口、プロセス、出口についての教育改革の実態を明らかにし、その成果と課題を示す。それによって、日本で進められている教育政策への示唆を得たい。

1　国際学力調査結果の衝撃

1　国際学力調査の結果

2000年に実施されたPISA調査結果は、2001年12月4日に結果が公表された。いわゆる「PISAショック」である。更に2002年に公表されたPISA補足調査(各国でPISA調査に追加して行うオプション)の結果から、次のような結論が導かれた。諸外国と比較において、ドイツの教育は、①教育の質が高くないこと、②州間の格差が大きいこと、③成績の分散が大きいこと、④成績に社会階層を強く影響していること(階層格差)、等がデータに基づいて明らかにされた。

前章で述べたように、こうした結果はTIMSS調査等によって事前に予想されていた。KMKや教育フォーラムは、対応策をPISAショック前から準備していた。シュレーダー政権が「教育フォーラム」において示した教育改革の処方箋についてまとめておく[1]。第一に、PISA調査の趣旨にもあるように、生徒が獲得した知識・技能の量的評価ではなく、情報をうまく処理し(8)、問題解決型能力の獲得が重視されている(7)。第二に、個人を中心とした支援の必要性を重視している(2)。第三に、その背景には特に移民の背景を持つ生徒を支援することが必要であり(10)、それは就学前教育の改善(1)、終日学校の拡大(2)、そして学校終了時及び生涯にわたる資格獲得(3、7、10)が重視されていることが読み取れる。第四に、教員の質向上(5)、学校の自律性(12)とネットワーク化(11)といった、教育的諸条件の整備が重視されている。

第2章　就学前教育と初等教育における学力保証政策　53

学年	領域						年齢
	高等教育領域		職業継続教育 修了証　一般大学入学資格		学士 職業アカデミー	博士学位 職業資格の学位（BA/MA） 総合大学／工科大学／ 教育大学／芸術大学／ 音楽大学／専門大学／ 行政専門大学	
			専門学校	夜間 ギムナジウム／コレーク			
13 12 11	後期 中等 教育領域		職業修了証 二元的 職業訓練制度	専門大学入学資格 職業専門 学校	専門上 級学校	一般大学入学資格 職業上級学校　ギムナジウム 　　　　　　　　上級段階	19 18 17 16 15
			職業基礎教育学年				
			実科学校修了証、ハウプトシューレ修了証				16
10			第10学年				15
9 8 7	前期 中等 教育領域	特殊 学校	ハウプト シューレ	実科 学校	多課程制学校	ギムナジウム	14 13 12
6 5			オリエンテーション段階				11 10
4 3 2 1	初等 教育領域	特殊 学校	基礎学校				9 8 7 6
学年	就学前 教育領域	特殊 幼稚園	幼稚園 （任意）				5 4 3

図2-1　ドイツ学校体系図
出典：KMK (2015) S.32.

また、2001年12月5日に常設各州文部大臣会議（KMK）は「7つの行動プログラム」を公表したが、後の教育政策のための基本的方向性を示したものである。その概要は、以下の通りである。

1．とくにハウプトシューレや特別支援学校の学習についての新たな考え方によって、低学力層の生徒が、支援されなければならない。
2．学校システム全体での授業の質的開発と質的改善。中核となるコンピテンシー領域における学習目標の設定及び最低スタンダードの確保。
3．「読む力が弱い者」を正確に認識する、診断的コンピテンシーの開発。
4．就学時期、原級留置、進学の決定や成績の良い生徒の支援。
5．就学前教育領域と基礎学校における補助的な学習の提供によって、言語理解やコミュニケーション能力の促進のためのプログラムの開発や改善。
6．教職の専門性の改善。実践に即した初期養成と研修の義務化。
7．教授学習研究並びに教科教授法研究における多元的努力。

ここで示されている内容は、「教育フォーラム」とほぼ同じであるが、別途強調されているのが、教育スタンダードである。すなわち、出口における一定水準の確保が重視されていることを読み取ることができる。では、こうした教育改革の方向性が各州でどのように具体的に進展しているのかを、義務教育段階の入り口、プロセス、出口に区分してみてみよう。

2　義務教育段階以前の支援

1　移民の背景を持つ子どもの支援（行動プログラム1、2、4）

ドイツでは移民の背景を持つ子どもが増大している。移民（Migration）の定義は多様であるが、外国籍の者（Ausländer）は、ドイツの総人口約8,244万人（2001年末）に対して外国人は総計約732万人である（約8.9％）（BLK 2003, 24）。内訳ではトルコ国籍が約195万人と4分の1以上を占めている。この他に祖先がド

イツ国籍を持ち、旧社会主義諸国の体制転換後に移住してきた者（主に旧ソビエト連邦から）が2001年に12,903人いる。なお、ドイツでは1999年に国籍法が改正され、2000年1月以降にドイツで生まれた者は容易にドイツ国籍を取得できるようになった。

　BLK（連邦・州・教育計画及び研究促進のための委員会）の定義によると、移民の背景を持つ児童生徒とは、①両親のどちらかが当該国で生まれていない子ども、②両親ともに当該国で生まれていない子ども、③家庭の使用言語が当該国の言語（ドイツ語）でない子ども、という区分になっている（BLK 2003, 25）。

　移民の背景を持つ子どもが増えたことに伴い、就学時におけるドイツ語能力が十分ではなく、結果的に学校における学習に影響を与えていることがPISA補足調査等でデータ的に示されたことである。

　こうした移民の背景を持つ子どもに対して、就学の半年〜2年前にドイツ語能力試験を行い、ドイツ語の発達が不十分と判断された子どもは、学校幼稚園等に就学し、ドイツ語に触れる機会を増やす政策が進められている。2006年に実施したベルリン市（都市州）における聞き取り調査では、地域によっては基礎学校の児童の80％以上が移民の背景を持つ子どもである学校もあった。文化的な違いを持つ児童生徒に対し、家庭と連携しつつも、必要な支援を学校等が提供する必要性は高い[2]。

2　就学前教育と初等教育の接続（行動プログラム1、2）

　ドイツの就学前教育は幼稚園（ドイツの幼稚園は、州学校教育省系所管の州と、州青少年・福祉省系の所管の州がある）、学校幼稚園、保育所等で実施されているが、5歳児の就園率は90％を超えている（BMBF 2008, 7）。就学前教育が重視されるのは、上記の移民の背景を持つ子どもへの対応という理由に加え、ドイツ人の子どもにも早期に適切な教育を提供しようという意図がある。2004年、KMKと青少年大臣会議は共同で「就学前教育施設における早期教育のための各州共通大綱」を決定した[3]。この大綱が強調しているのは、就学前教育と学校教育との一体化である。とりわけ、学習方法能力の獲得（学び方を学ぶ

が重視されている(同3．1)。また、就学前教育施設における教育領域として、①話し方、書き方、コミュニケーション、②個人的・社会的発達、価値教育/宗教教育、③算数、理科、(情報)技術、④音楽教育、メディアの活用、⑤身体、運動、健康、⑥自然と文化的環境、の6領域が設定されている。2008年に改訂された日本の幼稚園教育要領では、第2章「ねらい及び内容」が、①健康、②人間関係、③環境、④言葉、⑤表現、となっている。これとドイツの教育領域とを比較すると、ドイツでは③算数、理科、(情報)技術が重視されていることが理解できよう(BMBF 2007b 参照)。

2009年、KMKと青少年・家族大臣会議は共同で「就学前教育施設から基礎学校への移行を意味あるものにする－就学前教育領域と初等教育段階の協働を最適化する」を決議した[4]。この中で強調されているのは、就学前教育施設及び基礎学校それぞれで言葉の発達を支援すること、特別な支援が必要な子どもに対する目標を明示した支援、就学前教育施設教育者及び基礎学校教員に対する共通の研修拡充、等である(同決議Ⅲ)。こうした決定は、基礎学校から教育を始めるのではなく、就学前教育施設からの教育の継続性を重視する姿勢を読み取ることができる[5]。例えばチュービンゲン州文部省は、2008年に「10歳までのチュービンゲン教育計画 Thüringer Bildungsplan für Kinder bis 10 Jahre」を作成し、就学前教育施設と基礎学校及び家族との連携方法や、言語、健康、理科、算数といった教育領域において獲得すべき能力(自己的能力、社会的能力、事実的能力)を規定している。

日本においては「小1プロブレム」が問題とされているが、ドイツでも基礎学校入学時における子どもの言語発達や社会的能力の多様性が課題とされている。それを就学前教育施設と連携して、ギャップを埋めるための政策が進められているといえよう。就学前教育施設と基礎学校とのギャップを埋めるために重要な点として、就学前教育施設、学校、そして家庭の連携、子どもそれぞれの多様性を理解し、個人記録を繋げていくための努力等が指摘されている(同決議Ⅳ、Ⅴ)。学校教育開始段階から教育の個別化・多様化は不可避となっているといえよう。

3 早期から短期間での学校教育（行動プログラム 3）

　従来のドイツの保護者は、子どもの学習への成熟という点を重視し、基礎学校への就学を遅らせる傾向があった。ドイツでは、基礎学校に入学する年齢を 6 月 30 日に満 6 歳に達した子どもが同年の 8 月 1 日からの学年度に入学させるよう取り決められている。つまり基礎学校に入学した時点で、子どもは 6 歳から 7 歳になっている。こうした他国と比較して遅い就学時期（ただし北欧諸国等では 7 歳からの就学の国もある）に対して、発達の早い子どもにより適切な就学機会を提供する道を開くことが求められた。KMK は 1997 年 10 月 24 日に就学開始についての勧告を決議し、各州が 6 月 30 日から 9 月 30 日の間で決定期日を設定できることとなり、より早い段階での基礎学校入学を促すこととなった[6]。

　その結果、各州は基礎学校入学年齢の早期化を進めている。具体的には、入学決定期日を 6 月 30 日から移動し、その年（例：2007 年）の 12 月末日に満 6 歳に達する場合等で、成熟が十分であると判断される場合、基礎学校にその年（2007 年）の 8 月に始まる学年度に入学できるとするものである。つまり 5 歳の段階で基礎学校への入学が可能となったのである。例えば、バイエルン州では、2005 年度から基礎学校入学決定日を 1 ヶ月ずつ早め、2010 年度までに 12 月 31 日に満 6 歳に達する子どもが同年の 8 月から基礎学校に入学できるようにする予定であったが、2010 年度に入学決定期日を 9 月 30 日とした。

　こうした入学の早期化には国際的な力学も働いていると考えられる。それは EU（ヨーロッパ連合）における労働市場の流動化である。ヨーロッパでは 12 年間の就学によって、大学入学資格を獲得することが可能である。オランダやイギリス等では 5 歳で小学校から入学しており、理論的には大学入学年齢が 17 歳から可能となる。一方、ドイツでは基礎学校入学が満 6 歳を過ぎてからで遅く、しかも大学入学までに 13 年の就学を必要としていた。これは 12 年が標準である国際レベルからすると 1 年長い。それに加えて、ドイツの大学は修了まで標準が 5 年でも、実際には 6 年かそれ以上が必要になる。その結果、ドイツで大学を修了する者は、他国と比較すると年齢が高くなってい

表2-1 基礎学校入学期日の早期化

	州名	導入時期	入学期日早期化	入学可能期日
1	バーデン・ヴュルテンベルク	2005年～	2005年7月31日、2006年8月31日、2007年9月30日（学校法第73条）	10月1日～6月30日保護者の申告に基づき学校医の見解に従い学校が判断（2005年～、それ以前は7月1日～9月30日）それ以降は期日制限なし。保護者の申告に基づき場合により学校医の見解に基づき学校が判断
2	バイエルン	2005年～	2005年7月31日、2006年8月31日、2007年9月30日（学校法第37条）	9月30日保護者の申請に基づき学校が決定それ以降は期日制限なし保護者の申告に基づき学校心理的見解を加えて学校が判断（2005年～）
3	ベルリン	2005年～	2005年12月31日（学校法第42条）	1月1日～3月31日保護者の申告に基づき学校と学校課で決定（2005年～）
4	ブランデンブルク	2005年～	2005年9月30日（学校法第37条）	10月1日～12月31日保護者の申告により学校が決定 1月1日～8月1日学校医の見解に基づき学校が決定（2005年～）
5	ブレーメン			7月1日～12月31日保護者の申告に基づき学校課が決定 1月1日～8月1日能力基準により学校が決定（2005年～）
6	ハンブルク			期日制限なし。保護者の申告により学校が決定（1997年～）
7	ヘッセン			7月1日～12月31日保護者の申告により学校が決定 12月31日より後（期日制限なし）学校心理士の見解を参考に学校が決定（1993年～）
8	メクレンブルク・フォアポメルン			7月1日～12月31日保護者の申告に基づき学校が判断（2006年～）
9	ニーダーザクセン	2010年～	2010年7月31日、2011年8月31日、2012年9月30日（学校法第64条）	期日制限なし。保護者の申告に基づき学校が判断（1998年～）
10	ノルトライン・ヴェストファーレン	2007年～	2007年7月31日、2009年8月31日、2011年9月30日（学校法第35条）	期日制限なし。学校医の見解に基づき学校が判断（2007年～）
11	ラインラント・プファルツ	2008年～	2008年8月31日（学校法第57条）	期日制限なし。保護者の申告、学校医の見解により学校が判断（2008年～）
12	ザールラント			7月1日～12月31日保護者の申告により学校が決定 1月1日～6月30日学校医及び学校心理士の見解を参考に学校が決定（1966年～）
13	ザクセン			7月1日～9月30日保護者の申告により学校が決定（2004年～）
14	ザクセン・アンハルト			7月1日～6月30日保護者の申告により学校が決定（1999年～）
15	シュレスヴィヒ・ホルシュタイン			期日制限なし。保護者の申告、学校医との一致により学校が判断（2007年～）
16	チューリンゲン	2003年～	2003年7月31日（学校法第18条）	8月1日～6月30日（2004年～）

出典：Berthold（2008a）、各州HP等を基に筆者が作成。

る。このことは国際的な労働市場における競争上不利であると考えられている。このため、少しでも基礎学校への入学を早めようとする傾向が出てきたのである。更にはすべての州でギムナジウムを9年から8年に短縮し、12年の就学で大学入学資格を獲得できるようにする政策も進められている。

　更には、子どもの学習への習熟度を見極め、子どもの発達に即した学年配置を行うための工夫がなされている[7]。具体的には、ブランデンブルク州やベルリン市（都市州）のように、基礎学校1年生と2年生を学年混合クラスとする州が増加している（「柔軟な学校導入段階 die flexible Schulanfangsphase」[8]。学習面での発達が早い子どもは、1年で3年次へと進級することが可能である。逆に学習面での発達が遅れている子どもは、3年間を学年混合学級で過ごして学習基盤を確立してから3年のクラスへと進級していく。つまり子どもの学習面での発達にに合わせて、就学期間の柔軟化され、導入学年では1〜3年で次の段階へと進んでいく。

　2015年度現在、ドイツ16州の中で、ベルリン市、ザクセン州、シュレスヴィヒ・ホルシュタイン州、チュービンゲン州の4州は、1年及び2年では学年混合学級が標準として学校法で規定されている。また、ブランデンブルク州、ブレーメン市、ヘッセン州、ノルトライン・ヴェストファーレン州の4州は、設置が可能であることが学校法によって規定されている（**表2-2**）。

　しかし実際には就学年齢は早まったのであろうか。2000/01年度から2014/15年度までの期間において、就学期日を早めた州があるため、合計が100％にはならないが、以下のデータは参考になるであろう（「教育報告書2016」）。就学を遅らせた者の割合は、ドイツ全体で、2003/04年度頃から低下するが、2009/10年度頃から再度上昇している。一方、就学を早めた者の割合は、2004/05年度に9％まで上昇するが、その後は一貫して低下傾向にある。いわゆる6歳で入学した者の割合は、緩やかな上昇傾向にある（「**表2-3**」参照）。また、別のデータでは、5歳児の就学割合は、2004年に0.3％、2008年に0.5％、2012年に0.4％となっている[10]。これらのデータから、就学年齢は2000年代半ばに一時的に早期化したものの、その後はそれほど早まってはいないことが確認できる。その要因として考えられるのは、基礎学校で学年混合学級が

広まり、基礎学校を 3 年で無理なく進学できる制度が整ってきたこと、ギムナジウムが 9 年制から 8 年制へと短縮されたことにより、大学入学までの年数が 12 年になったこと、等が考えられる。

表2-2　学校導入段階の導入状況

	州　名	概　要
1	バーデン・ヴュルテンベルク	1997 年に試行。2000 年に Schulanfang auf neuen Wegen 開始。2006 年 2486 校(公立)。
2	バイエルン Flexibile Grundschule	1998 年に試行。2003 年から学校の意思で導入可能。2013/4 年度に調査報告書 2014/5 年度から希望制。2016/7 年度 188 校。
3	ベルリン Schulanfangsphase	2005 年学校法改正で規定(学校法第 20 条)。2008 年から全面実施。
4	ブランデンブルク Flexible Schuleingangsphase	1992 年に先導的試行。2003 年に設置可能(学校法第 19 条第 4 項)。その後約 30％が学校導入段階に。
5	ブレーメン	2005 年度に試行。2006 年から設置進行(学校法第 18 条)。
6	ハンブルク	例外的。2007 年度に 5 校で実施。
7	ヘッセン Flexible Schulanfang	1994 年に試行開始(-98 年)。1998-2004 年に新たな試行実施(Neuen Schuleingangaspase)。2007 年に選択実施可能に(学校法第 17 条第 3 項)。
8	メクレンブルク・フォアポメルン	2005-06 年試行。保護者会が導入要求。
9	ニーダーザクセン Jahrgangsgemischte Eingangsstufe	1994-2002 年試行。2003 年設置可能(学校法第 6 条第 4 項)。
10	ノルトライン・ヴェストファーレン	2004-05 年広範に実施。2005 年全面設置可能(学校法第 11 条第 2 項)。
11	ラインラント・プファルツ	
12	ザールラント	学校法 3 条 a に規定あり。
13	ザクセン	実施可能(学校法第 5 条第 2 項)。
14	ザクセン・アンハルト	
15	シュレスヴィヒ・ホルシュタイン	1998 年設置が可能。2007 年学校法第 41 条で全面設置を規定。2012 年の調査で 64％が導入[1]。
16	チューリンゲン	1997 年学術的調査。2003 年設置(学校法第 5 条)。
参考	スイスの 10 のカントン、リヒテンシュタイン	2004 年試行。2014 年作成の「学習指導要領 21 (Lehrplan 21)」で就学前教育の 2 年＋基礎学校 2 年を第一段階に。

出典：ブレーメン大学 HP[9]、Berthold(2008a)、各州 HP 等を基に筆者が作成。
注 1 ：Institut für Qualitätsentwicklung an Schulen Schleswig-Holstein(IQSH)(2012)。

表2-3　基礎学校入学時期の推移（年、%）

入学時期	2000/01	2002/03	2004/05	2006/07	2008/09	2010/11	2012/13	2014/15
遅く就学	7.1	6.4	5.7	4.8	6.0	7.5	6.6	6.9
早く就学	5.0	6.8	9.1	7.1	5.4	4.5	3.1	2.6
6歳入学	-	-	56.8	57.9	59.9	61.1	60.9	63.5

出典：Bildungsbericht 2016. Tab.C5-6web, C5-7web, C5-8web.

3　義務教育段階における支援

1　終日学校の拡大（行動プログラム 4、7）

　国際学力調査で明らかになったことは、ドイツでは学力の分散が大きいということである。これは 2000 年 PISA 補足調査によって示されたように、家庭環境が学校での成績に大きな影響を与えていることをデータとして実証されたことを意味する。日本的な文脈でいえば、ドイツは「教育格差」が大きい国、親の所得や社会的地位が学校教育の成果に大きな影響を与えている国といえる。

　先の KMK の行動プログラムや教育フォーラムによっても勧告されたように、ドイツが国際学力調査の成績を向上させようとするならば、家庭への支援を手厚くすることと、そして学校を活用しての教育を充実させることである。その具体策として示されたのが終日学校（Ganztagsschule）である。

　これはドイツの学校教育の特色であった半日学校の修正を意味している。従来型のドイツの学校は、午前 8 時頃に学校が始まり、45 分授業と休憩を挟み、午後 1 時頃には学校が終了していた。子どもたちは学校が終わると家に戻って昼食を摂り、午後の時間はそれぞれで過ごすことが普通であった。これは午後の時間の使い方は家庭に任されていたともいえる。しかしその結果として、学習支援が不十分な子どもたちも少なくない。

　家庭による午後の養育の違いを少なくするためには、午後の時間を学童保育所（Hort）のように学校内外で過ごすことが求められる[11]。終日学校は、こうした要望にこたえるものである。子どもたちは学校が終了すると、まずは昼食をとり、その後宿題をやったり、遊んだりして学校で午後 4 時頃までを

過ごす。必ずしも授業のような形態ばかりではない。この午後の面倒をみるのは教員であったり、福祉教育者であったり、ボランティアであったりする。

2002年の連邦議会選挙で過半数を維持したシュレーダー連立政権は、連邦が2003-2007年に合計40億ユーロを用意し、州が終日学校を普及させるための補助金とする政策を行った。その結果、2003年以降2007年までに6,386校が終日学校となった(BMBF 2007a)。設置は過半数が基礎学校である。基礎学校数は連邦全体で約17,000校であり、およそ5〜6校に1校が終日学校になった計算になる。この「未来の教育と世話 Zukunft Bildung und Betreuung」は、2009年まで延長され、延べ8262校に資金が投入された[12]。

2009年に連邦政府はメルケルを首班とするCDU/CSUとFDPの連立政権となったが、終日学校への資金の投入は継続されている。連邦政府は「より多くのアイディアを！終日学ぶ Ideen für mehr! Ganztägig lernen」プログラムを策定し2014年まで毎年430万ユーロを投入することとしている。これに加え、2005年に開始された「終日学校の発展のための研究 Studie zur Entwicklung von Ganztagsschulen - StEG」に2012年から2015年までで総計600万ユーロを支出することとなっている[13]。終日学校は、連邦政府に加え、州政府、ヨーロッパ社会基金等、多くの関係者から資金を調達している。

その結果、終日学校の設置率は全体で59.5％（2014年）に達している[14]。設置者別では、公立学校の設置率が60.0％、私立学校が54.6％と大きな違いはない。学校種では、基礎学校が53.3％、オリエンテーション段階（第5/6学年）が72.0％、ハウプトシューレが69.6％、多課程制学校が77.9％、実科学校が52.4％、ギムナジウムが59.6％、総合制学校が86.9％、特別支援学校が69.0％等となっている。

しかし終日学校の普及状況は、州によって大きく異なる。公立基礎学校における終日学校でみてみると、メクレンブルク・フォアポンメルン州では設置がなく、ザクセン・アンハルト州では3.9％である。旧東ドイツ5州では、チューリンゲン州を除き、学童保育所への児童通所率が三分の二を超えている[15]。旧西ドイツ諸州の終日学校通学率は、バーデン・ヴュルテンベルク州（18.6％）やバイエルン州（22.4％）等で低い。一方、ベルリン市、ザクセン州、チューリンゲン州は100％、ハンブルク市は99.5％となっている。州によって終日

学校への取り組み方に大きな違いのあることが確認できる。

2 学校制度の改革（行動プログラム 5）

　ドイツでは、1990年の東西ドイツ統一以降、学校制度が多様化した。というのも、旧東ドイツ（ドイツ民主共和国）諸州は、旧西ドイツ諸州で実施されていた三分岐型学校制度ではなく、4年の基礎学校の上にギムナジウム（8年）とそれ以外の中等教育学校（5～6年）の二分岐型を基本とした学校制度を運用している。旧西ドイツ諸州でも、三分岐型学校制度が国際学力調査によって示されたように、三分岐型学校制度は階層再生産となっている可能性を指摘し、政策論争の1つとなってきた。2005年のシュレスヴィヒ・ホルシュタイン州の州議会選挙では、統一学校制度を選挙公約として掲げた与党SPDが敗れ、首相の座をCDUに明け渡す結果となった。

　しかし一方では、ハウプトシューレと実科学校を制度的に統合する動きが進んでいる。旧東ドイツ諸州のみならず、旧西ドイツ諸州においても、児童生徒数の減少が続き、地方においては、三分岐型の学校制度を維持することが実質的に困難となってきている。小規模校は学校設置者にも財政的な負担をもたらす。少子化という現実の中で、ハウプトシューレと実科学校を制度的に統合して一体的に運用する州が2015年の時点12州まで増加した[16]。ベルリン市では2010年に学校法が改正され、ハウプトシューレ、実科学校、及び総合制学校を廃止して統合中等学校（Integrierte Sekundarschule）に統合し、ギムナジウムとの完全な二分岐型となった（第17条）。こうした学校制度改革は、少子化という現実への対応ではあるが、同時に、教育機会の拡大にも資する施策であるといえよう。中等教育学校制度については、第3章で詳しく述べる。

3 学習指導要領の改訂（行動プログラム 3）

　学校教育の成果を測定するために、ドイツではKMKが中心となって、2003年から2004年にかけて共通教育スタンダードが公表された（教育スタン

ダードの詳細は次節を参照)。各州は教育スタンダードに対応するように、学習指導要領(州により名称は異なる)の改訂が進められている(**表2-4**)。

表2-4 各州基礎学校の学習指導要領

州	実施年	名　　称
BW	2016	Bildungsplan
BY	2015	LehrplanPULS
BE	2017	Rahmenlehrplan
BB	2017	Rahmenlehrplan
HB	2004	Rahmenlehrplan (Bildungsplan)
HH	2011	Bildungsplan
HE	2011	Kerncurricula
MV	2004	Rahmenplan
NI	2006	Kerncurriculum
NW	2008	Lehrplan
RP	2015	Rahmenplan
SL	2009	Kernlehrplan (D,M,SU,F,BK,M) Lehrplan (Sp,Ev, Ka, Is)
SN	2009	Lehrplan
ST	2007	Lehrplan
SH	1997	Lehrplan
TH	2010	Lehrplan

出典:各州文部省HP、KMKのHPを基に筆者作成。
注:実施年は、教科により異なる場合は算数の学習指導要領を基本とし、実施の早い学年を基準とした。

これまでのドイツの教育課程及び学習指導要領の特色は、教育内容を明示することが中心に位置づけられてきた。基礎学校を対象とした初等教育段階においては、州憲法や学校教育法に規定された教育目的や教育目標を達成するために、教科の枠組みで内容が規定されてきた。新たな教育課題として、各教科に共通するような目標は、別途提示されるが、それをどのように実施するのかは、実際には学校にゆだねられてきた。中等教育段階では各教科の教育内容の規定が中心であった。

1997年に公表されたTIMSS調査結果や2001年に公表されたPISA調査の結果を受け、2000年代以降学習指導要領の考え方そのものが変化してきた。そのポイントは、第一に国(州)がどこまで教育内容を規定し、どの程度を学校の裁量にゆだねるのか、という問題である。第二に、学校で獲得すべき能

力、すなわちコンピテンシーをどのように規定するのか、という問題である。第三に、国(州)が定める教育内容は、最低基準、標準基準、発展基準のどれを定めるのか、という問題である。第三点については、次節の教育スタンダードと関連するので、そちらで述べることにする。

　第一に、教育内容の分量をどのように規定するのかという問題について、簡単に歴史的経緯から振り返ってみよう。ドイツでは、カリキュラムという概念が乏しく、教科中心主義の考え方が主流であった。1960年代後半から1970年代にかけて、ドイツは教育改革の時代を向かえるが、カリキュラム研究もこの時代に従来の教科中心主義からロビンゾーン、クラフキ等が改革を提案したが、1980年代には下火となった。

　1990年代後半から、ドイツでは再び教育改革の機運が高まったが、その際、カリキュラムに関連するいくつかの新たな提案がなされた。その中心的役割を担った理論の1つが、ベトヒャー(Böttcher)らが提案した「中核カリキュラム(Kerncurriculum, core curriculum)」の考え方である。これはアメリカのハーシュ(Hirsch, E. D. Jr.)らの影響を受け、国は最低限の枠組みのみを設定するべきとする考え方である(Böttcher 2002)。ベトヒャーは、国が基準(スタンダード)として定める教育課程基準は、学校の教育活動の6割程度に抑制し、学校独自のカリキュラム編成の重要性を主張する。もちろん、60%はある程度の目安であり、議論の余地があるとしている(Böttcher 2002, 29)。こうした共通の義務的内容を学習する時間は60%程度に抑えるという考え方は、いくつかの州の学習指導要領の考え方に反映されている。

　ブランデンブルク州を中心として作成された2004年の4州共通の基礎学校学習指導要領(他にベルリン市、ブレーメン市、メクレンブルク・フォアポンメルン州が採用)は、授業時数の60%程度が共通の内容で、残りの40%程度は発展的な学習等に活用すべきことを記述している[17]。また、2014年に公表されたバイエルン州の学習指導要領(LehrplanPLUS)は、学習指導要領の規定する学習内容は、基礎学校で年間38時間中の26時間に、ギムナジウムでは38時間中の28時間に、それぞれ該当すると解説している[18]。残りの時数は各学校の教員が児童生徒に合わせてそのコンピテンシーを伸ばすために工夫して活用する

ことが述べられている。

第二に、学校教育において獲得するコンピテンシーをどのように考えるのか、という問題がある。ドイツにおけるコンピテンシーに類似する概念は、1970年代に職業教育・訓練の領域ですでに「鍵的能力(Schlüsselqualifikationen)」として取り入れられていた(Mertens 1974)。教育界全体では、ロート(Roth, H.)が行動コンピテンシーにおける3つのコンピテンシーという構造を提案している(Roth 1971; De Boer 2008, 20)。こうしたドイツの伝統的なコンピテンシーモデルは、ブランデンブルク州等における基礎学校の共通学習指導要領(2004年)にも影響を与えていると考えられる。ブランデンブルク州等の共通学習指導要領は、行動コンピテンシーを上位概念として、事実コンピテンシー（Sachkompetenz）、方法コンピテンシー（Methodenkompetenz）、社会的コンピテンシー（soziale Kompetenz）、及び個人コンピテンシー（personale Kompetenz）の4つに区分している[19]。

これに対して、新しいコンピテンシー概念を提示しているのが、バウメルト(Baumert, J.)らである。バウメルトは、1995年のTIMSS調査や2000年のPISA調査等の国際学力調査の報告書をとりまとめる立場にあった。彼は、こうした国際学力調査の理論の基盤となっているのが、アメリカのコンピテンシー研究であることを踏まえ、基礎コンピテンシーと教育内容の関係を整理している(Baumert 2002, 113)。彼の整理によれば、教科・領域を4領域(①数学や理科の「世界の認知的道具的モデル化」、②言語、音楽、芸術等の「美的・表現的出会いと形成」、③歴史、経済、政治等の「経済と社会の規範的・評価的葛藤」、④宗教や哲学の「構成的合成の問題」)に整理し、基礎コンピテンシーを5つのコンピテンシー(①交通言語の支配、②数学的コンピテンシー、③外国語コンピテンシー、④ITコンピテンシー、⑤知識獲得の自己統制)との関係で位置づけることを提案している。

こうした国際学力調査の影響は、連邦教育研究省が委託した研究者グループの報告書(2003年)にも影響を与えている。報告書「国家教育スタンダードの発展のために」、いわゆる「クリーメ報告書」は、ヴァイネルト(Weinert, F. E.)のコンピテンシー理論に依拠しながら、コンピテンシーモデルと教育スタンダードとの関係性の整理を試みている(BMBF 2003, 71ff)。ヴァイネルトは、コンピテンシーを世界レベルとしたOECDのDeSeCoプロジェクトにも関係してお

り（Weinert 2001a）、1999 年にコンピテンシー概念について、同会議で説明する（Weinert 1999）等、コンピテンシー概念の明確化に寄与している。ヴァイネルトは、学校の教育活動において獲得すべきコンピテンシーを以下のように分類している（Weinert 2001b, 27f）。①教科のコンピテンシー（fachliche Kompetenzen）、②教科を超えたコンピテンシー（fachübergreifende Kompetenzen）（例えば問題解決やチーム能力）、③行動コンピテンシー（Handlungskompetenzen）（認知的、社会的、動機的、意志的な、そしてモラル的なコンピテンシーを含み、獲得した知識や技能を多様な生活状況においてうまく責任をもって活用できる）。

　実は 1999 年に BLK を事務局として設置された「教育フォーラム」の委員にヴァイネルトも名を連ねていた。2001 年 5 月にまとめられた資料第 5 巻[20]では、「知識の規範 Kanon にかわるコンピテンシー原則」が提示され、①知的な知識、②応用の知識③学習コンピテンシー（学習の学習）、④方法的・道具的な (鍵的) コンピテンシー（とりわけ言語、メディア、自然科学の領域における）、⑤社会的コンピテンシー、⑥価値志向、として整理されている。また 2002 年に取りまとめられた最終報告書第 3 巻[21]でも、同様にコンピテンシーが整理されている。

　ドイツのコンピテンシーモデルは、このヴァイネルトの理論を中心とすることで、いわゆるメタ認知型の枠組みを基本形とするようになる。例えば 2014 年公表のバイエルン州の学習指導要領、2016 年公表のバーデン・ヴュルテンベルク州の学習指導要領は、コンピテンシーの構成をヴァイネルトの理論を基盤としていることが明記されている[22]。

　こうして、各州レベルで進められた学習指導要領の改訂は、学校教育で獲得すべきコンピテンシーをメタ認知型と従来の知識・理解という枠組みとに区分して明示し、それを教材レベルへと具体化し、学校レベルでの具体化を進めている。新たなコンピテンシーがどの程度獲得されたのかは、国際学力調査や州間の比較学力調査で測定される。その比較の基準となるのが教育スタンダードである（次節参照）。

4 教師教育の充実（行動プログラム6）

　ヨーロッパでは、高等教育の共通化が進められている。1999年のボローニャ宣言以降、学修課程の共通化が進められている。ドイツでは総合大学における従来の9学期程度終了後にディプロム、マギステル、国家試験による学修課程の修了というシステムになっていた。これを3〜4年のバチェラー課程と1〜2年のマスター課程へと段階的に修了するように改革が進められている。

　このボローニャ宣言以降の改革（ボローニャ・プロセス）は2010年までに達成することが目標とされたが、教職課程においてもバチェラー・マスター課程の導入が進められている。2005年6月3日のKMK協定は、各州で規定されるバチェラー・マスター課程による教職課程を相互に承認することを決議している。各州では、こうした方針に従って、教員養成課程の改革が進められている。例えばノルトライン・ヴェストファーレン州では、2003年3月27日に教員試験規定が改定され、バチェラー・マスター課程による教員養成、実践力を強化するために、実習段階を最低14週（基礎実習4週間、その後の実習10週間）することを規定している。多くの州で教員養成の学修課程はBA/MA（バチェラー/マスター）の二段階型となり、モジュールによる学修が行われている（詳細は第5章参照）。

4　義務教育段階の「出口」における質保証

1　共通教育スタンダードの作成（行動プログラム5）

　教育の質を高めるためには、教育の内容と水準を共通化し、その達成に努力することが求められる。ドイツでは州毎に学習指導要領が異なるため、学習内容についても相違がある。しかし学校を修了した段階では、どの州でも同様の資格として通用している。従来から南部の諸州では教育水準が高いのに評価が厳しいということが学校関係者の間でいわれていたが、PISA補足調査（2000年実施のPISA調査の国別オプション）によって、ドイツの州の中では南

部のバイエルン州が1位、同じく南部のバーデン・ヴュルテンベルク州が2位という結果となり、従来からの指摘が確認された。

連邦レベルでの共通の教育課程の枠組みを作成するためには、学校終了段階における水準を共通化する必要がある。KMK は、2003 年以降以下のような段階で、一部の科目において教育スタンダードを作成した（**表 2-5** 参照）[23]。

表2-5　KMKの共通スタンダード

学　年	修了段階	科　目	実施時期	協定の時期
第4学年	基礎学校	ドイツ語、算数	2005/06 年度	2004 年 10 月 15 日
第9学年	ハウプトシューレ	ドイツ語、数学、英語	2005/06 年度	2004 年 10 月 15 日
第10学年	実科学校	ドイツ語、数学、英語、仏語	2004/05 年度	2003 年 12 月 04 日
		生物、化学、物理	2005/06 年度	2004 年 12 月 16 日
第12/13学年	ギムナジウム等	ドイツ語、数学、英語、仏語	2016/17 年度	2012 年 10 月 18 日

出典：KMK の HP 等に基づき筆者作成。

「教育スタンダードは、ある科目の中心領域に集中している。スタンダードは学習領域すべてを網羅するのではなく、将来の学校教育あるいは職業訓練にとって意味があり、接続する学修を可能にする科目及び科目関連の基礎的諸能力を覆っている。教育スタンダードの機能的課題と時代に合わせた普通教育の目標とは互いに矛盾せず、むしろ補完し合うのである。(2004 年 12 月 16 日の KMK 文書から)」

ギムナジウムの修了については、従来から一定の内容についての取り決めがあるが、2007 年 10 月 18 日に、ギムナジウム修了段階であるアビトゥア（大入学資格）についてもスタンダードを作成することが決定した（KMK Pressemitteilung, 2007.10.18）。その後検討が加えられ、2012 年 10 月 18 日、ドイツ語、数学、英語、仏語についての教育スタンダードが作成された。

教育スタンダードは、連邦が主導するのではなく、各州が合意するという手続きによって、それぞれの学校終了段階において、主要科目の成績評価基準としての役割を果たすこととなった。その経緯は、第 1 章第 1 節でも触れたが、連邦教育研究省が委託した、いわゆる「クリーメ報告書」は、教育スタンダードを最低基準とすべきことを提案した（BMBF 2003）。しかし、KMK は

2003 年に教育スタンダードを公表した際に、教育スタンダードは標準基準であることが説明されている (KMK 2003)。

　各州は、教育スタンダードに即した形での学習指導要領改訂作業を進めている。その際、ブランデンブルク州を中心とする 4 州共通の学習指導要領(2004年) は、最低規準の立場に立っている。ノルトライン・ヴェストファーレン州の基礎学校学習指導要領 (2008 年) もすべての児童が獲得すべき知識及び基礎的コンピテンシーであることが明示されている[24]。ヘッセン州は基礎学校及び前期中等教育段階に 2011/12 年度から中核カリキュラム (Kerncurriculum) を導入した[25]。同州の学校向けのハンドブックにおいて、中核カリキュラムに基づいて、各学校が学校カリキュラム、そして各教科のカリキュラムを作成するように指示している (Hessisches Kultusministerium 2011)。バイエルン州の学習指導要領 (LehrplanPULS) は、解説において、多くの他州とは異なり、中核カリキュラムを作成せず、教育スタンダードに加え、州学習指導要領を標準規準であると説明している (ISB 2015, 9)。

2　教育成果の検証 (行動プログラム 3、5)

　こうした教育スタンダードに基づいて、どの程度の成果を挙げたのかを検証することが求められる。その検証を行うために、2004 年 12 月 2 日、ベルリン・フンボルト大学内に「教育制度における質的開発研究所 (IQB, Institut für Qualitätsentwicklung im Bildungswesen)」が設置された[26]。IQB は、各学校の終了段階で実際にどのレベルにあるのかを記録し、検証するための資料を提供することを目的としている。そのために必要な試験問題の作成、集計、分析を行い、教育スタンダードを検証している。現在、IQB が実施している主な業務は、教育スタンダードの作成、比較調査の実施・分析、それに付随する研究支援等である。この IQB の設置によって、教育スタンダードの達成状況を測定するための様々な試験問題がプールされた。IQB は、比較調査を実施し、分析し、その結果をまとめて公表し、各州の教育政策の指針を提供する役割を果たしている。

教育成果の検証[27]は、国際学力調査（PISA 調査や TIMSS 調査、第 4 学年を対象とする IGLU（PIRLS）調査等）と、IQB が行う 3 年生と 8 年生のドイツの各州の比較調査（VERA, Vergleichsarbeiten）、KMK の実施する学力モニター調査が実施されている。国際調査については、日本でも PISA 調査や TIMSS 調査は知られているので、ここでは比較調査と KMK の学力モニター調査について補足しておく。

比較調査（VERA）は、すべての普通教育学校の児童生徒全員が参加することになっている[28]（ただしバーデン・ヴュルテンベルク州は第 8 学年で独自調査を実施するため不参加）。実際にはドイツ語か算数（数学）のどちらかのテストを受けるのだが、どちらの教科で実施するのは州が決定する。比較調査の採点は教員あるいは州教育研究所が行うため、結果はすぐに知ることができる。KMK の実施する学力モニター調査は、基礎学校で 5 年毎、中等教育段階で 6 年毎に実施するとされている[29]。2006 年、2011 年には基礎学校 4 年生のドイツ語及び算数についての学力調査が実施され、その結果が 2012 年に公表されている[30]。中等教育段階では、2009 年にドイツ語と英語のモニター調査が第 9 学年を対象に実施され、その結果が 2010 年に公表された[31]。また、2012 年には同じく第 9 学年を対象とした数学及び理科調査が実施された。調査結果の報告書は 2013 年に公表された[32]。2015 年には第二サイクルに入り、第 9 学年のドイツ語と英語が調査された[33]。2016 年には第 4 学年のドイツ語と算数の調査が予定されている[34]。このように KMK が中心となって、児童生徒の学力を調査し、共通スタンダードの検証が着実に進められている。

この他に、各州は個別の学校教育の質を保証するために、学校の第三者評価を実施している。多くの州では、直接学校を監督する部局以外の州教育研究所等に第三者評価機関を設置している。評価者は、専任の職員、他の教育行政部局の職員、学校の教員等による評価チームを編成している。学校の第三者評価は、個業意識の高かったドイツの教員に組織としての学校という意識をもたらし、チームとしての学校改革を進めるための機能を有している（第 4 章参照）。

また、連邦政府は 2006 年から 2 年毎に教育報告書を作成し、教育政策が

どのように進んでいるのかを公表することとした。すでに 2006 年、2008 年、2010 年、2012 年、2014 年、そして 2016 年と、教育報告書が 6 回作成されている。こうした教育報告書を州等も作成することを連邦政府は推奨している。実際に教育報告書を作成する州もでてきた。

こうした教育政策の検証作業及び検証に基づく今後の政策の計画や修正が行われるという教育政策の PDCA サイクルがドイツでは回り始めている。

まとめ

---

1 成績の向上と分散の縮小

以上、連邦レベルにおける教育政策を中心に義務教育の変容を観てきた。KMK 自身は、各州の努力によって、成績は向上傾向にあるものの、残されている課題の最大のものとして、社会的出身に関わりなくすべての者に教育機会を開き、教育による上昇の機会を提供することを挙げている (KMK 2008)。そのための具体策として、第一に成績の思わしくない生徒を特に中等教育段階 I で支援すること、第二に学校間の透過性を高め、移動を容易にし、修了証を確かなものとすること、第三に授業をより一層改善し、教員の資質を高めること、の 3 点を挙げている (同前)。主たるターゲットである移民の背景を持つ生徒を引き続き支援する姿勢が示されている。中長期的な教育政策の継続が重要であるといえる。連邦教育研究省は、2016 年にまとめられた『教育報告書 2016』において、移民の背景を持つ生徒への支援が好ましい結果へとつながっているとまとめている。ただし、学校種の選択や学校修了証には、移民の背景の有無によって、依然として違いがあまり変化していないことを課題としている (同 176 頁)。

このような教育政策により、PISA 調査の成績はどのように変化したのであろうか。2000 年調査から 2012 年調査までのドイツの点数等は、以下の通りである (**表 2-6-1** 参照)。

表2-6-1　PISA調査におけるドイツの領域別点数と順位

項目 \ 年	2000年	2003年	2006年	2009年	2012年
読解力得点	484	491	495	497	508
読解力順位	21/31	21/40	18/57	20/65	20/65
数学的リテラシー得点	490	503	504	513	514
数学的リテラシー順位	20/31	19/40	20/57	16/65	16/65
科学的リテラシー得点	487	502	516	520	524
科学的リテラシー順位	20/31	18/40	13/57	13/65	12/65
問題解決能力得点		513			
問題解決能力順位		16/40			

出典：国立教育政策研究所『生きるための知識と技能』1〜5に基づき筆者作成。

　この結果から示されていることは、読解力、数学的リテラシー、科学的リテラシーの3領域すべてにおいて、ドイツの点数が向上しているという事実である。
　次に課題とされた、国内での学力の分散についてはどうか。PISA2000年調査と2012年調査における読解力で比較してみよう（**表2-6-2**参照）。

表2-6-2　PISA調査読解力の平均点の変化

	PISA2000年調査	PISA2012年調査	平均点の変化
全体	498	525	27
移民の背景なし	513	537	24
移民の背景あり	445	491	46
社会経済的下層			
全体	448	481	33
移民の背景なし	466	495	29
移民の背景あり	419	463	44
社会経済的中層			
全体	503	524	21
移民の背景なし	512	531	19
移民の背景あり	461	496	35
社会経済的上層			
全体	545	573	28
移民の背景なし	553	578	25
移民の背景あり	502	551	49

出典：Bildungsbericht 2014. Tab. D6-11web.

「**表2-6-2**」から、以下の点を指摘できよう。第一に、読解力の点数が全体で上昇していることである。これを移民の背景のない生徒（親がどちらもドイツ人）と、移民の背景のある生徒とに区分してみてみると、移民の背景のある生徒の平均点がそうでない生徒の平均点よりも上昇している。つまり、移民の背景の有無による相違が縮小していることが読み取れる。第二に、それでも移民の背景の有無は、読解力の結果に強い影響を与えている。2012年調査でも50ポイント近い違いがあることが明らかになっている。上層階層では、移民の背景の有無による平均点の違いは、2000年調査の51ポイントから2012年調査の27ポイントまで減少している。しかし中位層や下位層では、依然として35ポイント、32ポイントの違いが残っている。

以上の結果を踏まえ、ドイツの教育政策動向から指摘できるのは、以下の点であろう。

第一に、教育的弱者への手厚い政策によって国際学力調査における成績の上昇が確認できたことである。国際学力調査における成績の分散の大きさは、移民の背景を持つ子ども、社会的経済的に不利な立場にある子ども等、特別な支援を要する子どもへの対応（いわゆる「格差」への対応）が必要であること、そうした対応を行わざるを得ない状況にあるということを示している。学校で知識・技能を伝えるための前提条件を整備しなければ、学校教育は成果を上げることはできない。今日のドイツの状況からすると、特別な支援を要する子どもの数は増加するか高い割合で推移することが予想される。就学前のドイツ語試験は、学校における教育効果を上げるための前提条件なのである。さらに終日学校のように、従来の授業部分以外での教育・支援が必要であることを認識し、その具体策を実施する段階に移ったということになる。つまりドイツの教育政策の1つの方向性は、教育的な弱者に対する対応策が中心課題の1つになっている。その主たる対象として位置づけられているのが、移民の背景を持つ子どもたちや、不利な家庭環境にある子どもたちである。

第二に、制度上の課題である。ドイツは日本と同様に行政主導型で事前規制型の教育システムをとってきた。しかし、事前型規制を行っても、成果が

上がっていないということがデータにより示された。学校教育の成果を検証するためには、達成目標を共通スタンダードという形で明確化し、その成果を国際学力調査等で検証するというのが、想定されている形である。同時に州間の比較により、より効率的な学校教育システムを追求するというのが現在の潮流といえる。学校教育の効果をより具体的に把握し、改善するために、国の規制を縮小して学校の自律性を重視する。事前規制型から事後検証型への転換は、国レベルでは国際及び国内の州間の比較の枠組み作りと、その検証を比較結果や教育報告書という形で行っている。学校レベルでは学校裁量を拡大することによる学校の自律性を強化している。行政側からは教員を増員し、予算の効率的な運用のための学校裁量予算の枠が広げられている。一方で、学校の第三者評価を実施し、学校に自助努力を求めている（第4章参照）。

　第三に、こうした教育を効果あるものとするために、教員の資質向上が不可欠な課題となる。KMKは2005年に各州の教員養成を相互承認することとしたが、それはEU（ヨーロッパ連合）における高等教育の共通化という「外圧」（ボローニャ・プロセス）に加え、共通の教員養成スタンダードを作成し、教員の質保証を行う必要性を認めているからに他ならない。具体的には教育実習期間の拡大等、実践的力量形成に重点が置かれるとともに、教員個人の授業力のみでなく、学校を自律的な「協働組織」として再編成するためのプロセスを進めている。従来、個業意識の強かったドイツの教員が、組織人としてどのように変革するのかが、今後の改革の鍵となろう（第5章参照）。

2　日本への示唆

　以上のように、ドイツは国際学力調査の結果を契機として、教育改革が進められている。日本との比較から指摘すべき点は次の点であろう。第一に、教育政策の検証サイクルの導入である。その際、日本の教育の「強み」と「弱み」を明らかにし、「弱み」への重点支援を行うとともに、「強み」をより伸ばすための施策が必要となる。日本における「強み」は、国際学力調査等で比較的得点が高いことである。この点は十分に評価すべきである。一方で、「弱み」の

把握は十分とは言いがたい。全国学力学習状況調査によって、県別での学力の違いが明らかとなっているが、その要因を明らかにするための研究が必要である。また、ドイツでは教育的弱者に対する手厚い支援政策を進めてきた。これは成績の分散が大きいという国際学力調査の結果から、必然的に導きだされた「弱み」に対応する政策である。日本でも格差問題(山田 2004)や子どもの貧困(阿部 2014)が指摘されているが、同様の方策を検討する必要があろう。

第二に、事前規制型から事後チェック型への転換である。このことは、学校の自律性を活かす方向に政策を転換する必要があることを示している。例えば、これは学校における意思決定会議としての学校会議(教員代表、保護者代表、生徒代表の三者で構成)の設置、学校裁量予算の拡大等、学校における自助努力を促す改革を進めている。この点は日本では規制・基準が多いものの、基本的には同じ方向に進もうとしていたようにみえる(1997(平成 9)年 9 月 30 日の中教審答申「今後の地方教育行政の在り方について」)。しかし、その後の教育政策は、規制緩和に十分転じたとは言いがたい。例えば学習指導要領の大綱化は、教科書の位置づけ等と連動しなければ、学校の創意工夫はなかなか生まれてこない。日本の平成 10(1998)年版学習指導要領では、教育内容が「厳選」されたが、教科書がすべての授業時数を前提として作成されていた。結局、学校裁量に委ねられたのは、教科書のない「総合的な学習の時間」が中心となった。平成 15 年の部分改訂及び平成 20(2008)年版学習指導要領では、基準性が「最低基準」とされたが、どのレベルに到達するべきかは不鮮明なままである。ドイツのいくつかの州では学習指導要領の内容や規定される授業時数を全体の 60％程度とし、残りの部分を学校裁量に委ねる政策を進めている。

第三に、中長期的な教育政策の検証過程である。2006 年の教育基本法改正によって、2008 年及び 2013 年には「教育振興基本計画」が閣議決定され、計画レベルにおける中長期的展望は提示されるようになってきた。しかし、検証作業における中長期展望は十分には示されていない。2007 年度に開始された全国学力学習状況調査でも、経年的な変化よりも、各年度における順位が関係者の間では重視され、中長期的な変化を測定し、今後の教育政策の方向性を定めるための指針としては機能していない。それに加え、ドイツでは出

口における結果の測定が重視されている。日本では、政策の成果を検証するための、基本的なデータの蓄積が喫緊の課題である。

　第四に、学校教育で獲得すべきコンピテンシーの具体化と、これに関連する授業力の向上である。ドイツでは学習の個別化と自律的学習という児童生徒主体の学びが重視されているが、日本では習熟度別指導の充実という形で教員中心型の授業形態が重視されている。日本でも学校教育が獲得を目指すコンピテンシーを明示する必要がある。2008年版学習指導要領の基で進められた「自ら学ぶ」「生きる力」を、児童生徒の主体性を「21世紀型能力」のような提案から次期学習指導要領にどのように取り入れていくのかが注目される[35]。教育基本法や学校教育法で示されている学校教育の目的・目標を学校レベルで具体化するためには、ドイツのIQBで実施しているような具体的な試験問題事例の蓄積が必要になる。日本では、2016年3月に高大接続システム改革会議が「最終報告」を公表し、大学入試改革を提言している。その中で、従来の選抜型の大学入試から接続型の大学入試へ、具体的には選択肢中心のペーパーテストからの脱却と、記述式の問題を導入することが提案されている。そのためには現在の大学入試のあり方を転換する必要があるが、その部分への言及は十分ではない。学校教育において、目指すべきコンピテンシーを明示することと、その測定方法の開発が急務である。

注

1　教育フォーラムの中間報告書及び最終報告書については、以下を参照。<http://www.blk-bonn.de/forum-bildung-archiv.htm>（160705 access、本章は断りの無い限り同様）
2　2016年時点での各州におけるドイツ語能力試験と支援措置については、Bildungsbericht 2016 Tab. C5-1A 参照。このうち、すべての子どもを対象としてドイツ語能力試験を実施しているのは10州、部分的に実施しているのは5州、何も実施していないのは1州である。
3　Gemeinsamer Rahmen der Länder für die frühe Bildung in Kindertageseinrichtungen. Beschluss der Jugendkonferenz vom 13./14.05.2004/ Beschluss der Kultusministerkonferenz vom 03./04.06.2004. <http://www.kmk.org/fileadmin/Dateien/veroeffentlichungen_beschluesse/2004/2004_06_03-Fruehe-Bildung-Kindertageseinrichtungen.pdf>
4　Den Üebergang von der Tageseinrichtung für Kinder in die Grundschule sinnvoll und

wirksam gestalten–Das Zusammenwirken von Elementarbereich und Primarstufe optimieren. Beschluss der Jugend–und Familienministerkonferenz vom 05.06.2009/ Beschluss der Kultusministerkonferenz vom 18.06.2009 <http://www.kmk.org/fileadmin/Dateien/veroeffentlichungen_beschluesse/2009/2009_06_18-Uebergang-Tageseinrichtungen-Grundschule.pdf>

5　主に0歳児から10歳児までを対象とした教育プログラムは幾つかの州で作成されている。バイエルン州「Die Bayerischen Bildungsleitlinien」(2012年) <http://www.bestellen.bayern.de/application/stmug_app000014?SID=14005342&ACTIONxSESSxSHOWPIC> (BILDxKEY:05000226,BILDxCLASS:Artikel,BILDxTYPE:PDF)、ヘッセン州「0歳児から10歳児のための教育計画(Der Bildungs- und Erziehungsplan für Kinder von 0 bis 10 Jahren)」(2008/09年度から。<https://bep.hessen.de/irj/BEP_Internet>)、メクレンブルク・フォアポンメルン州「0歳児から10歳児のための教育概念(Bildungskonzeption für 0- bis 10-Jährige、2011年)」<http://www.bildung-mv.de/fruehkindliche-bildung/bildungskonzeption-fuer-0-bis-10jaehrige/>、ノルトライン・ヴェストファーレン州「Grundsätze zur Bildungsförderung für Kinder von 0 bis 10 Jahren in Kindertagesbetreuung und Schulen im Primarbereich in Nordrhein-Westfalen (2016年、草案は2010年)」<https://broschueren.nordrheinwestfalendirekt.de/broschuerenservice/mfkjks/bildungsgrundsaetze-mehr-chancen-durch-bildung-von-anfang-an-das-buch-ist-im-buchhandel-fuer-19-99-euro-erhaeltlich/644>、チュービンゲン州「Bildungsplan (2008年に10歳まで、2015年からは18歳まで)」<http://www.thueringen.de/th2/tmbjs/bildung/bildungsplan/index.aspx> がHP等で確認できる (160704 access)。

6　<https://www.kmk.org/fileadmin/Dateien/veroeffentlichungen_beschluesse/1997/1997_10_24-Empfehlung-Schulanfang_01.pdf> (160725 access)

7　入学時の授業研究は、Liebers (Hrsg.) (2008)を参照。

8　ベルリン市の「柔軟な学校導入段階」については、以下を参照。<http://www.berlin.de/imperia/md/content/sen-bildung/bildungswege/grundschule/flexible_schulanfangsphase.pdf?download.html> (160725 access) この中で、こうした学年混合型学級は、モンテッソーリ教育やペーターゼンの「イエナプラン」といった、個に応じた教育を理念とする公立学校から開始されたことが窺える。

9　<http://www.grundschulpaedagogik.uni-bremen.de/schuleingangsphase/seph_ueberblick.html#schweiz> (160805 access)

10　Bildungsbericht 2016. Tab. C5-9web.

11　学童保育所に通う児童は、ドイツ全体で2006年に約34万人、2015年には約45万人となっている。2006年時点では、終日学校に通う児童 (約31万人) よりも多かった (「Bildungsbericht 2016」Tab. D3-4A参照)。

12　<https://www.ganztagsschulen.org/de/868.php> (160823 access)

13　<https://www.bmbf.de/de/1125.php> (160823 access), <http://www.ganztagsschulen.org/de/868.php> (160823 access)

14　KMK (2016) Allgemeinbildende Schulen in Ganztagsform in den Ländern in der Bundesrepublik Deutschland - Statistik 2010 bis 2014 -. 他各年版を参照。

15　Bildungsbericht 2016. Tab. D3-4A

16　KMK: Grundstruktur des Bildungswesens in der Bundesrepublik Deutschland–Diagramm. <https://www.kmk.org/fileadmin/Dateien/pdf/Dokumentation/dt-2015.pdf>

（160823 access）
17　例えば、Ministerium für Bildung, Jugend und Sport des Landes Brandenburg, Senatsverwaltung für Bildung, Jugend und Sport Berlin, Senator für Bildung und Wissenschaft Bremen, Ministerium für Bildung, Wissenschaft und Kultur Mecklenburg-Vorpommern（2004）Rahmenlehrplan Grundschule. Mathematik, Deutsch usw. S.13.
18　Bayerisches Staatsministerium für Bildung und Kultus, Wissenschaft und Kunst（2014）LehrplanPLUS Grundschule. Lehrplan für die bayerische Grundschule. S.27. 並びにギムナジウムについては、<http://www.lehrplanplus.bayern.de/seite/faq_gym>（160714 access）参照。
19　Berliner Landesinstitut für Schule und Medien（LISUM）, Landesinstitut für Schule und Medien Brandenburg（LISUM）（2004）Rahmenlehrpläne Grundschule. Pädagogische Begriffe. S.8.
20　Arbeitsstab Forum Bildung（2001）Bildungs-und Qualifikationsziele von morgen. Vorläufige Leitsätze des Forum Bildung. Materialien des Forum Bildung Band 5.
21　Arbeitsstab Forum Bildung（2002）Kompetenzen als Ziele von Bildung und Qualifikation–Bericht der Expertengruppe des Forum Bildung–.
22　バイエルン州では ISB（2015）S.11. をバーデン・ヴュルテンベルク州では HP「Einführung in den Bildungsplan 2016」<http://www.bildungsplaene-bw.de/,L-de/3748176>（160714 access）の Pant の解説を参照。
23　<https://www.kmk.org/themen/qualitaetssicherung-in-schulen/bildungsstandards.html>（160823 access）
24　Ministerium für Schule und Weiterbildung des Landes Nordrhein-Westfalen（2008）Richtlinien und Lehrpläne für die Grundschule in Nordrhein-Westfalen. S.11.
25　<https://kultusministerium.hessen.de/schule/bildungsstandards-kerncurricula-und-lehrplaene>（160620 access）
26　<http://www.iqb.hu-berlin.de/>（160724 access）
27　ドイツの学力に関する研究動向については、Schwerdt（2010）参照。
28　<http://www.iqb.hu-berlin.de/vera>
29　<http://www.iqb.hu-berlin.de/vera>
30　Petra Stanat（Hrsg.）（2012）Kompetenzen von Schülerinnen und Schülern am Ende der vierten Jahrgangsstufe in den Fächern Deutsch und Mathematik. Waxmann.Münster.
31　Köller, O., Knigge, M. & Tesch, B.（2010）Sprachliche Kompetenzen im Ländervergleich. Waxmann. Münster.
32　<http://www.iqb.hu-berlin.de/laendervergleich/lv2012>
33　<http://www.iqb.hu-berlin.de/laendervergleich/LV2015>
34　<http://www.iqb.hu-berlin.de/laendervergleich/LV2016>
35　日本の動向として、国立教育政策研究所（2013）『教育課程の編成に関する基礎的研究5　社会の変化に対応する資質や能力を育成する教育課程編成の基本原理』<http://www.nier.go.jp/ kaihatsu/pdf/Houkokusho-5.pdf> は、「21世紀型能力」を提案している。

主要参考文献・資料等

Arbeitsgruppe Bildungsforschung / Bildungsplanung Universitaet Duisburg-Essen, Standort Essen (2003) Indikatorisierung der "Forum Bildung" –Empfehlungen–. Ein exemplarischer Versuch unter Berücksichtigung der bildungbezogenen Indikatorenforschung und -entwicklung. Essen.

Autorengruppe Bildungsberichterstattung (2016) Bildung in Deutschland 2016. Ein indikatorengestützter Bericht mit einer Analyse zu Bildung und Migration. W. Bertelsmann Verlag, Bielefeld. <http://www.bildungsbericht.de/de/bildungsberichte-seit-2006/bildungsbericht-2016> (160720 access)

Autorengruppe Bildungsberichterstattung (2014) Bildung in Deutschland 2014. W. Bertelsmann Verlag, Bielefeld. <http://www.bildungsbericht.de/de/bildungsberichte-seit-2006/bildungsbericht-2014/bildung-in-deutschland-2014> (160823 access)

Avenarius, H.u.a. (2003a) Bildungsbericht für Deutschland. Erste Befunde. Leske+Budrich, Opladen.

Avenarius, H.u.a. (2003b) Bildungsbericht für Deutschland: Konzeption. Frankfurt am Main.

Baumert, J.u.a. (1997) TIMSS–Mathematisch-naturwissenschaftlicher Unterricht im Vergleich. Opladen.

Baumert, J.u.a. (1998) TIMSS/III–Schülerleistungen in Mathematik und den Naturwissenschaften am Ende der Sekundarstufe II im internationalen Vergleich. Berlin.

Baumert, J. (2002) Deutschland im internationalen Bildungsvergleich. In: Killius, N.u.a. Die Zukunft der Bildung. Suhrkamp Verlag, Frankfurt am Main. 100-150.

Bertelsmann Stiftung 2008 (2008) Länderreport Frühkindliche Bildungssysteme 2008. Gütersloh. <www.kinder-frueher-foerdern.de>

Berthold, Barbara (2008a) Einschulungsregelungen und flexible Eingangsstufe. Recherche für den Nationalen Bildungsbericht 2008 im Auftrag. Baltmannsweiler: Schneider-Verl. Hohengehren.<http://www.grundschulpaedagogik.uni-bremen.de/schuleingangsphase/bb20080203seph_synopse_DE.pdf>

Berthold, Barbara (2008b) Unterricht entwickeln in der Schuleingangsphase. Schneider Verlag Hohengehren GmbH, Baltmannsweiler.

Böttcher, W. (Hrsg.) (2002) Kerncurriculum. Weinheim, Beltz.

BLK (2003) Förderung von Kindern und Jugendlichen mit Migrationshintergrund. Materialien zur Bildungsplanung und zur Forschungsförderung. Heft 107.

BLK-Gutachten (1997) Steigerung der Effizienz des mathematisch-naturwissenschaftlichen Unterrichts. Bonn.

BMBF (2008) Grund- und Strukturdaten 2007/2008.

BMBF (2007a) Ganztagsschulen–das Investitionsprogramm "Zukunft Bildung und Betreuung" (IZBB) 2003-2009.<http://www.ganztagsschulen.org/_downloads/BMBF_Grafiken_2007_aktuell.pdf>

BMBF (2007b) Auf den Anfang kommt es an: Perspektiven für eine Neuorientierung frühkindlicher Bildung. Bildungsforschungsband 16. Bonn/Berlin.

BMBF (2005) Grund- und Strukturdaten 2005.

BMBF (2003) Zur Entwicklung nationaler Bildungsstandards. Eine Expertise.
Christiani, Reinhold (Hrsg.) (2005a) Jahrgangsübergreifend unterrichten. Cornelsen Verlag, Berlin.
Christiani, Reinhold (Hrsg.) (2005b) Schuleingangsphase: neu gestalten. Cornelsen Verlag, Berlin.
De Boer, H. (2008) Bildung sozialer, emotionaler und kommunikativer Kompetenzen: ein komplexer Prozess. In: Rohls, C. / Harring, M. / Palentien, C. (Hrsg.) (2008) Kompetenz-Bildung. Soziale, emotionale und kommunikative Kompetenzen von Kindern und Jugenlichen. VS Verlag für Sozialwissenschaften, Wiesbaden. 19-33.
D-EDK (Deutscheschweizer Erziehungsdirektorenkonferenz) (2014, 2016) Lehrplan 21. Gesamutasugabe. <http://www.lehrplan.ch/> (160724 access)
Deutshce Gesellschaft fuer Erziehungswissenschaft (2008) Kerncurriculum Erziehungswissenschaft. Opladen, Budrich.
Deutsches PISA-Konsortium, Baumert, J. (Hrsg.) (2003) PISA 2000: ein differenzierter Blick auf die Länder der Bundesrepublik Deutschland. Leske+Budrich.
Deutsches PISA-Konsortium (Hrsg.) (2002) PISA 2000: die Länder der Bundesrepublik Deutschland im Vergleich. Leske+Budrich.
Deutsches PISA-Konsortium (Hrsg.) (2001) PISA 2000: Basiskompetenzen von Schülerinnen und Schülern im internationalen Vergleich. Leske+Budrich.
ISB (Staatsinsitiut für Schulqualitäts- und Bildungsforschung) (2005) KMK–Bildungsstandards. Konsequenzen für die Arbeit an bayerischen Schulen.
ISB (2015) LehrplanPLUS–konkret. Muenchen.
Hessisches Kultusministerium (2011) Vom Kerncurriculum zum Schulcurriculum Handreichung für Schulleitungen und Steuergruppen.
Hirsch, E. D. Jr. (1996) The schools we need and why we don't have them. New York, Doubleday.
Hirsch, Eric D. / Kett, Joseph F. / Trefil, James S. (1987) Cultural literacy: what every American needs to know. Boston, Houghton Mifflin.
Klafki, W. (1996, 5.Aufl.) Neue Studien zur Bildungstheorie und Didaktik: zeitgemäße Allgemeinbildung und kritisch-konstruktive Didaktik. Weinheim, Beltz.
Klemm, K. (1998) Steuerung der Schulentwicklung durch zentrale Leistungskontrollen. in: H. -G. Rolff u.a. (Hrsg.) Jahrbuch der Schulentwicklung. Band 10.
KMBW (1994) 8 jähriger gymnasialer Bildungsgang KMBW Okto. '94.
KMK (2015) Das Bildungswesen in der Bundesrepublik Deutschland 2013/2014. Darstellung der Kompetenzen, Strukturen und bildungspolitischen Entwicklungen für den Informationsaustausch in Europa. KMK, Bonn.
KMK (2010) Konzeption der Kultusministerkonferenz zur Nutzung der Bildungsstandards für die Unterrichtsentwicklung. Carl Link, Bonn und Berlin.
KMK (2008) Gemeinsame Empfehlungen der Kultusministerkonferenz und des Bundesministeriums für Bildung und Forschung zu den Ergebnissen von PIRLS/IGLU 2006-I und PISA 2006-I: Neue Schwerpunkte zur Förderung der leistungsschwachen Schülerinnen und Schüler bei konsequenter Fortsetzung begonnener Reformprozesse. (Beschluss der Kultusministerkonferenz vom 06.03.2008)
KMK (2007) Grundsätze zur Förderung von Schülerinnen und Schülern mit besonderen

Schwierigkeiten im Lesen und Rechtschreiben oder im Rechnen. (Beschluss der Kultusministerkonferenz vom 04.12.2003 i.d.F. vom 15.11.2007)

KMK (2003) Entwicklung und Implementation von Bildungsstandards. Bonn.

Kommission "Berliner Bildungsdialog" der SPD-Fraktion im Abgeordnetenhaus von Berlin. (1999)

Lebert, A. (1996) Schul- und Modellversuche auf dem Weg zum Gymnasium der Zukunft.

Liebers, K. (Hrsg.) (2008) Die flexible Schuleingangsphase. Evaluationen zur Neugestaltung des Anfangsunterrichts. Beltz, Weinheim.

Lange, H. (1999) Qualitätssicherung in Schulen.in:DDS2/1999 S.144-159.

MBWW Rheinland-Pfalz. Begabtenförderung am Gymnasium mit Verkürzung der Schulzeit.

MBWW Rheinland-Pfalz. (1999) Die neue MSS (Mainzer Studienstufe) in Rheinland-Pfalz. Zeitgewinn ohne Qualitätsverlust.

MSWWF (1998) Qualität als gemeinsame Aufgabe. Rahmenkonzept "Qualitätsentwicklung und Qualitätssicherung schulischer Arbeit".

Mertens, D. (1974) Schlüsselqualifikationen. Thesen zur Schulung für eine moderne Gesellschaft. In: Mitteilungen aus der Arbeitsmarkt- und Berufsforschung. 7. Jg./1974. 36-43.

PISA-Konsortium Deutschland (2004) PISA 2003: der Bildungsstand der Jugendlichen in Deutschland-Ergebnisse des zweiten internationalen Vergleichs. Waxmann.

PISA-Konsortium Deutschland; Manfred Prenzel [et al.] (Hrsg.) (2005) PISA 2003: der zweite Vergleich der Länder in Deutschland: was wissen und können Jugendliche? Waxmann.

PISA-Konsortium Deutschland; Manfred Prenzel [et al.] (Hrsg.) (2007) PISA 2006: die Ergebnisse der dritten internationalen Vergleichsstudie. Waxmann.

Robinsohn, Saul B. (1975, 5. Aufl.) Bildungsreform als Revision des Curriculum: und ein Strukturkonzept fuer Curriculumentwicklung. Neuwied, Luchterhand.

Roth, H. (1971) Pädagogische Anthropologie. Band 2. Entwicklung und Erziehung. Grundlagen einer Entwicklungspädagogik. Hannover.

Senat für Bildung, Jugend und Sport (2004) Schulgesetz für Berlin. Qualität sichern Eigenverantwortung stärken Bildungschancen verbessern.

Schlömerkemper, J. (1998) Bildung bleibt wichtiger als Leistung! TIMSS darf die Bildungsreform nicht in Frage stellen. in: Die Deutsche Schule.3/98.

Schwerdt, T. (2010) PISA UND DIE FOLGEN: WOZU IST DIE SCHULE DA? Ein Modell einer oekonomisch orienterten Buerger- und Lebensschule. Julius Klinkhart, Bad Heilbrunn.

Tillmann, K. -J. (Hrsg.) (2008) PISA als bildungspolitisches Ergebnis. Fallstudien in vier Bundesländern. VS Verlag, Wiesbaden.

Weinert, F. E. (1999) Concepts of Competence. <http://citeseerx.ist.psu.edu/viewdoc/download?doi=10.1.1.111.1152&rep=rep1&type=pdf> (160618 access)

Weinert, F. E. (2001a) Concept of Competence: A Conceptual Clarification. In: Rychen/Salganik (Ed.) Defining and Selecting Key Competencies. Hogrefe & Huber Publication, Seattle/Toronto, Bern, Göttingen. 45-65.

Weinert, F. E. (2001b) Vergleichende Leistungsmessung in Schulen. –eine umstrittene Selbstverständlichkeit. in: Weinert (Hrsg.) : Leistungsmessungen in Schulen. Beltz, Weinheim und Basel. 17-31. (2014年に 3. Auflage が出されたが、第3版序文が加

えられたものの、頁数や内容に変更はない。)
Wissenschaftlicher Kooperationsverband (Hrsg.) (2010) Lernen und Fördern in der offenen Ganztagsschule. Vertiefungsstudie zum Primarbereich in Nordrhein-Westfalen. Juventa, Weinheim.
連邦教育研究省 HP <http://www.bmbf.de/>
ドイツ国際教育研究所 HP <http://www.dipf.de/>
常設各州文部大臣会議 (KMK) HP <http://www.kmk.org/index1.shtml>
阿部彩 (2014)『子どもの貧困〈2〉』岩波書店
大桃敏行編 (2007)『教育改革の国際比較』ミネルヴァ書房
国立教育研究所 (1997)『中学校の数学教育・理科教育の国際比較』(国立教育研究所紀要第 127 集)
国立教育政策研究所 (2002)『生きるための知識と技能』ぎょうせい
国立教育政策研究所 (2004)『生きるための知識と技能 2』ぎょうせい
国立教育政策研究所 (2007)『生きるための知識と技能 3』ぎょうせい
国立教育政策研究所 (2010)『生きるための知識と技能 4』ぎょうせい
国立教育政策研究所 (2013)『生きるための知識と技能 5』ぎょうせい
坂野慎二 (2000)『戦後ドイツの中等教育制度研究』風間書房
坂野慎二 (2001)『日本とドイツにおける中等教育改革に関する比較研究』(科研費報告書)
坂野慎二 (2003)『統一後ドイツの教育政策』(科研費報告書)
坂野慎二 (2004)「ドイツにおける PISA ショックと教育政策」日本ドイツ学会『ドイツ研究』第 37/38 号 成文堂
志水宏吉 (2012)『学力政策の比較社会学【国際編】』明石書店
志水宏吉 (2012)『学力政策の比較社会学【国内編】』明石書店
原田信之 (2007)『確かな学力と豊かな学力―各国教育改革の実態と学力モデル』ミネルヴァ書房
松下佳代 (2010)『〈新しい能力〉は教育を変えるか 学力・リテラシー・コンピテンシー』ミネルヴァ書房
柳澤良明 (2004)「ドイツにおける学力問題と学力向上政策―学校教育の質の確保における教育行政の役割」『日本教育行政学会年報・30』48-63 頁 教育開発研究所
山田昌弘 (2004)『希望格差社会』筑摩書房

第 3 章
中等教育段階への接続と選抜

はじめに

　今日の教育政策は、NPM の影響を受け、学校システム全体の、そして各学校毎の成果を高めていくことが求められる。その際、どのような「選抜」あるいは「移動」によって接続するのかは、政策の論争点となる。高校入試や大学入試、更には中学校や小学校の「お受験」は、大きな関心事となる。中高一貫教育が制度化された後、義務教育段階において国公立の選抜型学校と教育の機会均等との関係が議論の対象とされた（国立教育政策研究所 2003、月刊高校教育編集部 2000、坂野 2001、坂野 2006、佐貫 2002、山田 2006）。近年も中高一貫教育について、事例や体験に基づいた文献が出版されているが、中学受験の在り方について、多様な立場があることが理解できる（横田 2013、小林 2013、河合 2013）。2016 年度に導入される義務教育学校においても、同様の議論が生じることも考えられる。

　こうした学校間接続と選抜の問題は、日本固有の問題ではない。諸外国の教育政策においても、「接続」と「選抜」は多様な形態があり、実態も多様である。1970 年代におけるイギリスの「総合制学校」の普及は、テストによる選抜から接続への転換を意味する事例として位置づけられるであろうし、1960 年代におけるフランスの「観察課程」の導入は、テストによらない接続の在り方の 1 事例であろう。また、アメリカ各州・学区では、1 つの学校に多様な課程を設置し、ガイダンスを通じて生徒個々人が適切な科目・課程を選択していくという形態をとっている。

　分岐型学校制度の典型として位置づけられるのがドイツである。ドイツは、

16 ある州が教育政策に関する権限をもち、それぞれの教育政策を実施している。学校制度も州毎に多様性はあるものの(例えばベルリン市(都市州)とブランデンブルク州では基礎学校は4年でなく6年)、原則として基礎学校(小学校)4年を終了した後に複数の種類の中等教育学校へと進学する。その際、基礎学校が作成する「勧告書」が優先されるべきか、保護者の決定が優先されるべきか、という議論されてきた(Avenarius 2010; Avenarius 2000; Rux / Niehues 2013)。

　本章は、分岐型学校制度をとるドイツにおいて、初等教育から中等教育への接続と選抜がどのような考え方で進められているのかを明らかにしていくことを目的とする。そのために、まず三分岐型の学校制度を基本形としてきたドイツが、二分岐型へと移行しつつあるという実態を整理する。次に、どのように、誰が子どもの進学先を決定することとなるのかを分析する。こうした作業を通じて、学校制度における「接続」と「選抜」の考え方を整理していく。なお、本稿ではハウプトシューレを「HS」、実科学校を「RS」、ギムナジウムを「Gym」、総合制学校を「Ges」とそれぞれ略記することとする。これらの作業を通じて、分岐型学校制度と位置づけられるドイツの学校制度が、第一に学校種の移動性をどのように高めようとしてきたのかを、第二により上位の学校修了証を取得する可能性を高めてきたのかを明らかにし、柔軟性のある学校制度を志向していることを明らかにする。

1　ドイツにおける中等教育学校制度の変化

1　中等教育学校制度の歴史的経緯

　日本の学校制度は、第二次世界大戦後にそれまでの分岐型から単線型へと改革された。一方、ドイツでは第二次世界大戦後も分岐型学校制度が維持された。学校制度改革による教育の機会均等への提案は、1950年代末から始まる。1950年代末には、多くの者に共通の5・6学年を導入する提案がなされたが、実現をみなかった(坂野2000)。1965年に設置されたドイツ教育審議会は、1969年の勧告や1970年の「構造計画」等で5・6学年を共通化するオリエ

ンテーション段階の導入や、5〜10学年を統合する総合制学校(Gesamtschule)を提言した。実際に1970年代にSPD(社会民主党)が主導する州では、総合制学校がハウプトシューレ(HS)、実科学校(RS)、ギムナジウム(Gym)に並ぶ第四の学校形態となった。しかし総合制学校はドイツ全体では普及せず、在籍率では10%に及ばなかった[1]。5・6学年を共通化するオリエンテーション段階も、全面的に導入されることは例外的であった(ベルリン市では基礎学校が6年まであり、共通化されていた)。

　要約すると、1960年代までのドイツの学校制度は、ハウプトシューレ(国民学校上級段階)、実科学校、ギムナジウムの三分岐型であった。1970年代に入り、2つの動きが現れる。第一は、第5・6学年を共通化するオリエンテーション段階導入に関する議論であり(1974年KMK協定)、第二は総合制学校(Gesamtschule)導入による三分岐型を廃止し、単線型学校制度を志向する動きである。オリエンテーション段階は、学校種を残した協力型と実際に統合した独立型とに区分される。協力型は第5・6学年における、あるいは第7学年進級時における移動の可能性を高めることを意図したものである。東西ドイツが統一した1990年時点で独立型オリエンテーション段階が比較的広く普及した3州(ブレーメン市99.1%、ニーダーザクセン州94.2%、ヘッセン州39.9%)とベルリン市のように基礎学校を6年制とした州(94.2%)とがあった(旧西ドイツは11州)[2]。旧西ドイツ全体では、普及率は20%に達していない(坂野2000, 267)。独立型オリエンテーション段階は、州により状況が異なるが、広く普及したとはいえない。

　総合制学校には協力型と独立型がある。独立型総合制学校の導入もある程度の普及が進んだ州も幾つかあるが、分岐型から単線型への転換には至らなかった。1990年時点で、総合制学校に通学する生徒の割合は、6%程度であった(坂野2000, 268)。Gesは一部の州でのみ「三分岐型＋1」として位置づけられたといえる。

　1990年の東西ドイツの統一以降、旧東ドイツ諸州はそれまでの単線型学校制度から旧西ドイツの分岐型システムに転換するかどうかが議論された。結論的には、5州のうちの1州(メクレンブルク・フォアポンメルン州)で三分岐型システムが導入されたが、残り4州は、HSとRSを統合し、多課程制中等学

校とギムナジウムの二本立て、あるいは Ges を加えた三本立ての学校制度となった (天野ら 1993)。大学入学資格を取得するまでの年数についても、旧西側諸州が 13 年、旧東側諸州が 12 年であったが、週当たりの授業時数で最低時数を KMK が規定することにより、調整することとなった (1995 年 12 月 1 日の KMK 決議)[3]。

2000 年代以降の展開をみると、中等教育段階について大きな変化が 3 点ある。第一にギムナジウム進学率の上昇である。第二に、三分岐型から二分岐型へのシフトである。第三に 8 年制ギムナジウムの普及による就学年限の短縮である。以下、これらの点をみていこう。

表3-1 中等教育段階 I をめぐる主な動向

年	月日	機関	内容
1960	12月09日	KMK	学校間の移動について
1962	5月16日	ドイツ教育制度委員会	促進段階の拡充について
1964	5月02日	ドイツ教育制度委員会	ハウプトシューレ構築のための勧告
1964	**10月28日**	**各州首相会議**	**ハンブルク協定→HS, RS, Gym の三分岐型**
1966	3月23日	KMK	学校間の移動について (1960 年の改訂)
1966	6月14/15日	KMK	ギムナジウム第 5 学年から第 11 学年の授業枠組み関する方針と勧告
1969	**1月31日**	**ドイツ教育審議会**	**総合制学校の学校実験の設置**
1969	7月03日	KMK	ハウプトシューレへの勧告
1970	2月13日	ドイツ教育審議会	構造計画
1972	7月07日	KMK	ボン協定 (ギムナジウム上級段階枠組み)
1974	2月28日	KMK	オリエンテーション段階 (第 5・6 学年) に関する協定
1978	6月16日	KMK	普通教育学校第 7 学年から第 10 学年の生徒に対する時間枠組み協定
1993	12月03日	KMK	中等教育領域 I に関する協定
1995	**12月01日**	**KMK180**	**ギムナジウム上級段階とアビトゥアの原則発展のための方針決定　8/9年で 265 週授業時間**
2001	5月10日	KMK104	ハンブルク協定以降のドイツ学校制度の発展
2003	12月04日	KMK	教育スタンダード第 10 学年
2004	10月15日	KMK	教育スタンダード第 9 学年
2012	12月06日	KMK	中等教育段階 I において授業以外で実施された学習成績の承認及び評価に関する勧告

出典：坂野 (2000) 及び KMK の HP 等から筆者作成。

2 ギムナジウムへの通学率の上昇

1990年以降、学校制度そのものが変革するとともに、進学率も変化してきた。「表3-2-1」から明らかなように、戦後ドイツにおいて、中等教育段階Ⅰにおける学校種の通学率は、大きく変化してきている。HS及びその前身である国民学校上級段階への通学率は、1952年には78％であったが、1975年には50％を割り込み、1995年には25％に、そして2013年には14％まで低下している。RSへの通学率は、1952年には7％であったが、その後徐々に上昇し、1985年には29％に達する。その後緩やかな下降傾向にあるが、2013年は24％となっている。Gymへの通学率は、1952年には15％であったが、1970年には23％、1990年には30％を超え、2013年には38％に達している。Ges（統計上シュタイナー学校 freie Waldorfschule を含む）への通学率は、1975年の3％から、1995年には10％へと上昇し、2013年には14％に達している。多課程制学校は、おおむね10％弱の状況で横ばいとなっている。

表3-2-1　第8学年における学校種通学率の推移（％）

年	HS	RS	Gym	Ges/Wald.	多課程
1952	78	7	15	-	-
1955	74	9	16	-	-
1960	72	11	17	-	-
1965	66	15	19	-	-
1970	56	21	23	-	-
1975	47	24	26	3	-
1980	41	28	27	4	-
1985	38	29	28	5	-
1990	34	29	30	7	-
1995	25	27	31	10	7
2000	23	26	31	10	10
2005	24	27	33	10	7
2010	16	25	38	13	9
2013	14	24	38	14	9

出典：BMBF（2015）"Bildung und Forschung in Zahlen 2015" S.39.

表3-2-2 第5学年の学校種在籍率（2014年度）

州	生徒数(人)	在籍率(%)						2004/05年度からの変化(%)	
		OS	HS	RS	GY(G8)	GY(G9)	SMBG/IGS	SMBG/IGS	GY(G8/G9)
ドイツ*	604.417	1.2	8.5	18.4	36.7	6.3	28.9	14.9	5.4
HH	12.961	1.6	X	X	55.3	X	43.0	14.2	10.4
BE*	21.718	X	X	X	50.6	X	49.4	19.4	8.3
HE	49.558	14.1	2.5	13.3	14.8	34.3	21.0	6.1	9.1
ST	15.288	X	X	X	48.5	X	51.5	-3.2	3.2
MV*	11.671	X	X	X	46.8	X	53.2	2.4	2.4
BB*	18.433	X	X	X	45.2	X	54.8	9.9	10.4
RP	33.178	X	0.2	2.0	4.8	40.1	52.9	31.7	7.9
TH	15.471	X	X	X	43.7	X	56.3	-2.4	2.4
NI	72.103	X	4.3	15.7	43.1	0.6	36.4	31.8	2.5
BW	83.573	0.2	9.8	34.4	37.6	6.0	12.1	11.5	7.7
SN	29.699	X	X	X	42.6	X	57.4	-5.6	5.6
NW	153.400	X	4.4	20.8	41.2	0.6	33.1	16.1	5.0
SL	7.383	X	1.0	2.2	41.6	X	55.2	-3.6	3.0
SH	23.821	X	X	X	35.1	5.7	59.1	52.0	6.2
BY	103.176	0.3	31.1	29.1	39.2	X	0.3	0.0	3.9
HB	4.806	X	X	X	28.2	X	71.8	13.9	-13.9

出典：Bildungsbericht 2016. S.259.
注：＊の3州は第7学年

ただし、州別にみてみると、通学率の違いは大きい（**表3-2-2**参照）。第一に、Gym進学率についてみてみると、ハンブルク市（HH）やベルリン市（BE）ではGym進学率が50％を超えている。その一方で、ブレーメン市（HB）では30％に達っしていない[4]。第二に、多課程制・総合制学校への進学率が28.9％で2004年度よりも14ポイント増加している。とりわけ、シュレスヴィヒ・ホルシュタイン州（SH）では、50％以上の学校が多課程制学校（Regionalschule）へと転換したことがわかる（改正は2011年）し、更にGymとの二分岐型とすることが決定された（2014年）。2014年現在、8州で多課程制学校の在籍率が50％を超えている。また、近年では共同体学校（Gemeinschaftsschule,「Gem」と略）を導入

する州が増加している。第三に、HSへの通学率は10.7ポイント減少し、RSへの進学率は4.1ポイント減少している。伝統的な三分岐型となるHSとRS学校への進学率が合わせて10%を超えているのは、バイエルン州(BY)(60.2%)、バーデン・ヴュルテンベルク州(BW)(44.2%)、ノルトライン・ヴェストファーレン州(NW)(25.2%)、ニーダーザクセン州(NI)(20.0%)及びヘッセン州(HE)(15.8%)の5州である。その他の州では多課程制学校及びGesとGymという新しい三分岐型、あるいは二分岐型へと実質的に移行する傾向を読み取ることができよう。

ブレーメン市では2009年の学校法改正(2011年度実施)で、二分岐型となり、多課程制学校(Oberschule)への進学率が上昇したと考えられる[5]。ブレーメン市を除き、Gymへの進学率はシュレスヴィヒ・ホルシュタイン州の39.5%からハンブルク市の53.1%となっている。バーデン・ヴュルテンベルク州やバイエルン州といったPISA調査等において成績の良い州におけるGymへの進学率の上昇は、従来よりも州間の相違を小さくする方向に作用しているといえる。

3 三分岐型と二分岐型

ドイツは16州それぞれの教育政策を実施しており、学校制度も州毎に多様性がある。ヘップ(Hepp 2011)は、中等教育学校のタイプを以下の4つに分類している。

(1) 伝統的三分岐型を維持する州 (5州)－バイエルン州、バーデン・ヴュルテンベルク州、ノルトライン・ヴェストファーレン州、ニーダーザクセン州、ヘッセン州
(2) 旧東ドイツ諸州(1990年の統一後に二分岐型、5州)－ザクセン州、チューリンゲン州、ザクセン・アンハルト州、メクレンブルク・フォアポンメルン州、ブランデンブルク州
(3) 比較的早期に二分岐型モデルを導入した州 (3州)－ザールラント州、ラインラント・プファルツ州、シュレスヴィヒ・ホルシュタイン州

(4) 都市州で二分岐型（3州）―ベルリン市、ハンブルク市、ブレーメン市

これに対して、ベレンベルクらは、学校システムを以下の3つに分類している(Bellenberg 2013, 13)。

(1) 分岐型学校システム(5州)―バーデン・ヴュルテンベルク州、バイエルン州、ヘッセン州、、ニーダーザクセン州、ノルトライン・ヴェストファーレン州
(2) 当初から二分岐型学校システム(5州)―ブランデンブルク州、メクレンブルク・フォアポンメルン州、ザクセン州、ザクセン・アンハルト州、チューリンゲン州
(3) 二分岐型学校システムへ変更した州(6州)―ベルリン市、ブレーメン市、ハンブルク市、ラインラント・プファルツ州、ザールラント州、シュレスヴィヒ・ホルシュタイン州

ヘップおよびベレンベルクらの分類は、(1)伝統的な三分岐型システムが5州、(2)旧東側諸州が5州、そして(3)二分岐型システムに変更した州が6州という点で一致している。ヘップは、二分岐型システムへの変更に時間的区分を加えているといえる。いずれにしても、この3分類で整理することが先行研究の示唆するところであるといえよう。以下、各州の改正の動向と、2015年現在の前期中等教育段階の学校種について簡単にまとめたものが**表3-3**である。

表3-3から明らかになるように、Gesと共同体学校が法的に併置されている州は1州を除いてない。2つの学校は補完的な関係にあるといえるであろう[6]。上記の先行研究とは異なる分類も可能であると考えられる。第一に、ギムナジウムとそれ以外が1種類のみの州は6州である(BE、HB、HH、SL、SN、SH)。第二に、ギムナジウムと総合制学校又は共同体学校、そして多課程制学校の3種類の州は5州(BB、MV、RP、ST、TH)である。これは旧東側諸州で多く、多課程制学校とGesあるいは共同体学校を設置するというタイプといえる。第三に、三分岐型の5州である(BW、BY、HE、NI、NW)。しかし、表3-2-2に見

表3-3 ドイツ各州の前期中等教育学校（2015年）

州	HS	RS	Gym	Ges	多課程制	OS	Gem
Baden-Württemberg	Werkrealschule	RS	Gym				Gem
Bayern	Mittelschule	RS	Gym	Ges			
Berlin			Gym		Integrierte Sekundarschule3	基	
Brandenburg			Gym	Ges	Oberschule2[1]	基	
Bremen			Gym		Oberschule3		
Hamburg			Gym		Stadtteilschule3		
Hessen	HS	RS	Gym	Ges	Mittelstufenschule2	部	
Mecklenburg-Vorpommern			Gym	Ges	Regionale Schule2	有	
Niedersachsen	HS	RS	Gym9	Ges	Oberschule3		
Nordrhein-Westfalen	HS	RS	Gym	Ges	Sekundarschule3		Gem
Rheinland-Pfalz			Gym	Ges	Realschule plus2		
Saarland			Gym		（Erweiterte Reealschulen 2）		Gem
Sachsen			Gym		Oberschule2		
Sachsen-Anhalt			Gym		Sekundarschule2		Gem
Schleswig-Holstein			Gym		Regionalschule2		Gem
Thüringen			Gym		Regelschule2		Gem

出典：各州 HP 等により筆者作成。
注：ブランデンブルク州の Oberschule では、成績が良い場合にギムナジウム上級段階進学資格を取得することが可能である。<http://www.mbjs.brandenburg.de/sixcms/detail.php/lbm1.c.192146.de> 及び <http://bildungsserver.berlin-brandenburg.de/index.php?id=oberschule>（161720 access）

られるように、HS 及び RS に在籍している者の割合は、バイエルン州（60.2％）とバーデン・ヴュルテンベルク州（44.2％）の 2 州では半数以上か半数に近いものの、他の州では、大きな役割を果たしているとはいえないであろう。二分岐型の事例として、2010/11 年度から二分岐型学校制度が実施されているベルリン市の学校制度体系図を図3-1 に示しておく。

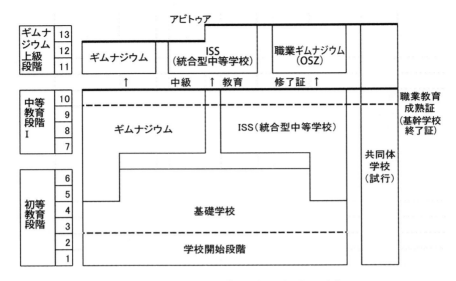

図3-1　ベルリン市普通教育学校制度（2015年）
出典："Schulbeginn 2016 Ein Ratgeber für Eltern der Schulanfänger"に基づき筆者作成。

　学校制度としての関心は、Gymと多課程制学校を中心としたGym以外の学校とに区分した上で、Gym以外の学校でアビトゥアを取得出来るかどうか、という点に長期的には移っていくであろう。表3-3の多課程学校の名称の後に付してある数字は、2つの教育課程を提供する学校と3つの教育課程を提供する学校（Gym上級段階進学資格の課程を含む）を区別したものである。現在はベルリン市、ブレーメン市、ハンブルク市のみがすべての中等教育学校でGym上級段階に進学するための課程を持つ学校である。ザールラント州もそれに近づいている。こうして、分岐型学校制度の形をとりつつも、進学資格取得という意味では開かれた学校制度へと転換しつつある。

4　中等教育段階の修学年限

　次にGym修学年限の短縮の動きについてみてみよう。旧東側諸州で統一後にGymを8年制としていたのはザクセン州とチューリンゲン州の2州のみで

あった。2000年代に入り、それ以外の州でもGym年限の短縮が実施されていく。アベナリウス（Avenarius 2000）によれば、2000年の時点で実験的に8年制Gymを導入していたのは2州であった（バーデン・ヴュルテンベルク州で1990年度から、バイエルン州で1999年度から）。しかし坂野の調査等によれば、ラインラント・プファルツ州では1997年度から、ベルリン市でも遅くても1999年度から、それぞれ8年制Gymの実験が実施されていた（坂野2001）。2000年代に入ると、旧西側諸州で、8年制Gymが導入されていき、2008/09年度にはすべての州で8年制Gym, が導入された（**表3-4**参照）。

表3-4　8年制ギムナジウムの導入時期

州	G8導入年	同時アビトゥア年	G9への回帰
Baden-Württemberg	2004/2005	2012	2012/13年から学校実験（2013/14: 44研究指定校）
Bayern	2004/2005	2011	
Berlin	2006/2007	2012	
Brandenburg	2006/2007	2012	
Bremen	2004/2005	2012	
Hamburg	2002/2003	2010	
Hessen	2004/2005：約10% 2005/2006：約60% 2006/2007：約30%	2012, 2013, 2014	2013年又は2014年8月1日から学校実験。総合制学校（2008年〜）とギムナジウム（2013年〜）でG8とG9の選択実験。
Mecklenburg-Vorpommern	2004/2005	2008	
Niedersachsen	2004/2005	2011	2015/16年から全州でG9に回帰（重点校のみ8年）
Nordrhein-Westfalen	2005/2006	2013	2011/12年630校中13校で学校実験
Rheinland-Pfalz	2008/2009	---	
Saarland	2001/2002	2009	
Sachsen	1992-	---	
Sachsen-Anhalt	2003/2004	2007	
Schleswig-Holstein	2008/2009	2016	2011/2012年99校中15校で実験。11校がG9、4校がG8とG9両方を実験。
Thüringen	1991-	---	

出典：<https://www.kmk.org/themen/allgemeinbildende-schulen/bildungswege- und-abschluesse/sekundarstufe-ii-gymnasiale-oberstufe-und-abitur.html>（160719 access）を基に坂野作成。

修学年限短縮化の動きの背景にあるものは、TIMSS ショック（1997 年）や PISA ショック（2001 年）の影響、あるいは EU 統合による国際競争力の強化のため、大学入学までの修学年限を国際標準である 12 年へと同調させる必要性があったと考えられる。

　8 年制 Gym の導入は、外国語教育の早期化をもたらした。1964 年のハンブルク協定（各州首相会議の協定、1971 年に改訂）では、第二外国語は第 7 学年から、第三外国語は第 9 学年から学習を開始するものとされていた。しかし旧東ドイツ諸州の 8 年制 Gym では、第 6 学年から第二外国語を、第 8 学年から第三外国語を学習し始めていた。このため、1999 年 4 月 19 日の KMK 協定[7]によって、外国語の学習開始時期が前に移された。

　ただし、8 年制 Gym は教育課程が過密であるという批判もある。KMK 協定は Gym の 8/9 年間で 265 週授業時数を学習することを規定している（KMK 1995）。このため、8 年制 Gym の 1 学年で週当たりの授業数は平均で 33.1 時間となる。Gym では、2 時間連続で授業を実施している場合が多く、1 日 8 時間の授業を受ける日が週 2 日程度となる。近年の動向として、Gym 修学年限を 9 年制へと戻す動きが現れている。9 年制 Gym（G9）を学校実験として導入し、9 年制 Gym への回帰を模索する州もでてきている。ニーダーザクセン州は、2015 年度から州全体で 9 年制 Gym へと回帰することとなった（表 3-4 参照）。その理由として考えられるのは、Gym における教育の質保証の問題である。

2　中等教育段階 I の現状

1　中等教育段階の枠組み

　現在の中等教育段階 I の枠組みを整理しておこう。1993 年 12 月 3 日の KMK 協定「中等教育段階 I における学校種と教育課程に関する協定」（最終改訂 2014 年 9 月 25 日）[8]は、現在の中等教育段階 I の共通枠組みを規定している。同協定によれば、各州に共通の学校種は HS、RS、Gym、Ges の 4 種類として整

理し、これに加えて、あるいはこれらの補完として、各州独自の学校種を列挙している（**表 3-5**）。中等教育段階Ⅰの教育原則は、普通基礎教育、個人の重点設定、成績に応じた支援の3つである。そのために、①生徒の宗教的・心的・身体的全体発達への支援、すなわち自律性と決定能力への指導及び人格的社会的政治的責任への指導、②科学的に認知状態を診断し、形成や諸要求の中で生徒の年齢に応じた理解を考慮した授業の確保、③個人の能力や適性を把握した段階的に増大する重点の設定、④指導段階の間及びその後の教育課程を変更するための可能性を開く透過性の確保、について努力すべきことが目指されている（同協定 3.1）。

中等教育段階Ⅰの学校種は、学校種によって原則として異なる教育課程が提供され、異なる修了証が与えられる。HS は基本的な普通教育が行われ、とりわけ職業関連の、しかし普通教育関連の教育課程へと接続する修了証を提供する。RS は拡大された普通教育が行われ、職業関連及び普通教育関連の教育

表3-5 各州の中等教育段階の学校種（学校法で正規のもの）

州	56 学年	中等教育学校の種類
BW		RS、Gym、Werkrealschule (HS)、Gemeinschaftsschule
Bay		Mittelschule (2012 ← HS)、RS、Gym
Ber	基礎学校	Gym、Integrierte Sekundarschule (2010)
Bran	基礎学校	Oberschule、Gym、Gesamtschule
Bre		Gym、Oberschule (5-13,8 年で Abitur 可)（2009 年度から二元化）
Ham		Gym、Stadtteilschule (2010,5-13)
Hes	（促進段階）	HS、RS、Gym、Gesamtschule（協力型、統合型）、Verbundene Haupt- und Realschule、Mittelstufenschule
MV	オリエンテーション段階	Regionale Schule、Gym、Gesamtschule（協力型、統合型）
NS		HS、RS、Gym、Oberschule (5-10)、Gesamtschule
NRW		HS、RS、Gym、Gesamtschule、Sekundarschule (5-10) Abitur 可
RP		RS、Gym、Gesamtschule（統合型）
Saar		Gym、Gemeinschaftsschule (Abi 可)（2012 年度から）
SA		Mittelschule、Gym　（2004 年度から）
ST		Sekundarschule、Gym、Gemeinschaftsschule (12 年で Abi 可)、Gesamtschule (12 年で Abi 可)
SH		Gemeinschaftsschule (5-10)、Gym (2014 年度から Regionalschule を廃止して二元化)
TH		Regelschule、Gym、Gemeinschaftsschule (1-12 学年 Abi 可)

出典：各州の学校法等から筆者が独自に整理（最終確認 20140820）

課程へと接続する修了証を提供する。Gym は深い普通教育が提供され、中等教育段階Ⅱにおいて大学への経路となる、しかし職業資格の教育課程にも接続する修了証を提供する。これらの複数の教育課程を提供するのが、Ges であり、各州が独自に設置する学校種である。協力型 Ges は、HS、RS、Gym を包括する。統合型 Ges は、これらを 1 つの学校に統合している形態である（同協定 3.2）。

2 教育課程と授業時数

上記 KMK 協定は、各州に共通する教科とその時間数を設定している（**表 3-6 参照**）。州が独自に時間数等を設定することが留保されている。中等教育段階Ⅰの週時間数は 5-9 学年の 5 年間で HS 修了証まで 146 時間を標準とし、5-10 学年までの 6 年間で中級教育修了証まで 176 時間を標準とする。すべての者に共通する科目は、ドイツ語、数学、外国語、理科、社会で、5 ないし 6 年での週授業時数が規定されている。また、ギムナジウムでは、第二外国語が必修とされている。その他に音楽、芸術、スポーツは時数規定はないが、必修である。また、キャリア教育が独立した科目（労働科 Arbeitslehre 等）又は他の諸科目の中で、宗教は各州の規定に基づいて実施される。

教育課程の協定から理解できるように、HS 修了証と中級資格修了証との間に、科目による相違はなく、5 年と 6 年という就学期間の相違による週授業時数の違いが合計時数に反映されているに過ぎない。従って、HS と RS とが統合化していくことへの大きな支障とはならない。実際の各州における学習指導要領等や標準授業時数をみてみても、選択科目で第二外国語を選択するか、労働科に類する科目を選択するのかが、その後の進路に関連するところであり、基本的な科目は共通である。ただし、多課程制学校や総合制学校では、中核科目で到達度別に 2 段階あるいは 3 段階のコース設定を行うことが求められている。

表3-6　中等教育段階Ⅰの必修科目と週時数

科　目	中級教育修了証(6年)	HS修了証(5年)
必修科目		
ドイツ語	22	19
数学	22	19
外国語	22	19
理科	16	13
社会	16	13
Gym必修科目		
第二外国語	14	
その他の必修及び選択必修科目等		
音楽		
芸術		
スポーツ		
キャリア教育(独自科目又は他の科目の中で)		
宗教(各州の規定による)		
合計週時数	176	146

出典：KMK協定(1993=2014)に基づき、筆者作成。

3　修了証の取得

　中等教育段階Ⅰの学校修了証は、HS修了証、中級教育修了証及びギムナジウム上級段階進学資格、の3つに大きく区分される。

(1) HS修了証(Hauptschulabschluss)

　HS修了証は、第9学年終了時に取得可能な普通教育修了証である。6州[9]では成績によって、HS修了証の中に区分がある。また、5州[10]では、第10学年終了時に拡大HS修了証を取得することができる。バーデン・ヴュルテンベルク州では、中級教育修了証の取得を目的として、HS第10学年を設置している。

　HS修了証は、職業教育・訓練の二元制度や職業基礎教育学年に入る際に利用される。

(2) 中級教育修了証(Mittlerer Abschluss)

　中級教育修了証は、第10学年終了時に普通教育修了証として取得ができる。一般には実科学校修了証と呼ばれている。RSでは、この修了証はすべての科目で評定が「4」以上の場合に獲得できる。統合型の教育課程の学校種では、水準が2段階の場合には上位の、3段階の場合には中位のコースに在籍していることが条件となる。HS第10学年の終了時にも一定の条件で中級教育修了証を取得することが可能である。一定の条件とは、①中級教育修了証の特別コースですべての科目評定が「4」以上の場合、②すべての科目の平均評定が「3」以上の場合、である。ギムナジウムでは第10学年終了時に中級教育修了証を取得することが可能である。

　中級学校修了証は、その後の学校、例えば職業専門学校や専門上級学校などへの進学の条件となっている（KMK（1993=2014）5及び6）。

(3) ギムナジウム上級段階進学資格
(die Berechtigung zum Besuch der gymnasialen Oberstufe)

　ギムナジウム上級段階進学資格は、①一般大学入学資格の取得を目指す教育課程（ギムナジウム等の中等教育段階Ⅰ）で進級関連科目の評定平均が「4」以上であること、②中級教育修了証を取得する教育課程（実科学校等）において、ドイツ語、数学、外国語の評定平均が「3」以上であり、進級関連科目の評定平均が「3」以上である場合に獲得される。③複数の教育課程を持つ学校で2つの水準コースが設置されている学校は、ドイツ語、数学、外国語の3科目のうち、最低2科目で上級コースにいることが必要で、上級コース及び水準分けのない科目の評定平均が「3」以上であること、及び下級コースの科目評定平均が「2」以上であることが必要になる。3つの水準コースが設置されている学校では、ドイツ語、数学、外国語の3科目のうち、最低2科目で上級コースにいることが必要で、上級コースの評定平均が「4」以上であること、中級コースの評定平均が「3」以上であること、及び下級コースの評定が「2」以上であることが必要になる（KMK 1993, 6）。

こうした修了証の取得は、1960年代までは、学校種と密接に連動していた。学校種と修了証との密接な関係は、1970年代に総合制学校が試行的に導入され、くずれ始めた。1990年代に入り、旧東側諸州では、ハウプトシューレと実科学校が合わせられた多課程制学校が設置され、ギムナジウム以外の学校では多様な資格提供が普及した。近年、共同体学校（Gemeinschaftsschule）の導入により、こうした学校種と修了証との関係は、より緩やかなものとなりつつある。

3　保護者の学校選択と進学実態

　日本では単線型学校制度を基本としているため、学校選択は個別の学校への入学（希望）を意味している。これに対し、ドイツでは、中等教育段階の学校を選択する際に、どの学校種に進学できるのか、させるべきか、という問題と、具体的にどの学校に入学できるのか、入学させるべきか、という問題とに区分して整理する必要がある（Avenarius 2000, 473; Avenarius 2010, 376）。以下、順に整理してみよう。

1　学校種選択の意味

　ドイツでは、基礎学校から中等教育段階の学校へと進学する際、基礎学校勧告書と保護者の学校選択とが、進学先を決定していく際に強い影響を及ぼしている。学校種の選択は、保護者の権利である（Avenarius 2000, 473; Ebebda 2010, 336&376）。国（州）は、「子どもの進路を決定しようとしてはならない」のである。連邦憲法裁判所の判決においても、国（州）の責務は、財政的、制度的に可能な枠内で、多様な才能を伸ばすために必要な学校システムを準備することである（同前及びBMBF 2010, 202）。

表3-7-1　各州における初等教育領域から中等教育領域への移動（その1）

州	BW	BY	BE	BB	HB	HH	HE	MV
基礎学校の期間	4	4	6	6	4	4	4	4
基礎学校の勧告書		必		必	×		×	3.5
時期	3.5	3.5	5.5	5.5		3.5		5.5
Gymへの勧告基準	2.5	2.33	3	2.33				
RSへの勧告基準	3	2.66		3				
科目								
ドイツ語		〇	〇	〇				
算数		〇	〇	〇				
事実教授		〇						
第一外国語				〇				
適性試験・授業	×	〇		〇	×	×	×	×
入学後の試行期間	×	〇	〇		×	×	×	〇
個別学校の選択	△	〇	〇	〇	〇	〇	〇	〇
最終決定は保護者	〇			〇	〇	〇	〇	〇

注：BW は学校種を選択

表3-7-2　各州における初等教育領域から中等教育領域への移動（その2）

州	NI	NW	PR	SL	SN	ST	SH	TH
基礎学校の期間	4	4	4	4	4	4	4	4
基礎学校の勧告書					必	必		必
時期	3.5	3.5	3.5	3.5	3.5	3.5	3.5	3.5
Gymへの勧告基準			3		2	2		2
RSへの勧告基準								
科目								
ドイツ語			〇		〇	〇		〇
算数			〇		〇	〇		〇
事実教授			〇		〇	〇		〇
第一外国語						〇		
適性試験・授業	×	×	×	×	〇	×	×	〇
入学後の試行期間	×	×	×	×	×	×	×	×
個別学校の選択	〇	〇	〇	〇×	〇	×	〇	〇×
最終決定は保護者	〇	〇	〇	〇		〇	〇	

出典：KMK 2015, Bildungsbericht 2016 Tab.D2-5web）
注：SL では、拡大 RS と Ges は通学区域あり。Gym は自由選択。TH では、正規学校に通学区域あり。

学校選択に際して、基礎学校勧告書と保護者の希望とが一致すれば、問題は生じない。また、保護者が基礎学校勧告書よりも下の学校種を選択する場合には、保護者の意向が尊重される。問題となるのは、保護者が基礎学校勧告書よりも上の学校種を希望する (例えば、基礎学校勧告書はRSを勧告しているのに対し、保護者がGymを希望する) 場合である。

この点については、歴史的に変化していることが確認できる。ヘッケル (Heckel, H.) ら (1986) によれば、1986年の時点では、当時の11州のうち、ベルリン市、ブレーメン市、ヘッセン州、ニーダーザクセン州、シュレスヴィヒ・ホルシュタイン州では、保護者の意向が尊重されていた (Heckel 1986, 328) [11]。他の6州では保護者の意向に沿った学校種で将来的に成功するのかどうかを確定するために特別な試験が実施されていた [12]。しかしアベナリウスら (2010) では、原則として、すべての州で保護者の選択決定によりよく対応するようにしている (Avenarius 2010, 382)。学校経路についての情報提供や相談の機会の設定等が多くの州の法令で規定されている。バーデン・ヴュルテンベルク州では、2011年12月7日に規定が改定され、保護者の意向を尊重する形式へと改められた [13]。

2015年2月19日、KMKは「基礎学校から中等教育段階Iへの移行と第5・6学年 (いわゆるオリエンテーション段階) への支援、観察、指導」において現状をとりまとめた [14]。この資料によれば、11州では保護者の意向が子どもの進路を最終決定することになる。5州では、学校側が適性試験や授業等を行ったり、一定期間の試行期間を設定したりしており、最終的な判断は学校側にあるといえる (**表3-6** 参照)。もちろん、保護者が最終決定を行うか否かにかかわらず、個別の学校の受容力を超えた場合には、一定の規準に基づいて、学校側が入学者の決定を行うことになる。また、入学後の成績によって、他の学校種への移動が生じうる。

2 個別の学校選択

保護者にはドイツ基本法の諸条項 (第6条1項、2項、第2条1項等) において、個別の学校を設置することを要求することはできないとされている (Avenarius

2010, 387)[15]。しかし既存のどの公立学校に子どもを入学させるのかは、保護者の権利と国の権限との論争点である。

　基礎学校及び就学義務である学校（HS 等）については、一般に通学区域による指定がある（Avenarius 2010, 93）。ただし、ドイツでも近年は特色ある学校づくりが進んでおり、学校の差別化が進んでいる。HS 等への進学において、保護者による選択が実際には可能とするよう規定している州がある。基礎学校では、シュレスヴィヒ・ホルシュタイン州は通学区域が廃止されており、学校選択制を導入している[16]。他の州では基礎学校の通学区域が設定されているが、ブランデンブルク州等多くの州で学校選択が可能である（KMK 2015b, 106）。

　中等教育段階Ⅰの就学義務学校（HS 等）では、4 州が原則的に通学区域を設定している[17]。Gym 等の学校については、バーデン・ヴュルテンベルク州を除き、15 州で自由に個別の学校を選択できる。

　学校に指定の通学区域を設定しても、指定以外の学校に入学する権利は法的にすべて排除されるわけではない。多くの州で「重大な理由」がある場合、指定以外の学校への通学が認められる（Avenarius 2010, 388）。

　実際に、各州の個別学校を選択するための手続きは一様ではない。例えば、ベルリン市では、二分岐型学校システムである。Gym か、多課程制学校（ISS）かを決定するための参考に、基礎学校第 5 学年 2 学期及び第 6 学年 1 学期の成績平均が算出される。それぞれ 9 科目の成績の平均であるが、ドイツ語、数学、第一外国語及び理科の成績は 2 倍で換算される。その平均が「2.2」以上の場合は、Gym か ISS どちらでも、「2.8」以下の場合は ISS を基礎学校は勧告する。「2.3」から「2.7」の場合には、その児童の諸能力を考慮して勧告が行われる。保護者はその勧告を参考にするが、決定は保護者の意向による。保護者は希望する学校を第三希望まで提出する。第一希望の学校側に受容力があれば、そのまま決定となる。希望者が第一希望の学校における受容力を超えている場合、① 10％は特別の事情がある者に、② 60％は成績やテストによる選抜で、③残り 30％は抽選で、入学者が決定される。そこで、入学が決定しない場合、第二希望、あるいは第三希望の学校へと回される。それらの学校でも受容力を超えている場合は、教育局が選抜を行う。それでも入学する学

校が決定しない場合には、教育局が保護者にそれ以外の学校を提案する[18]。

　バイエルン州は、保護者の希望よりも学校側の判断が優先される州である。同州での手続きは、基礎学校が勧告書を5月に作成する。第4学年の成績によって勧告する学校が異なる。保護者の希望と勧告された学校種が一致する場合は良いが、一致しない場合、とりわけ、上位の学校を希望する場合、Gym あるいは RS で行われるドイツ語と算数の試行授業に児童が参加する。試行授業は州共通の筆記試験と口述での成績とで評価される。その成績によって合否が決定する[19]。バイエルン州では基礎学校での成績が学校選択において非常に重要であるため、第5学年への接続が円滑に行われるよう、2009年3月から進学指導についての研究が進められ、2011年に報告書が取りまとめられた（ISB 2011）。そこでは基礎学校教員の助言方法について、丁寧な解説が行われている。

3　進学実態

　ドイツ全体及び各州の第5学年への進学率は、すでに整理した（表3-2-2参照）。ドイツ全体でギムナジウムへの進学率は42.6％（2012年度）であった。その際、多くの州では保護者の意向を尊重した学校選択が実施されている。その結果は、果たして妥当なものとなっていたのであろうか。

　表3-8は、ギムナジウム第5学年に入学した生徒数が、学年度毎にどのように推移していったのかを示したものである。2006年度の入学時を100として、その割合を示している。ベルリン市（BE）とブランデンブルク州（BB）は、基礎学校が6年であるため、また、メクレンブルク・フォアポンメルン州は第5・6学年が独立型のオリエンテーション段階であるため、第7学年を基準としている。ドイツ全体では、第7学年で4ポイント、第9学年では約10ポイント、第10学年では約15ポイントの減少となっている。つまり、単純化すると、7人に1人はギムナジウムから他の学校種へと移動していることになる。

表3-8 ギムナジウム入学後の生徒数（2006年度入学者）

州	2006/07年 第5学年 第6学年 (2007/08)	学年（年度）					
			第7学年 (2008/09)	第8学年 (2009/10)	第9学年 (2010/11)	第10学年 (2011/12)	第11学年 (2012/13)
	生徒数	割合（第5学年＝100％）					
ギムナジウム							
ドイツ全体	286,502	100	100	96.0	94.1	90.4	85.3	91.0
BW	41,463	100	100.8	98.7	96.4	93.7	85.0	85.7
BY	47,996	100	100.3	94.7	92.0	88.1	88.8	83.5
BE	11,821	X	X	100	90.8	94.1	93.6	97.7
BB	7,236	X	X	100	101.8	101.9	101.0	93.6
HB	2,663	100	99.5	100.4	97.6	94.0	125.3	128.0
HH	6,930	100	97.7	96.5	95.6	92.9	87.4	89.6
HE	25,875	100	97.3	93.6	89.4	86.0	3,1１）	100.9
MV	4,215	X	X	100	100.8	98.2	97.5	97.8
NI	36,583	100	99.8	89.2	90.3	85.2	85.8	79.8
NW	71,260	100	100.7	95.7	93.7	91.5	103.8	101.5
RP	16,215	100	98.9	100.1	97.9	92.0	91.8	96.9
SL	3,909	100	99.6	96.8	92.5	94.3	87.5	86.7
SN	10,639	100	102.2	100.8	97.8	91.8	88.4	82.9
ST	6,046	100	100.3	101.8	99.0	94.3	89.1	84.2
SH6）	11,132	100	97.8	95.9	94.4	89.0	87.7	85.4
TH	5,791	100	102.5	102.8	100.4	95.5	97.3	90.0
その他の中等教育諸学校								
ドイツ全体	443,785	100	99.7	102.9	105.2	108.1	84.0	X
BW	71,813	100	100.4	102.4	105.3	108.1	70.4	X
BY	88,527	100	92.1	97.5	99.2	104.2	72.5	X
BE	13,611	X	X	100	108.5	117.4	107.6	X
BB	8,792	X	X	100	102.1	106.4	98.8	X
HB	3,164	100	99.8	98.2	102.5	111.5	114.8	X
HH	7,619	100	102.6	104.3	106.7	110.0	95.8	X
HE	33,622	100	101.5	102.4	107.4	110.0	81.4	X
MV	5,307	X	X	100	106.4	112.8	79.3	X
NI	48,972	100	100.6	106.0	108.8	110.0	97.5	X
NW	113,285	100	102.8	106.0	106.9	109.4	100	X
RP	25,035	100	104.6	105.0	105.7	107.7	73.6	X
SL	5,855	100	99.9	104.1	105.5	110.2	63.4	X
SN	12,781	100	98.7	98.7	102.5	105.2	88.2	X
ST	7,627	100	100	98.8	106.2	108.5	88.8	X
SH	18,108	100	102.8	107.7	111.5	113.6	67.4	X
TH	7,377	100	98.0	99.5	101.5	102.6	84.2	X

出典：Bildungsbericht 2014. Tab. D2-2A.
注：1：ヘッセン州（HE）第9学年は8年制ギムナジウムから9年制ギムナジウムへの切り替え年にあたる。

表3-9　普通教育学校修了証の取得（学校種）

学校種	年 修了証	2006	2010	2014	2006	2010	2014
		総数			学校種の割合（%）		
基幹学校	OHS	21,893	13,374	9,425	9.5	7.8	7.2
	HSA	159,596	116,356	76,918	69.5	67.7	59.0
	MSA	48,199	42,153	43,964	21.0	24.5	33.7
実科学校	OHS	3,389	2,590	1,636	1.4	1.2	0.8
	HSA	10,403	8,906	6,741	4.4	4.2	3.5
	MSA	220,095	201,242	186,461	94.1	94.6	95.7
多課程制学校	OHS	5,500	3,251	4,040	6.8	5.8	5.5
	HSA	18,965	14,942	18,081	23.3	26.5	24.5
	MSA	56,958	38,164	51,821	70.0	67.7	70.1
ギムナジウム8年制	OHS	●	578	1,275	●	1.5	0.4
	HSA	●	3,559	5,916	●	9.0	2.1
	MSA	●	8,065	32,956	●	20.3	11.5
	FHR	●	899	1	●	2.3	0.0
	AHR	●	26,659	245,597	●	67.0	85.9
ギムナジウム9年制	OHS	825	46	-	0.3	0.0	-
	HSA	2,313	772	-	0.9	0.3	-
	MSA	25,178	17,973	-	9.9	7.5	-
	FHR	9,539	7,593	-	3.8	3.2	-
	AHR	216,288	212,388	-	85.1	89.0	-
統合型総合制学校	OHS	4,755	2,747	4,821	5.2	3.6	4.7
	HSA	26,897	17,940	22,796	29.4	23.2	22.2
	MSA	38,730	33,774	49,156	42.3	43.8	47.9
	FHR	2,587	2,438	0	2.8	3.2	-
	AHR	18,566	20,288	25,858	20.3	26.3	25.2
ドイツ全体（上段：普通教育学校のみ、下段：職業教育諸学校を含む）	OHS	76.249	53.041	46,921	8.0	6.5	5.8
		X	X	X	X	X	X
	HSA	237.495	173.848	142,169	22.7	21.4	17.6
		276.646	208.416	172,624	26.5	25.2	21.2
	MSA	394.925	349.137	373,777	38.3	42.6	45.9
		478.524	444.118	461,437	46.2	52.9	56.2
	FHR	14.256	13.295	734	1.5	1.4	0.1
		129.638	142.409	102,419	13.4	15.2	11.8
	AHR	244.018	267.85	280,162	25.3	28.8	34.7
		285.629	315.913	332,707	29.6	33.9	41.0

出典：Bildungsbericht 2014.Tab. D7-1web, Tab. D7-7web. Bildungsbericht 2016. Tab. D7-1web, D7-3web.

注：OHS－ハウプトシューレ修了証なし、HAS－ハウプトシューレ修了証
　　MSA－中級教育修了証（実科学校修了証相当）FHR－専門大学入学資格
　　AHR－一般大学入学資格　＊2014年はG8とG9の区分がないため、G8欄に記載した。

表3-10-1 一般大学入学資格を取得した学校種（州別2012年）

	BW		BY		BE		BB	
	人数	%	人数	%	人数	%	人数	%
一般大学入学資格	74,792	100	41,386	100	18,355	100	10,129	100
ギムナジウム	57,881	77.4	36,023	87.0	13,660	74.4	8,498	83.9
統合型総合制学校	243	0.3	0	0.0	2,699	14.7	791	7.8
自由ヴァルドルフ学校	846	1.1	280	0.7	127	0.7	27	0.3
特別支援教育学校	26	0.0	0	0.0	6	0.0	11	0.1
専門ギムナジウム	14,339	19.2	0	0.0	554	3.0	617	6.1
夜間ギムナジウム等	1457	1.9	5083	12.3	1309	7.1	185	1.8
	HB		HH		HE		MV	
	人数	%	人数	%	人数	%	人数	%
一般大学入学資格	4,297	100	8,449	100	25,016	100	3,918	100
ギムナジウム	3,748	87.2	5,514	65.3	20,329	81.3	3,096	79.0
統合型総合制学校	0	0.0	1,813	21.5	856	3.4	109	2.8
自由ヴァルドルフ学校	46	1.1	155	1.8	230	0.9	30	0.8
特別支援教育学校	0	0.0	0	0.0	9	0.0	0	0.0
専門ギムナジウム	302	7.0	666	7.9	3,274	13.1	585	14.9
夜間ギムナジウム等	201	4.7	301	3.6	318	1.3	98	2.5
	NI		NW		RP		SL	
	人数	%	人数	%	人数	%	人数	%
一般大学入学資格	32,485	100	85,877	100	16,350	100	3,472	100
ギムナジウム	24,266	74.7	62,699	73.0	12,642	77.3	2,764	79.6
統合型総合制学校	1,873	5.8	12,035	14.0	1,076	6.6	288	8.3
自由ヴァルドルフ学校	211	0.6	533	0.6	96	0.6	40	1.2
特別支援教育学校	0	0.0	20	0.0	0	0.0	0	0.0
専門ギムナジウム	5,450	16.8	7,397	8.6	1,776	10.9	342	9.9
夜間ギムナジウム等	685	2.1	3193	3.7	760	4.6	38	1.1
	SN		ST		SH		TH	
	人数	%	人数	%	人数	%	人数	%
一般大学入学資格	8,685	100	4,554	100	11,292	100	5,318	100
ギムナジウム	6,418	73.9	3,948	86.7	7,092	62.8	4,205	79.1
統合型総合制学校	0	0.0	38	0.8	1,301	11.5	159	3.0
自由ヴァルドルフ学校	41	0.5	12	0.3	160	1.4	40	0.8
特別支援教育学校	0	0.0	0	0.0	0	0.0	0	0.0
専門ギムナジウム	1,866	21.5	473	10.4	2,127	18.8	816	15.3
夜間ギムナジウム等	360	4.1	83	1.8	612	5.4	98	1.8

表3-10-2 一般大学入学資格を取得した学校種（州別2012年）

	ドイツ全体			ドイツ全体	
	人数	%		人数	%
一般大学入学資格全体	354,375	100	特別支援教育学校	72	0
ギムナジウム	272,783	77	専門ギムナジウム	40,584	11.5
統合型総合制学校	23,281	6.6	夜間ギムナジウム等	14781	4.2
自由ヴァルドルフ学校	2,874	0.8			

出典：Bildungsbericht2014. Tab. D7-10web.

　これを州別にみていくと、多様性が明らかになる。第11学年までの減少率の高い州は、ニーダーザクセン州(20.2ポイント)、ザクセン州(17.1ポイント)、バイエルン州(16.5ポイント)、ザクセン・アンハルト州(15.8ポイント)等となっている。これらの州では、5人または6人に1人がギムナジウムから別の学校種へと移動していることになる。

　一方で、第11学年で生徒数が増加している州もある。ブレーメン市(HB)(28.0ポイント)、ノルトライン・ヴェストファーレン州(1.5ポイント)、ヘッセン州(0.9ポイント)である。これらの州では、第10学年及び第11学年で人数が増えている。これは、他の学校種からギムナジウムへ移動してくる生徒数がギムナジウムから他の学校種へと移動する生徒数を上回っていることを意味している。とりわけブレーメン市では、その増加率が大きい。ブレーメン市では多課程制学校(Oberschule)の第9/10学年からギムナジウム第10/11学年へと進学する者が多いことがわかる。つまり、第5学年における学校選択は、その後の学校経路によって修正されていることになる。

　一般大学入学資格を取得する者をドイツ全体で学校種別にみてみよう（**表3-10参照**）。ギムナジウムでは多くの生徒が一般大学入学資格を取得している。総合制学校などで一般大学入学資格を取得する者が年間2万人程度いる。ギムナジウムで一般大学入学資格を取得する者が28万人前後いることと比較すると、総合制学校で一般大学入学資格を取得する者は10分の1に満たない。しかし総合制学校で一般大学入学資格を取得する者の割合は増加傾向にある。

まとめ

1 ドイツにおける分岐型学校制度と学校選択の特質

　以上のように、ドイツにおける学校制度は機能変容してきたといえる。歴史的な推移から整理すると、中等教育段階Ⅰについて以下の点を指摘できる。

　第一に、1970年代に始まったドイツの総合制学校の選択的導入は、伝統的な三分岐型学校制度を変革するインパクトを持ち得なかった。イギリスでは総合制学校が広く普及したのに対し、ドイツでは、三分岐型学校制度によるそれぞれの資格付与という形態が原則的に維持された。しかし1990年の東西ドイツ統一以降、旧東側諸州において、二分岐型、すなわち、ギムナジウムと多課程制学校という形態が出現し、HS修了証とRS修了証との区分は学校種と一致しなくなった。2000年代に入り、11州でギムナジウムと多課程制学校という枠組みが基本形となってきた。教育課程はHS、RS、Gymにおいても、第二外国語以外は共通化しており、中等教育段階Ⅰの途中で、あるいは終了後に別の学校種へと移動することが可能である。総合制学校では一般大学入学資格を取得する者の割合が増加傾向にある。2000年代以降の少子化もこうした傾向を後押ししている。

　2015年度現在、三分岐型を維持しているのは5州である。そのうち2州(BW、BY)は、総合制学校がほとんど存在せず、伝統的な三分岐型が残されている。この2州は、経済的に好調な州であり、政治的には保守系政党が与党である(BWでは2011年州議会選挙によって、それまでのCDUを中心とした政権から緑の党とSPDの連立政権になり、2016年には緑の党とCDUの連立政権となった)。3州(HE、NI、NW)は、総合制学校がある程度普及し、4種類の中等教育学校が存在している。これらの州は、CDUとSPDの間で政権交代が起こっている。これら5州では、バイエルン州を除き、HSへ通学する者の割合は減少している。これらの州でも、今後は実質的な二分岐型へとゆっくりと進んでいくことが考えられる。

　第二に、ギムナジウムへの通学率は上昇している。ドイツ全体では、2006

年の25.3％（職業教育諸学校での取得を含めると29.6％）から、2014年には34.7％（同41.0％）へと6年間で10ポイント程上昇している。州別では、ブレーメン市を除き、40％に近いか、それ以上の割合で、ギムナジウムに通学する形となっている。ハンブルク市とベルリン市では一般大学入学資格を取得する者の割合が50％を超えている。また、ギムナジウムの年限が9年制中心から8年制へと短縮された。そのため、1学年当たりの週授業時数が増加し、一般大学入学資格の取得率が低下した。そのため、一部で9年制へと回帰する動きも現れた。

　第三に、基礎学校から中等教育段階Ⅰへの進学において、1980年代には10州中5州で学校側の選抜手続きを優先し、5州では保護者の意向が尊重されており、拮抗していた。しかし、2015年度では保護者の意向を尊重する州が16州中11州となった。基礎学校から学校選択に関する勧告は16州中14州で行われており、保護者は学校選択に際して基礎学校側から助言を受ける。更に、第5(7)学年で中等教育段階Ⅰに進学した後、途中あるいは終了後に学校種を移動する者が存在する。その移動率は州により異なる。つまり、中等教育段階において、ドイツでは成績による移動があり、第5学年進学時の決定が保護者のものであれ、学校側の決定であれ、修正が可能となっている。坂野(2000)が指摘した学校システムの柔軟性が確保されているといえよう。

　最後に、学校制度と成績の関係についてまとめておこう。**表3-11**に示したのは、数学についてのドイツの州間比較調査の結果である。ドイツではPISA2009年調査以降、PISA調査による州間比較は行わず、IQB（教育制度における質的開発研究所）が州間比較調査（VERA）を行うこととなった。その数学第9学年調査（2012年）の結果によると、旧東ドイツ諸州が上位を占めている。学校制度との関係でいえば、旧東ドイツ諸州は二分岐型学校制度を実施している州である。しかし三分岐型を維持しているバイエルン州も平均点が高い。一方、平均点が低い州は、ブレーメン市やベルリン市といった都市州である。これら2つの州は2010年に二分岐型へと移行している。このようにみると、学校制度そのものの影響よりも、それ以外の要因が、数学の成績に影響を与えていると考える方が良いであろう。今後、ブレーメン市やベルリン市等二

分岐型学校制度を導入した州が、どのように成績が変化するのかを注視する必要がある。ヴァイネルトは、「児童生徒達と学校が共同で学校の成績を決定しており、両者は学校成績の相違変化にも関与している」ことを指摘しているが(Weinert 2001, 78)、単なる学校制度論としてではなく、生徒の成績、そして現在は測定されていない学校の「成果」を含めて総合的に考察する必要がある。

表3-11　第9学年数学州間比較調査 (2012年)

州	平均点
ドイツ	500
ザクセン州	536
チューリンゲン州	521
ブランデンブルク州	518
バイエルン州	517
ザクセン・アンハルト州	513
メクレンブルク・フォアポンメルン州	505
ラインラント・プファルツ州	503
シュレスヴィヒ・ホルシュタイン州	502
バーデン・ヴュルテンベルク州	500
ヘッセン州	495
ニーダーザクセン州	495
ハンブルク市	489
ザールラント州	489
ノルトライン・ヴェストファーレン州	486
ベルリン市	479
ブレーメン市	471

出典：Bildungsbericht2014.Tab. D6-13web.

2　日本への示唆

日本では、中等教育学校の制度化(1998年の法令改正)や義務教育学校の制度化(2015年の法令改正)のように、学校体系が複雑化してきている。日本は高校入試や大学入試のように「入り口」型の選抜により質保証を行ってきた。しかし、生徒数の減少によって、その選抜機能は著しく低下している。教育内容

の規定についても、学校教育法施行規則や学習指導要領等で、かなり詳細に定められている。高等学校等では生徒のレベルや領域が実際には多様化しているにもかかわらず、同一の科目名で「同じ内容」を学習したこととされている。多様な学習者の特性を前提にした学習指導のシステムをどのように構築し、制度化していくのかは大きな課題である。学習者の多様性に応じた教育が、結果として個人の能力をより高める効果を持つことをドイツの教育改革は示している。

　日本の小学校や中学校でも教科における習熟度別学習が行われるようになったが、その効果を検証する必要がある。その検証に基づき、学校制度を分岐型に近づけるのか、それとも単線型を基本として、学校内での習熟度別を実施していくのかを議論する必要がある。ドイツでは比較学力調査や学校終了時の統一卒業試験等は、学力を測定するための重要な方法として位置づけられている。近年、日本でも都道府県や市町村で独自に学力調査を実施しているところもある。文部科学省が実施している全国学力・学習状況調査と合わせ、学力の測定と、その分析を充実させることが、教育の効果を高めるための基本戦略である。

　日本の進学指導は、多くは入試の際の偏差値を基準として学校選択を指導している。保護者や生徒が学校を選択しようとしても、教育内容が均質化しているため、学校の特色に応じた学校選択は困難な状況となっている。ほぼ唯一の例外は部活動であろう。生徒の状況に応じた学習内容の多様性を確保し、多様性が学校選択の基準となる制度を今後検討する必要があろう。

注

1　1998年における13歳生徒のGesへの通学率は9.5％であった。BMBF (2000) Grund- und Strukturdaten. 1999/2000. S.24.
2　BMBW (1992) Grund- und Strukturdaten 1991/92. S.64.
3　第5学年からアビトゥア取得までの週授業時数の合計が265時間以上とすることが規定された (KMK 1995)。その内容は1997年2月28日のKMK協定で確認された。その後、2007年10月17/18日のKMK協定において、265時間のうち、5時間までを選択授業に充てることができるとされた。

4　ブレーメン市では、上級学校（Oberschule）が33校、ギムナジウムは8校である（2015年度、同市の中等教育段階Iのパンフレット参照。<http://www.bildung.bremen.de/sixcms/detail.php?gsid=bremen02.c.730.de>（160721 access）

5　ギムナジウムの学校数8校は2009年の学校法改正前と同じである（Bremen 2012）。ブレーメン市学校法第20条で、Oberschuleにおけるアビトゥア取得は9年とされているが、8年での取得も可能であることが明記されている。

6　例えば、バーデン・ヴュルテンベルク州は、2014年の学校法改正で、GesをGemへと転換した。ベルリン市は、共同体学校を試行している。

7　Abkommen zur Vereinheitlichung auf dem Gebiete des Schulwesens vom 28. 10. 1964 i. d. F. vom 14.10. 1971（Hamburger Abkommen）; hier: Durchführung des §§ 13b und 13c–Vereinbarung über die vorgezogene zweite und dritte Fremdsprache ab Jahrgangsstufe 6 bzw. 8.（Beschluss der KMK vom 16. 4. 1999）KMK-Sammlung Nr.101.1.

8　KMK（1993=2014）

9　バイエルン州、ヘッセン州、メクレンブルク・フォアポンメルン州、ザクセン州、ザクセン・アンハルト州、チューリンゲン州（KMK（1993）5.1.3）。

10　ベルリン市、ブランデンブルク州、ブレーメン市、ニーダーザクセン州、ノルトライン・ヴェストファーレン州（KMK（1993）5.1.3）。

11　ベルリン市では6ヶ月、ブレーメン市では1年の試行期間がある。

12　ヘッケルら（1986）では5州の根拠となる法令が示されているが、ハンブルク市については記載がない（Heckel 1986, 329）。また、バイエルン州では1年の試行期間がある。

13　BW州の文部省HP参照。<http://www.kultusportal-bw.de/,Lde/Startseite/schulebw/Uebergang+Grundschule+_+weiterfuehrende+Schulen>（20160719access）

14　KMK（2015a）.

15　オランダでは保護者の学校設置への権利が認められている（結城2014）。

16　ノルトライン・ヴェストファーレン州も2005年の学校法第84条の改正で2008年度から基礎学校の通学区域が廃止されたが、2010年に法改正され、通学区域設定が可能になった。

17　バイエルン州、ニーダーザクセン州、ザクセン・アンハルト州、チューリンゲン州の4州（2015年度現在）。

18　ベルリン市文部省HP <https://www.berlin.de/sen/bildung/bildungswege/uebergang.html>及びSenatverwaltung（2014）参照。

19　バイエルン州文部省HP <http://www.km.bayern.de/eltern/schularten/uebertritt-schulartwechsel.html>

主要参考文献

Autorengruppe Bildungsberichterstattung（2016）Bildung in Deutschland 2016. Ein indikatorengestützter Bericht mit einer Analyse zu Bildung und Migration. W. Bertelsmann Verlag, Bielefeld. <http://www.bildungsbericht.de/de/bildungsberichte-seit-2006/bildungsbericht-2016>（160720 access）

Autorengruppe Bildungsberichterstattung（2014）Bildung in Deutschland 2014. Ein indikatorengestützter Bericht mit einer Analyse zu Bildung und Migration. W. Bertelsmann

Verlag, Bielefeld. <http://www.bildungsbericht.de/de/bildungsberichte-seit-2006/bildungsbericht-2014/bildung-in-deutschland-2014> (160720 access)
Avenarius, H. / Füssel, H. -P. (2010) Schulrechht. (8.Aufl.) Carl Link.
Avenarius, H. / Heckel, H. (2000) Schulrechtskunde. (7.Aufl.) Luchterhand.
Bellenberg, G. / Forell, M. (2013) Bildungsübergänge gestalten. Ein Dialog zwischen Wissenschaft und Praxis. Waxmann. Muenster/New York/Muenchen/Berlin.
BMBF (2010) Der Übergang von der Grundschule in die weiterführende Schule. Leistungsgerechtigkeit und regionale, soziale und ethnisch-kulturelle Disparitäten.
Bremen Die Senatorin für Bildung, Wissenschaft und Gesundheit (2012) Bildung–Migration–soziale Lage. Voneinander und miteinander lernen. Bremen.
Heckel, H. / Avenarius, H. (1986) Schulrechtskunde. (6.Aufl.) Luchterhand.
Hepp, G. F. (2011) Bildungspolitik in Deutschland. VS Verlag.
ISB (Staatsinstitut für Schulqualität und Bildungsforschung) (2011) Leitfaden für Lotsen in der Übertrittsphase. Gestaltung der Einsatz- und Kooperationsmöglichkeiten von Grundschullehrkräften an weiterführenden Schulen in der Jahrgangsstufe 5. München
Krohne, J. / Tillmann, K. -J. (2006) Förderung statt Selektion. In: Schulmanagement 3/2006. S.8-10.
KMK (2015a) Übergang von der Grundschule in Schulen des Sekundarbereichs I und Förderung, Beobachtung und Orientierung in den Jahrgangsstufen 5 und 6 (sog. Orientierungsstufe). Informationsschrift des Sekretariats der Kultusministerkonferenz Stand: 19.02.2015.<https://www.kmk.org/fileadmin/Dateien/veroeffentlichungen_beschluesse/2015/2015_02_19-Uebergang_Grundschule-SI-Orientierungsstufe.pdf > (160719 access)
KMK (2015b) Das Bildungswesen in der Bundesrepublik Deutschland. 2013/2014.
KMK (2014) Das Bildungswesen in der Bundesrepublik Deutschland. 2012/2013.
KMK (2013) Das Bildungswesen in der Bundesrepublik Deutschland. 2011/2012.
KMK (1995) Richtungsentscheidungen zur Weiterentwicklung der Prinzipien der gymnasialen Oberstufe und des Abiturs. Beschluss der Kultusministerkonferenz vom 1.12.1995. (KMK-Sammlung Nr.180)
KMK (1993=2014) Vereinbarung über die Schularten und Bildungsgänge im Sekundarbereich I. (Beschluss der Kultusministerkonferenz vom 03.12.1993 i.d.F. vom 25.09.2014)
Prenzel, M. (2013) PISA2012. Fortschritte und Herausforderungen in Deutschland. Waxmann.
Rux, J. / Niehues, N. (2013) (5.Aufl.) Schulrecht. C.H.Beck. Muenchen.
Senatsverwaltung für Bildung, Jugend und Wissenschaft (2014) Berliner Schulwegweiser Wohin nach der Grundschule? Schuljahr 2015/2016.
Weinert, F. E. (Hrsg.) (2001) Leistungsmessungen in Schulen. Beltz, Weinheim und Basel.
天野正治・木戸裕・長島啓記・高木浩子(1993)『ドイツ統一と教育の再編』成文堂
荒井克弘・橋本昭彦(2005)『高校と大学の接続』玉川大学出版部
卜部匡司(2012)「ドイツにおける中等教育制度改革動向に関する一考察」『徳山大学論叢』第74号69-79頁
河合敦(2013)『都立中高一貫校10校の真実』幻冬舎
栗原 麗羅(2015)「『教育の公正』を目指したドイツの中等学校制度改革：三分岐型を

保持するバイエルン州の改革事例に着目して」上智大学教育学論集 (49) 59-74 頁
月刊高校教育編集部 (2000)『中高一貫教育推進の手引：ゆとりある学校生活の中でいろいろなことが学べる』学事出版
国立教育政策研究所内中高一貫教育研究会 (2003)『中高一貫教育に係る教育課程上の特例の活用状況等に関する調査研究：調査結果の概要と考察』
小林公夫 (2013)『公立中高一貫校』筑摩書房
坂野慎二 (2006)『少子化と地域差を考慮した基礎学力を保障するための小中高一貫教育の総合的調査研究』科研費報告書
坂野慎二 (2001)『日本とドイツにおける中等教育改革に関する比較研究』科研費報告書
坂野慎二 (2000)『戦後ドイツ中等教育制度研究』風間書房
佐貫浩 (2002)『イギリスの教育改革と日本』高文研
日本高等教育学会 (2011)『高大接続の現在』玉川大学出版部
久田敏彦 (2013)『PISA 後の教育をどうとらえるか―ドイツをとおしてみる』八千代出版
保坂稔 (2013)『緑の党政権の誕生―保守的な地域における環境運動の展開―』晃洋書房
前原健二 (2013)「ドイツにおける中等学校制度再編の多様化の論理」『東京学芸大学紀要・総合教育科学系Ⅱ』第 64 集 341-350 頁
山田朋子 (2006)『高校改革と「多様性」の実現』学事出版
結城忠 (2014)『憲法と私学教育―私学の自由と私学助成』協同出版
横田増生 (2013)『中学受験』岩波書店

第4章
学校教育の質保証と学校外部評価

　1990年代以降、欧米諸国ではNPMの手法が行政領域にも浸透し始めた。事前規制中心の行政スタイルから、規制緩和による市場原理の導入、実施機関の裁量空間の拡大、そして説明責任、結果責任を問うために事後評価の導入といった政策転換を進めてきた。教育領域では、高等教育機関の認証評価制度が比較的早い時期から普及した。初等中等教育機関に対する学校外部評価も、教育政策の必要な手法として認識されるようになってきた。ヨーロッパ諸国では1992年にイギリスのOfstedの設置以降、学校の外部評価が急速に普及していた。ドイツの各州でも学校の外部評価が2000年代に導入されていった。日本では2002年の各学校設置基準に学校自己評価の努力義務が規定され、2007年には学校教育法及び同法施行規則の改正によって、学校自己評価の実施と学校関係者評価の努力義務化が示された。しかし学校の第三者評価については、法令での義務的規定はない。

　学校外部評価の研究は、イギリスやオランダで盛んであり、ドイツもその影響を受けながら研究が進められている。例えばエーレン／ヴィッシャー（Ehren / Visscher, 2006; Ders 2008）の研究は、学校外部評価によって学校側の意図された反応に加え、意図されていない反応を含めて効果を分析する枠組みモデルを提示しており、多くのドイツ研究者にも引用されている（Husfeldt 2011; Wurster, S. / Gärtner, H. 2013等）。ドイツ語圏における学校外部評価の研究動向についてみてみると、ベトヒャー／コイネ（Böttcher / Keune 2010）は、(1) 学校査察の受容、(2) 学校開発や授業開発についての学校外部評価の実態、(3) 生徒の成績に関する学校外部評価の影響、の3つに整理している。さらにラムブレヒト／リュールプ（Lambrecht / Rürup 2012）は、これら3つに行政研究対象を加えて、(4) 学校

外部評価を手段として入手される学校データの評価、(5)学校外部評価という道具の最大活用のための研究、に整理している。

それではドイツの学校外部評価はどのような特色をもっているのであろうか。リュールップ(Rürup 2008, 469f)によれば、以下のように整理される。

A) 学校外部評価は国の学校監督の枠組みで設定されている。
B) 学校外部評価の責務は、活動単位としての学校の評価である。
C) 学校の質に対する指向枠組みが学校外部評価の基準となっている。
D) 学校外部評価はその経過と手法が標準化されている。
E) 学校外部評価結果の第一の対象は各学校である。
F) 目標協定は、学校外部評価サイクルの中核となる結果である。
G) 学校外部評価は質保証システムにおける1要素である。

本章は、これらの先行研究を踏まえつつ、ドイツにおける学校外部評価の導入の経緯、その手法、そしてその成果と課題について検証し、学校外部評価による学校教育の質保証の在り方について検討する。

1　学校の自主性・自律性と学校外部評価導入の経緯

1 「良い学校」論から学校評価へ

1960年代後半から1970年代前半にかけて、旧西ドイツは教育改革の時代であった。他の多くのヨーロッパ諸国では伝統的な分岐型学校制度を統一的な学校制度へと転換していく時代であった。ドイツでも三分岐型学校制度に替わって中等教育段階を統合化する総合制学校(Gesamtschule)の導入が議論され、幾つかの州では積極的にその導入が図られた。この総合制学校の導入は、大きな政治的争点となり、導入を進めた州では、その効果を検証することが求められた。

幾つかの調査によって明らかとなったことは、分岐型学校制度の学校が優

れているのでも、また、総合制学校が優れているのでもないという結果であった（Fend 1982）。なぜならば、同じ学校種の間でも学校差が非常に大きく、学校種による違いよりも同じ学校種における違いが大きかったのである。この調査結果を受け、1980年代には「良い学校」とは何かという議論が巻き起こり、学校の質的向上についての調査研究が進められた。そこでは学校への権限委譲と学校の自主性・自律性という大きな流れの中で、学校教育を入口段階で統制するのはなく、出口段階での結果により評価する方向性が生まれていく。1990年代にはドルトムント大学のロルフ（Rolff, H.-G.）らを中心に、学校の自己評価についての試行が開始されたが、その普及は非常に緩やかであった。というのも、多くの州政府が学校の自己評価を義務としてではなく、強制力を伴わない形で普及しようとしたからである（Rolff 1990; Wenzel 2008）。

2 「新制御」と学校評価

2000年代に入り、ドイツ版NPMである新制御（neue Steuerung）によって、インプットでの規制を縮小し、事後評価によってPDCAサイクルを回す形での政策が進められる。教育関係では、規制緩和は学校の自律性の強調として、事後評価は学校外部評価として導入されていく。ノルトライン・ヴェストファーレン州は、すでに1995年に「教育の未来、未来の学校」において、こうした方向が打ち出した（Bildungskommission NRW 1995）。その中で、分権化と学校の自己責任が強調されるとともに（同61ff）、国の説明責任と外部評価並びに報告書の作成が提案されている（同66f）。

各州は説明責任を果たすために必要な学校プログラムの作成と、それに基づく学校自己評価の実施を進めていく。そしてほぼ同時並行的に学校外部評価を進めていった。数回にわたる現地調査によって、多くの学校では外部評価を受けるときに初めて学校の自己評価を実施したことが確認できた。つまりドイツでは、学校の外部評価が、学校の自己評価を普及する役割も果たしていたのである。学校に自己評価が普及しにくかった理由の1つとして、ドイツの教員における個業意識の強さがある。学校側からすると、学校の自己

評価は教員に新たな事務負担を学校にもたらすものであった。校長が学校評価の意義を理解し、自己評価を実施しようとしても、それに協力的な教員は少なかった。こうした教員の個業意識は、現地調査においても強固なものであることが確認できた。学校評価は、教員を教室における個業者から学校全体の構成員への転換を図るための手段ともなった。

連邦レベルでは、BLK の「QuiSS」プロジェクト (1999-2004 年) によって、学校評価の普及が促進された (BLK 2005)。こうして、2001 年の「PISA ショック」前後の時期において、学校教育改革の流れの中で、学校自己評価と学校外部評価の導入が進められていった。

3 学校外部評価の普及

学校外部評価は、ヨーロッパ諸国では会計監査を中心としたシステムが存在していたが、1992 年にイギリスに学校査察局 (Ofsted) が設置されたことにより、学校外部評価として広く普及した。1995 年にはヨーロッパ諸国の学校外部評価機関によって SICI (The Standing International Conference of Inspectorates) が設立され、2016 年現在、36 機関が所属している[1]。ドイツでは、バイエルン州、ハンブルク市、ヘッセン州、ニーダーザクセン州、ノルトライン・ヴェストファーレン州、ラインラント・プファルツ州、ザクセン州の 7 州が加盟している。後にみるように、ドイツで学校外部評価を先導的に導入したニーダーザクセン州は、オランダの学校査察局から支援を受けて学校外部評価を導入した (Inspectie van het Onderwijs / Niedersaechsisches Kultusministerium 2003)。

ドイツ各州の学校外部評価は、学校自己評価を普及させる手法として、2008 年にはすべての州に導入された。学校外部評価に先立ち、学校自己評価を先に (努力) 義務化した日本とは対照的である。ドイツの学校外部評価は、国の学校監督の一部として実施されている。外部機関に学校外部評価を委託したブレーメン市の事例は例外的である (Landesinstitut für Schule Bremen 2009)。その後、シュレスヴィヒ・ホルシュタイン州では 2010 年に学校外部評価が廃止されたが、2016 年から学校の任意による学校外部評価が「学校フィードバック

(Schulfeedback)」という形で再度実施されている (Schleswig-Holsteiner Landtag 2016)。

2000年代に入り、各州は学校プログラムの作成と自己評価の実施を進めていく。そしてほぼ同時並行的に学校の外部評価を進めていく。学校外部評価を導入するためには、評価の対象となる枠組みが必要であるが、学校自己評価と学校外部評価が同時進行的に準備・導入されていったドイツ各州では、自己評価の枠組み、外部評価の枠組み、そして学校の質的枠組みが混在する事例もみられる。

2　各州の学校評価制度の概要

1　学校教育の質保証としての学校評価の導入

まず、学校の自己評価と外部評価の関係について、簡単に整理しておく。アベナリウスは両者の関係について、以下のように整理している (Avenarius 2010, 270)。自己評価を行う理由として、学校の質保証は、第一に学校自身の責務である。質保証に貢献するために、学校は学校プログラムにおいて、その教育活動の目的及び学校生活のために適切な規則を定めるとともに、プログラムが実施されるように配慮する。そのために学校経営はその鍵的機能を持つ。学校の内部評価は特別な意味を持つ。ほとんどの学校法が学校の活動の質（訓育、授業、学校生活、組織開発及び学校の外との関係）を検証するために学校に自己評価を義務づけている。

一方、外部評価については、ドイツ基本法第7条第1項に規定される国の学校制度に対する責任は、学校教育活動の質をシステム的に検証し、特に内部の評価でわかったこととは別に、直接的に「外部の眼」によって、学校の強みと弱みを把握する可能性を開くための義務を含んでいるとする。こうした目的のために、多くの州の学校法は、定期的に実施される学校の外部評価（質分析）が規定されている。

学校の自己評価、外部評価について、各州の法的根拠は**表4-1**の通りである。

表4-1　ドイツの学校評価の根拠法令

州名	自己評価		外部評価		
	法令	条項	法令	条項	実施年
BW	学校法	114.1	学校法	114.1.2	2008年
BY	教育制度法	113c	教育制度法	113c	2006年
BE	学校法	9.1, 9.2	学校法	9.1.4, 9.3	2008年/11年/13年報告書
BB	学校法	7.2.2	学校法	7.2.3	2005年/11年/13年報告書
HB	学校法	9.1.1.2	学校行政法	13	1996年/08年
HH	学校法	53.4, 100.2	学校法	85.3.4	2006年/13年
HE	学校法	127b.3.3	学校法	98	2005年/11年
MV	学校法	39a.4	学校法	39a.4	2008年
NS	学校法	32.3	学校法	123a	2005年/06-12年/14年報告書
NW	学校法	3.2.2	学校法	86.5	2006年/13年
RP	学校法	23.2.2	学校法	23.2.2	2007年/12年
SL	法的根拠なし		学校制度組織法	20e	2006年/14年報告書
SN	学校法	1.3.3	学校法	59a	2006年/14年/13年報告書
ST	学校法	11a.1, 11a.2	学校法	11a.1, 11a.3	2008年/14年/15年報告書
SH	学校法	3.1.4	2010年廃止		2004年
TH	学校法	40b.2	学校法09年改正	40b.3	2005年

出典：各州のHP、坂野の調査等により、坂野作成

　以下、各州文部省やKMK等へのインターネット、及び現地調査によって得られたドイツの学校外部評価の状況について、州別に概要を整理しておく（2016年7月時点）。

1) バーデン・ヴュルテンベルク州

導入時期：自己評価を2005年2月任意、2006年学校法に規定、2007年から正規に実施。5年ごと15人の評価者（教職経験者）が活動。将来は100人に。外部評価（Fremdevaluation）は2005年2月任意、2006年9月試行、2008年9月実施。5年ごと。2014/15年度から職業教育諸学校は第二サイクル試行。普通教育学校は2015/16年度から第二サイクル開始。

評価機関・評価者：学校監督と外部評価の完全分離。外部評価者は教職経験者。

2006年に州教育研究所質開発・評価部が自己評価による質保証・改善報告書。

学校改善：訓練を受けた評価コーディネータ（教員）による支援。

2) バイエルン州

導入時期：外部評価（externe Evaluation）を2003/04年度から試行。2005/06年度に開始。2008年に学校制度法に規定。年間750-800校実施。5年サイクルに努力。

評価機関・評価者：州学校教育研究所の1部門。指導部門とは独立。評価者は教員が兼務。3人の学校教育関係者と1名の保護者・企業代表の計4名。研修システムあり。

学校改善策：学校監督と学校とで目標協定（Zielvereinbarung）を結ぶ。

3) ベルリン市（都市州）

導入時期：2005年から学校査察（Schulinspektion）試行。2008年から学校査察実施。2011年度から第二サイクル。5年サイクルを努力目標に。

評価機関・評価者：文部省内に組織。査察官は学校教員あるいは学校監督・教員養成ゼミナール職員が併任。3年任期。

学校改善：困難校は半年間コーチングにより支援。学校監督局は学校査察報告書を施策に反映。

情報公開：学校の約60％は学校査察の情報を公開。報告書は完全に公表しているのは30％程度。

4) ブランデンブルク州

導入時期：2001年に試行開始。2005/06年に100校の学校訪問（Schulvisitation）。2008年2月に学校訪問のパンフレット作成。2011年から学校訪問第二サイクル実施。

学校改善：学校開発助言者（Schulentwicklungsberater）あるいは評価助言者（Evaluationsberater）が学校からの要請で支援。外部評価の結果は教育研究所の研修計画に反映される。

情報公開：報告書全文をネットで公開。

5) ブレーメン市（都市州）

導入時期：1996年から学校査察実施。2007年夏までに学校の半数に。2010-13

年に選択型で試行。

評価機関・評価者：学校開発研究所。文部大臣は外部評価に関与しない。評価者はブレーメン市出身以外の教員経験者。チームは2名。

学校改善：報告書に基づいて目標協定を学校監督と学校が話し合う。評価者は学校支援者として活動できない。

情報公開：報告書は公表されていない。ランキングは行わない。

6) ハンブルク市 (都市州)

導入時期：2006年に学校査察チーム。2013年から第二サイクル。2015年に報告書。

評価機関・評価者：教育モニター研究所。指導助言は州教師教育及び学校開発研究所が行う。チームは3～4名。

学校改善：総合判定はない。13領域を基盤として評価される。

情報公開：報告書は学校及び学校監督に送付。学校は報告書の結果を告知する義務を負う。第二サイクルではインターネット上に報告書を公開。

7) ヘッセン州

導入時期：2005年から試行。2006年度から学校査察導入。2011年度から第二サイクル。2012年に報告書。

評価機関・評価者：学校教育質開発研究所 (Institut für Qualitätsentwicklung) が実施。評価者は2～4人のチームで実施。評価者の研修を3ヶ月実施。

学校改善：目標協定を結ぶ。

情報公開：報告書の公開は学校の判断に委ねられている。

8) メクレンブルク・フォアポンメルン州

導入時期：2007/08年に試行。(2006年8月2日規則)

評価組織・評価者：学校法第39条に規定。2007/08年度は3人の評価チーム (州教育研究所職員、評価の学校に利害のない指導主事、別の学校の校長)。2008/09年度から評価者は4チームで各チーム4人に。

学校改善：目標協定。

9) ニーダーザクセン州

導入時期：2005年からオランダモデルの学校査察を導入。2012年11月に第

一サイクル終了。2013年に学校査察方法改訂。
  評価機関・評価者：学校監督と学校査察は組織的に分離。査察官は2～3人でチームを編成。
  学校改善：査察とは別に専門的助言者のポストを創設。
  情報公開：報告書は関係者に配布。公表の範囲は限定。

10) ノルトライン・ヴェストファーレン州
  導入時期：2003年にオランダと共同の査察チームプロジェクト。2005年秋から試行(96校)。2006年8月に質分析(外部評価)を義務化。2009年に報告書。2013/14年度学校査察手続を改訂し、各学校の特色に配慮し、一部を領域選択型での評価に変更。
  評価機関・評価者：5つの県(Regierugnsbezirk)単位に4Q部門を編成し、評価チームを置く。各学校の評価チームは2名。1名はその学校種の教員。

11) ラインラント・プファルツ州
  導入時期：2007年から外部評価を試行。2007/08年度に開始。2012/13年度から第二サイクルに入り、2015/16年度に終了[2]。
  評価機関・評価者：学校監督は別のAQSが所管。評価チームはAQS、監督・勤務成績局学校部門、教員で構成。
  学校改善：学校と学校監督で到達目標を設定する。
  情報公開：結果は公表していない。

12) ザールラント州
  導入時期：2006/07年度から試行。2013年に第一サイクル終了(基礎学校)。14/15年度から第二サイクル。中等教育諸学校は3分の2が終了。
  評価機関・評価者：州文部省学校質保証参事官が所轄。助言チームは経験豊かな教員。参事官は学校監督に属さない。

13) ザクセン州
  導入時期：2007/08年度から正規の外部評価を導入。5年ごと。(学校法第59条)。2013年に報告書。2014/15年度から第二サイクル。
  評価機関・評価者：州教育研究所の1部門が所管。学校監督は評価に関与しない。評価者は3人でチーム。

学校改善：目標協定を学校監督と結ぶ。

14) ザクセン・アンハルト州

導入時期：2006/07年度（2004/05、2005/06年度試行）。2013/14年度焦点化された評価試行。2014/15年度焦点化された評価実施。

評価機関・評価者：評価者は、校長、教員、教員ゼミナールの長等。

学校改善：目標協定を学校と教育行政当局の間で結ぶ。

15) シュレスヴィヒ・ホルシュタイン州

導入時期：2004年度からEVIT（Extreme Evaluation im Team）開始。2010年に廃止。2014年の学校法改正で、2016年に再度外部評価導入（任意）。2016年に外部評価ハンドブック（Handbuch Schulfeedback）作成。

評価機関・評価者：州教育研究所の質エージェンシーが所管。チームは3名。学校監督担当者、研究所職員（教員）、他の学校長。4年ごと。監督・評価・助言を一体的に実施している。

学校改善：学校と学校行政当局と目標協定。

16) チューリンゲン州

導入時期：2005年度から試行2009年に学校法で自己評価と外部評価を義務化（40条b）。2015年11月から暫定的に停止。

評価機関・評価者：専門機関なし。評価者は校長等が併任。査察ではなく、「学校開発のための支援」である。学校開発が前面にでている。

学校改善：目標協定。

2　学校外部評価の多様性

1)　学校外部評価の名称・機能

学校外部評価の名称は、多様である。16州のうち、①外部評価（Externe Evaluatuion）が、バイエルン州、ブレーメン市、メクレンブルク・フォアポメルン州、ラインラント・プファルツ州、ザールラント州、ザクセン州、ザクセン・アンハルト州、チューリンゲン州の8州、②学校査察（Schulinspektion）が、ベルリン市、ハンブルク市、ヘッセン州、ニーダーザクセン州の4州、③学校訪

問(Schulvisitation)がブランデンブルク州1州、④他者評価(Fremdevaluation)がバーデン・ヴュルテンベルク州1州、⑤学校の質分析(Qualitätsanalyse der Schule)がノルトライン・ヴェストファーレン州の1州、⑥チームによる外部評価(Externe Evaluation im Team,EVIT)がシュレスヴィヒ・ホルシュタイン州1州であったが2010年に廃止された。同州では2016年には学校フィードバックとして再度導入されている。

学校評価については、ほとんどの州は法律で規定している(表4-1参照)。バーデン・ヴュルテンベルク州、バイエルン州、ベルリン市、ブランデンブルク州等8州では、同じ条で学校の自己評価と学校外部評価を規定している。一方、ハンブルク市、ヘッセン州、ニーダーザクセン州等6州では、異なる条で規定している。ザールラント州では学校法に自己評価の根拠となる条文がなく、シュレスヴィヒ・ホルシュタイン州では学校外部評価の根拠となる条文がない。

例えば学校の自己評価と学校外部評価を同じ条で規定しているザクセン・アンハルト州の学校法は、第11条a(質保証)において両者を規定している[3]。一方、ハンブルク市は学校法第6章(学校行政)第85条第3項で学校査察を、第7章(情報保護)第100条において学校の自己評価を規定している(2016年改正分)[4]。

ザクセン・アンハルト州学校法(抄)

第11条a(質保証)

(1) 学校、学校監督局及び州教育研究所は、学校教育の継続的な質保証が義務づけられる。このことは、学校の全体的教育活動及び組織に該当する。質保証はとりわけ以下の事項を含むものとする。

　1)　国際、国内、州内及び地域の成績調査
　2)　国の教育スタンダードの実施
　3)　外部評価:学校訪問による評価、査察、統一成績調査、アンケートを含む。
　4)　自己評価
　5)　教職員の研修
　　　大学は質保証を支援する。

(2) 州教育研究所は外部評価において学校訪問による評価、査察及びアンケー

トを義務づけられる。統一成績調査は州教育研究所が学校監督局と協力して実施する。
(3)　自己評価は各学校に義務づけられる。学校は第三者の支援を受けることができる。
(4)　自己評価及び外部評価の規準はそれぞれに規定される。　（以下略）

ハンブルク市学校法（抄）

第85条（学校監督、学校支援、学校査察（Schulaufsicht, Schulberatung und Schulinspektion））
(3) 学校査察は公立学校の教育過程の質を調査し、それについて学校及び学校監督当局に報告する。学校査察官は各学校の質評価において、指導しない。学校査察によって教育活動の成果が学校を超えて比較的に検証される。

第100条（評価）
(1)　コース、学級、学年及び学校が第2条にいう学校の教育の使命を満たしているのかどうかについての規準及び方法は、経験的社会科学の状況に基づいて、評価措置によって伝達されなければならない。全市学力調査の結果を含む評価の結果は、適切な方法で公表される。
(2)　評価は学校、個別のコース、学級や学年それぞれについて、それぞれによって行われる。考え方実施及び方法について学校や該当機関は、第三者に依頼することができる。

　ザクセン・アンハルト州の規定に見られるように、学校外部評価は質保証のための手法として位置づけられている。ハンブルク市の学校外部評価も質保証がその目的である。他州においても、質保証のための学校評価という位置づけである。

<u>2)　学校外部評価の実施主体</u>
　ドイツの各州における学校外部評価は、行政当局が行うという点では一致している。その中で、州文部省の部局や研究所で学校の外部評価を行うの

が一般的である。シュレスヴィヒ・ホルシュタイン（SH）州は、当該学校の学校監督担当者が学校外部評価に加わっているという点で特色があった。それ以外の州は、学校監督当局とは別に学校評価担当部局を設置している。幾つかの州では、教育研究所に学校外部評価部局を設置している（バイエルン州等）。より独立性を高めている事例がラインラント・プファルツ（RP）州であった。同州は、州中級行政機関であるADD（監督及び勤務業績部局 Aufsichts- und Dienstleistungsdirektion）の独立部門としてAQS（学校の質確保、評価、自律性エージェンシー Die Agentur für Qualitätssicherung, Evaluation und Selbstständigkeit von Schulen）を2005年夏に設置した。AQSは、州文部省の事務領域における独立組織体であり、ADDの長（Präsident）の基に位置付けられている。このため、同州の学校外部評価はAQSが州文部省から独立した形で実施していた。

　実際の学校外部評価を実施する際、ノルトライン・ヴェストファーレン州は評価担当部門が5つの県毎に設置している。

3) 学校の外部評価の実施方法

　これはほぼ共通化してきている。外部評価を受ける学校は、行政当局により選択される場合、学校側が希望して評価を受ける場合がある。評価を受ける学校が決まると、評価チームが学校と接触し、外部評価の意味を説明し、具体的な日程の調整し、事前に必要となる学校の自己評価等を準備する。評価チームの学校訪問は2～4日程度で実施される。訪問後、数週間で報告書草案が学校に提示される。学校は事実と異なる点がある場合、異議申し立てを行う。8～10週間後程度で報告書が学校及び学校設置者に提出される。報告書の概要について、評価チームが学校関係者にプレゼンテーションを行う。報告書は学校、学校監督当局、及び学校設置者に送付される。

　学校側は報告書を受け取った後、学校における改善計画を作成し、学校設置者と目標協定（Zielvereinbarung）を結ぶ。ここで問題となるのは、学校が外部評価を受けた後、どのような形で学校改善を進めていくのか、そして教育行政当局はどのように学校を支援していくのか、という問題である。これまでに行った現地調査において、評価後に目標協定を結んでいない学校、学校改

善のための支援を受けていない学校が少なからず存在した。

以下、早期に学校外部評価制度を導入したニーダーザクセン州及び導入までに時間をかけたバーデン・ヴュルテンベルク州の事例をみていく。

3　各州の学校評価制度の事例

1　ニーダーザクセン州の学校評価制度

1) 学校外部評価制度導入の経緯

　ニーダーザクセン州の学校査察は、オランダの学校外部評価を参考にしながら、ドイツの中で比較的早期に学校外部評価を導入したこと、並びに学校の外部評価・査察と、指導助言機能を分離している事例として位置づけることができる。

　ニーダーザクセン州では、2003年2月2日の州議会選挙でSPDが敗北し、2003年3月4日にクリスチアン・ブルフ (Christian Wulff, CDU) を首相とする、CDUとFPDの州政府が成立した。

　この政権交代によって、教育政策においても変更が行われた。それまでの平等を重視したSPD主導の教育政策から、自由と選択に主眼をおいた教育政策が展開された。具体的には政権交代後の2003年6月25日の学校教育法改正によって、第5・6学年をすべての生徒に共通のものとしていたオリエンテーション段階を廃止し、第4学年後にギムナジウム等へと進学する伝統的な分岐型学校制度へと回帰したのである。

　もっとも学校査察に関する政策は、政権交代前から始まっている。2001年8月にはオランダとニーダーザクセン州政府における共同プロジェクトが開始されている（当時のドイツ全体の学校評価に関する動向は坂野2003参照）。2003年に11月7日にはニーダーザクセン州学校の質判定作業部会報告書「他国から学ぶ」がとりまとめられた[5]。これは後にみるように、オランダの学校査察から大きな示唆を得ている。

　2003年12月には、オランダとの共同研究の結果を受けて、州文部省

はニーダーザクセン州教育研究所との共同作業として「ニーダーザクセン州における学校の質指針大綱―良い学校の質的領域と質的メルクマール（Orientierungsrahmen Schulqualität in Niedersachsen - Qualitätsbereiche und Qualitätsmerkmale guter Schulen）」を作成し、2005年からの学校外部評価を示唆している。

　この大綱方針に基づいて学校外部評価の準備が進められ、2005年2月21日には学校査察作業部会の報告書「学校査察制度」がとりまとめられた。これを受けて、2005年4月19日に州政府は学校査察について閣議決定し、5月1日に学校査察制度が発足し、学校査察局（Niedersächsische Schulinspektion）がバード・イブルクにおかれた。2011年1月に州教師教育及び学校開発研究所と統合して、州学校教育質開発研究所（Niedersächsisches Landesinstitut für schulische Qualitätsentwicklung）となり、ヒルデスハウムに移された。

　実際の学校査察は2006年4月7日に「ニーダーザクセン州における学校査察」に従って実施され、当初は2009年までにすべての公立学校の査察を終えるよう計画していたが、実際には2012年11月になってようやく第1回目の査察が終了した（NLQ 2014）。

2）ニーダーザクセン州の学校査察制度の特質

　オランダとの学校査察の共同研究を経て、ニーダーザクセン州は、学校査察について、2005年4月19日に閣議決定し、2006年4月7日に「ニーダーザクセン州における学校査察」が告示された[6]。同年7月17日には学校法が改正され、学校査察が法的に位置づけられた。第123条aにおいて、学校査察は以下のように規定された[7]。

第123条a
(1) 学校査察は、上級学校監督当局として州の各学校の質を確保し、それによって質的改善の措置を講じて学校システムの質を確保する。
(2) 学校査察は学校システムの個別観点について学校査察の実施及びその他必要な評価を義務づける。
(3) 学校査察は、標準化された質的特色を基にして各学校の質を調査する。教

員個人の評価は行われない。
(4) 結果は、学校設置者及び学校監督当局に伝えられる。

第一サイクルの学校査察制度の概要は、以下の通りである。

(a) 学校査察の目的等

学校査察の目的は、ニーダーザクセン州の各学校の質を詳細に確認し、学校制度全体の質を確保することにある。学校査察局は学校査察の実施並びに場合によって学校制度を個別の観点から評価する義務を負う。学校査察はすべての学校で定期的に行われる。学校は学校査察に参加し、協働する義務を持つ。教員個別の評価は行われない。学校査察局は各学校の質を強みと弱みの分析並びに規準に基づいた質的到達度の改善可能性の分析を通じて伝達する。学校査察官は勤務上の権限を持たず、指揮権を持たない。結果は書類で学校及び学校監督局に伝えられる。報告書は学校の質的改善の計画及び実施のための基盤となる。

学校査察の対象である質的特色（Qualitätsprofil）は、以下の16の質的領域に区分される（**表 4-2-1** 参照）。同州では、この「学校査察」の質的領域と「学校の質的領域」（**表 4-2-2**）との対応関係が必ずしも明確ではなかった。学校査察の作業と学校の質的領域の作業が、同時並行して進んでいたことが推測できる。しかし、2つの表を比較すると、学校の質的領域の「2 学習と教授」の部分での学校査察の比重が高いことが理解できるであろう。同州の学校査察において、授業改善が大きなテーマとなっていることが伺える。

表4-2-1　学校査察の質的領域（ニーダーザクセン州）

質的領域	指標		対応する学校の質的領域
領域1 結果	1	学校の結果と成果	1
領域2 教授と学習の内容	2	学校独自の教育課程	2
領域3 授業における教員の行動	3	目標指向と構造化	2
	4	一貫性と多様性	2
	5	能動的学習過程の支援	2
	6	教育的文化	2
領域4 成績評価	7	成績要求水準と成績の到達度	2
領域5 生徒支援	8	学習過程における生徒への支援	2
	9	生徒相談	2
領域6 学校文化	10	学校文化と学校生活	1,3
	11	保護者と生徒の参加	3
	12	保育所、他の学校や関係者との連携	3
領域7 学校マネジメント	13	学校管理職の指導責任	4
	14	行政と資源のマネジメント	4
領域8 教員の専門性	15	人材開発と教員の専門性促進	5
領域9 学校開発	16	質保証と質的開発のための目標と戦略	1,6

出典：Niedersächsische Schulinspektion（2008）Periodischer Bericht Oktober 2008.S.12.

表4-2-2　学校の質的領域（ニーダーザクセン州）

1 結果と成果	2 学習と教授	3 学校文化	4 学校マネジメント	5 教員の専門性	6 学校開発の目標と戦略
1.1 コンピテンシー	2.1 学校独自の教育課程	3.1 生活空間としての学校	4.1 学校管理職の指導責任	5.1 人材開発	6.1 学校プログラム
1.2 学校修了証と進路	2.2 人材開発	3.2 学校生活に於ける健康支援	4.2 質的開発	5.2 職業的能力の研修	6.2 評価
1.3 関係者の満足度	2.3 授業での教員の行動	3.3 生徒や保護者の参加	4.3 行政と資源マネジメント	5.3 教員の協力	6.3 学校周辺領域と条件の最大活用
1.4 学校の全体印象	2.4 成績水準と成績評価	3.4 学校、企業、パートナーとの協力	4.4 授業組織		
	2.5 個人の促進と支援		4.5 労働条件		
	2.6 授業以外での生徒の世話				

出典：Niedersächsisches Kultusministerium（2006）.

(b) 学校査察の方法

　学校査察は、普通教育学校及び職業教育学校で実施される。私立学校は申告により実施することができる。学校査察局が査察する学校を選び、学校訪問の6～8週間前に通知する。

　学校査察は通例2名の学校査察官（査察チーム）により実施される。規模が大きな学校では他の査察官を追加することも可能である。査察チームの1名は教職経験者かあるいは査察する学校と同じ学校形態で授業を行った経験を持つ者が充てられる。

　学校査察は、A) 書類や資料による分析、B) 最低50％の教員の授業観察、C) 学校管理職、保護者、生徒等それぞれとの面談、D) 学校設置者を伴った学校巡回、E) 口頭及び書類による回答、で構成される。学校査察には学校の自己評価の結果を取り入れることになっている。

(c) 学校査察の実施

　第一に準備段階である。ここでは、学校側が学校査察チームに必要な情報を提供する。学校管理職は、学校査察を受けることを教員、職員、保護者会、生徒代表、学校設置者に通知する。学校管理職は学校査察局に必要な記録や情報、データを提供するとともに、学校訪問の準備を行う。

　第二に実施段階である。学校査察チームは学校訪問の時期や期間について決定する。追加的な情報や記録を求めることもできる。教員は授業訪問があるのかどうかは原則として事前には知らされない。授業観察の抽出、順序及び期間は査察チームにより決められる。授業観察は通例約20分である。それから各代表との面談が行われる。校長は査察チームと面談することができる。査察チームは査察の終わりに校長に口頭で結果を伝える。面談グループの代表にも口頭で結果を伝えることができる。教職員の情報及びデータは原則として査察チーム内に止められる。職務義務違反などのある場合のみ学校監督当局に伝えられる。

(d) 報告書の作成等

次に報告書の作成と結果の公表である。学校管理職は学校訪問後2週間以内に査察報告書原案を受け取る。彼らは2週間以内に報告書原案に対する見解を提出することができる。この見解は最終報告書に添付される。学校設置者も関連部分について見解を表明することができる。最終報告書は更に2週間後に学校管理職及び学校監督当局に提出される。学校設置者も同時に関連部分の報告書を受け取る。学校管理職は職員会、保護者会、生徒会に査察報告書の結果を報告し、教員にも知らせる。学校査察局あるいは学校監督当局による報告書の公表及び第三者への査察報告書の公開は原則として行われない。

こうした学校査察の結果を受けて、学校は質の維持向上を図ることになる。重大な問題がある場合には同じ年度内に再査察が実施される。学校査察局がその決定を行う。再査察の前に学校は学校査察局に計画し実施した改善策の記録を提出し、その結果を提示する。再査察によってその学校が不十分と評価された領域で改善したのかどうかが確定される。

こうした査察制度を学校管理職はアンケートによって評価する。学校査察局はそれぞれの学校査察の最終報告書、学校の関連書類、アンケート、学校や学校設置者の見解を補完する。授業観察表や面談記録は廃棄される。

3) 学校査察と教育行政の関係

学校監督当局は、計画された学校査察及び再査察について学校査察局から報告を受ける。学校監督当局は、各学校の質的評価のために重要な場合は学校査察局から補足的な情報提供を受ける。学校はその経緯を知らされる。

最終査察報告書の到着後、校長と学校監督当局の当該部長との面談が行われる。この面談の申し込みはどちらの側からでもよい。学校査察によって緊急の改善を必要とし、学校内部と学校監督当局で合意された行動計画を作成した学校は、事前に支援措置が行われる。学校査察局によって再査察が実施される場合、学校監督当局は学校管理職と改善・支援措置について合意する。その際、学校目標、具体的措置、時間計画及び支援措置が学校側と合意される。再査察で十分な改善がみられない場合、学校監督当局は学校管理職に改善し

ない理由を報告書として提出させ、必要な措置を指示する。

4) ニーダーザクセン州の第一サイクル評価と改善

　ニーダーザクセン州は 2005 年に学校査察局の設置し、翌 06 年に学校査察を開始した。2011 年に学校査察局は教師教育及び学校開発研究所と統合し、学校の質開発研究所の第 2 部「学校査察評価部」となった。2008 年には最初の年次報告書を作成し、その後も継続して年次報告書を作成していった。2012 年 11 月にはほぼすべての学校の査察を終了している。学校の質開発研究所は 2012 年に学校査察の第一サイクルを評価する最終報告書を作成した (NLQ 2012)。

　最終報告書は、学校査察の第一サイクルによって明らかになった主な点を、以下のように整理している (NLQ 2012)。第一に、同州の学校は指標 6「教育的文化」(4 段階評価平均で 3.66)、指標 10「学校文化と学校生活」(同 3.48)、指標 12「保育所、他の学校や関係者との連携」(同 3.37)、及び指標 14「行政と資源のマネジメント」(同 3.29) で高い査察の結果となっている。しかし、指標 16「質保証と質的開発のための目標と戦略」(同 2.41)、指標 5「能動的学習過程の支援」(同 2.41) 及び指標 2「学校独自の教育課程」(同 2.53) は否定的な評価の割合が高くなっている。要約すれば、授業は良い雰囲気で行われているものの、主体的学習のための授業改善や学校開発は進んでいないことが明らかにされたのである。

　こうした報告書における評価に基づいて、学校査察の質的領域と学校の質的領域を合わせた、新たな学校の「行動領域 (Handlungsfeld)」枠組みが作成され、2013 年度の学校査察等で試行され、2014 年度には正式に実施されるようになった。学校査察の質的領域の指標が 16、学校の質的領域の指標が 25 であったのに対し、行動領域の指標はこれらを参考として 21 となった。このうち、学校査察では各行動領域の 1 つ目の指標のみが義務となり、他は学校と査察チームでの協議によって 2-7 指標が選択される。この指標の中に幾つかの具体的に求められることが説明されている (NLQ 2014)。

表4-2-3　学校の行動領域（ニーダーザクセン州）

行動領域L：学校を統率する	L1: 授業の質を良くする
	L2: 学校を組織にする
	L3: 協働する
	L4: 人的開発を進める
	L5: 保護者や生徒が参加する
	L6: 学校経営を評価する
行動領域S：学校開発を進める	S1: 学校プログラムを改訂する
	S2: 授業の質を開発する
	S3: コンピテンシーを伸ばす
	S4: 学校の質を確保する
行動領域B：教育を提供する	B1: 教育課程を開発する
	B2: 授業を改善する
	B3: 成績評価基準を用いる
	B4: 生徒個人を伸ばす
	B5: 生徒個人と相談し、支援する
	B6: 予防的に行動し、学校文化をつくる
行動領域K：協力を進める	K1: 内部で協働する
	K2: 変化を進める
	K3: 教育提供を拡充する
行動領域E：結果を大切にする	E1: 結果を評価する
	E2: 資源管理を評価する

出典：Schulinspektionen in Niedersachsen. RdErl. d. MK v. 16.7.2014.

　また、新たな学校査察では、授業の質とそれを支える過程を中心にすえることが述べられている(同前)。授業の質的向上は、同州の重要な課題である。学校査察における授業観察のために、共通の授業観察表が2013年に作成された(NLQ 2013)。授業観察表はチェックリスト型になっており、①授業概要、②授業の雰囲気とやる気、③目標と構造の明確さ、④結論へのつながり、⑤教科関連のコンピテンシー、⑥教科を超えたコンピテンシー、⑦言語コンピテンシー、⑧個別化、について全体で21のチェック項目になっている。

5) ニーダーザクセン州における学校評価の成果と課題

　以上、ニーダーザクセン州の学校査察について、実施の経緯から実施方法、学校査察の評価と改善について整理してきた。以下、同州の特徴をまとめておく。

　第一に、導入に際して、先行事例であるオランダを中心とした学校査察の研究を行いながら、早い段階で学校査察を実施に移したことである。このため、学校査察の対象となる範囲と、学校の質的領域とがうまく対応していなかった。2014年から学校査察の第二サイクルに入ったが、その際に、学校査察の質的領域と学校の質的領域を統合して学校の行動領域として統一された。しかも学校の行動領域は、学校管理職に学校の質保証及び質的改善のための方向性を示すものとなった。その中核は授業の改善・開発である。

　第二に、査察の功罪についてである。学校評価は学校に学校プログラム等の書類の提出を求めることにより、学校自身が何を目指すのかがわかりやすくなる。学校の自己評価が普及してこなかったドイツでは、査察により、学校経営目標が明確になるという面が長所として整理できる。もちろん、学校経営に当たる者は、査察によって事務量が増大するという短所もある。しかし、本来は学校管理職として必要な作業として位置づけることできよう。また、査察では助言は行わない。それは学校監督当局の仕事である。特に評価の悪かった学校には、学校監督当局が直接にてこ入れを行うことが求められる。一定の予算の枠内で、教員が研修に出かけ、あるいは民間の研修に参加する機会も増加している。また、学校内での共同研修も増えている。こうした費用を要する改革を同州は実施している。

　学校査察の後、学校開発は本来的に学校の責務である（学校法第32条）。しかし州文部省は2014年8月の時点でも学校の質的領域についてのパンフレットを改訂し、その枠組みを維持している（Niedersächsiches Kultusministerium 2014）。学校側からすると、学校査察の行動領域との整合性が問われる。学校の質的領域と学校査察がどのように関係するのかを明示することが、課題の1つである。

　第三に、査察官の位置づけである。同州では査察官を専任とし、その養成を4ヶ月かけておこなっている。こうした長期にわたる査察官の養成は他の

州では行われていない。同州では査察官は俸給表 A15 に位置づけられるが、これはギムナジウムの校長等と同等であり、実際には教員から昇進になる人が多いので、人気があるとされる。査察官養成終了時には試験があり、不合格となる事例もある。査察官の任期は 3 年を限度としている。終了後は校長になって転出するか、教育行政当局に入る場合もある。ただし、こうしたキャリアパス（職業経路）が確立されているとはいえず、今後の課題といえる。他の州では、教育行政関係者や学校管理職等が査察官を兼務するところもある。

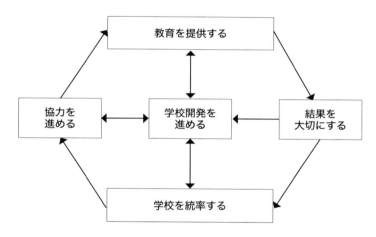

図4-1　行動領域の関係図（ニーダーザクセン州）
出典：NLQ(2014).

2　バーデン・ヴュルテンベルク州における学校外部評価[8]

1) バーデン・ヴュルテンベルク (BW) 州における学校改革と学校評価導入の経緯

　バーデン・ヴュルテンベルク州の面積は、35,751 キロ平方メートルと日本の九州よりもやや狭い程度の広さであり、ドイツでは 3 番目に面積の広い州である。人口は 1075 万人（2007 年）と、ノルトライン・ヴェストファーレン州、バイエルン州に次ぎ 3 番目に人口の多い州である。州都はシュトゥットガルトである。政治的には、1953 年からキリスト教民主同盟(CDU)が継続して与党であっ

たが、2011年に緑の党が第1党となっている。経済的には、ベンツやアウディ等の自動車産業が誕生した工業が発達した地域で、豊かな州の1つである。

同州の学校制度は、旧西ドイツ諸州における代表的な例である。4年制の基礎学校までが共通であり、その後ハウプトシューレ、実科学校、ギムナジウムのいずれかの学校を選択する形になっている。2010/11年度からハウプトシューレは工作実科学校 (Werkrealschule) へと転換した。その他に支援学校 (Förderschule)、職業教育諸学校がある。

同州における学校評価の導入は、以下の様に進んできた。2002年7月、大臣審議会において、自己評価及び外部評価をBW州における学校の質的改善の統合的構成要素として、すべての学校に導入することを決定した。これを受けて、2004年に「コンピテンシー (Kompetenz) 指向の学習指導要領 (Bildungsplan)」が制定される。そして2006/07年度及び2007/08年度に学校外部評価が試行される。2006年12月18日、学校法が改正され、第114条で必要な規定を盛り込み、合わせて評価規則が制定された。こうした準備の上で、2008年8月1日から学校外部評価が施行されている。2009年10月には普通教育学校における外部評価パンフレットが作成された。

2) バーデン・ヴュルテンベルク州における学校評価の実際

図4-2-1 外部評価の重点「過程」と「質的保証と質的改善」要因
出典：LS (2007) 19頁。

学校外部評価制度の流れのモデルは、以下のとおりである。まず、計画段階で、実施のための目標及びその計画が確定される。次いで実施段階である。まず学校関係者が諸施策とその影響についての経験を集約する。その際、第一に学校の諸施策並びに諸措置の目標が、どの程度と到達できるのかを検証する。つまり内部評価＝自己評価（重点評価）が実施される。次に、所定の領域における現状の諸条件について、内部検証＝自己評価（概要評価）が実施される。こうした自己評価に基づいて、外部検証＝外部評価（概要評価）が実施される。その結果は4段階で評価される。①目的が到達されていた場合は、そのまま学校の方法が継続される。②目的が部分的に達成されていた場合、一部に諸施策及び諸措置が必要となる。③目標が達成されていない場合、その領域のこれまでの方法を終了し、新たな方法を検討する。④目標が部分的あるいはまったく達成されていない場合、新たな方策を開発する。

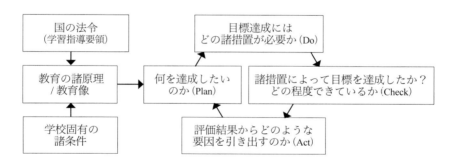

図4-2-2　計画・経過・実施のための目標策定
出典：LS（2009a）12頁。

学校の外部評価の枠組みは、以下の通りである。特色は、自己評価と外部評価の指標を対照できるように設定していることである。

表4-3 指向性枠組み及び質的枠組みにおける基準の比較一覧

質的領域	指向性枠組み（自己評価） 基準	質的枠組み（外部評価） 基準
QB1 授業	Ⅰ1 学習指導要領の学校内での再解釈	なし
	Ⅰ2 教授学習過程の構築	Ⅰ2 教授学習過程の構築
	Ⅰ3 成績評価と成績通知の実践	Ⅰ3 成績評価と成績通知の実践
QB2 教員の専門性	Ⅱ1 協力	Ⅱ1 協力
	Ⅱ2 研修の実践	Ⅱ2 研修の実践
	Ⅱ3 仕事上必要な交流	Ⅱ3 仕事上必要な交流
QB3 学校経営・運営	Ⅲ1 経営	Ⅲ1 経営
	Ⅲ2 管理と組織	Ⅲ2 管理と組織
QB4 学校・学級文化	Ⅳ1 学校生活	Ⅳ1 学校生活
	Ⅳ2 生徒の協力可能性	Ⅳ2 生徒の協力可能性
QB5 学校内外の関係者	Ⅴ1 保護者との協力可能性	Ⅴ1 保護者との協力可能性
	Ⅴ2 他の機関との協力	Ⅴ2 他の機関との協力
	Ⅴ3 公衆への学校活動のアピール	なし
QBQ 質的保証と質的改善	Q1 教育学的諸原則	Q1 教育学的諸原則
	Q2 学校の質的改善の構造	Q2 学校の質的改善の構造
	Q3 自己評価の実施	Q3 自己評価の実施
	Q4 個人へのフィードバック	Q4 個人へのフィードバック

出典：LS(2009)20頁。

　学校評価の枠組みの質的領域、基準及び指標は、「**表4-4**」のように設定されている。

　学校外部評価では、必修領域と選択必修領域とに、区分される。すべての普通教育学校は、次の領域が必修領域となる。

   QBⅠ　授業（基準Ⅰ2＋Ⅰ3）
   QBⅢ　学校経営と学校運営（基準Ⅲ1＋Ⅲ2）
   QBQ　質的保証と質的改善（基準Q1＋Q2＋Q3＋Q4）

　「外部評価の質的枠組み」の他の3つの質的領域は選択必修領域として位置づけ、各学校はこれら領域の4つの基準のうちから2つか3つの基準を選択する。最低でも2つの基準は、質的領域Ⅱからも選択されなければならない（質

表4-4 質的枠組みのすべての質的領域、基準及び指標の詳細一覧

質的領域	規準	番号	指標
QBI 授業	I2 教授学習過程の形成	1	学習時間の活用
		2	学習提供の構造化
		3	個別化した提供
		4	生徒の主体性
		5	方法的コンピテンシーの促進
		6	社会的及び方法的コンピテンシーの促進
		7	授業におけるコミュニケーション様式
		8	教室や教科教室の様子
	I3 成績評価と成績通知の実践	9	志向性を助ける成績の通知
		10	規準の明確さ
QBII 教員の専門性	II1 協力	11	合議的協働の活用
	II2 資質向上の実践	12	必要に応じた研修計画
		13	知識の新たな獲得や利用
	II3 職場での諸要求の状況	14	学校内の労働条件の改善
QBIII 学校経営と学校運営	III1 統制	15	授業と学校の開発
		16	葛藤と問題の調整
		17	人的開発の可能性
	III2 管理と組織	18	指導的役割の配分
		19	資源の補充
QBIV 学校や学級の雰囲気	IV1 学校生活	20	お互いの関係づくり
		21	生徒への補充的提供
	IV2 生徒の参加可能性	22	学校生活づくりへの参加
		23	民主的基本の理解のための提供
QBV 学校内外の協力	V1 保護者の参加可能性	24	学校生活への巻き込み
		25	教育的パートナーシップ
	V2 諸機関との協力	26	学校パートナーとの協力
		27	学校以外のパートナーとの協力
QBQ 質保証と質的開発	Q1 教育的原則	28	行動に移す教育的原則
	Q2 学校の質的開発の構造	29	組織の機能性
		30	記録の活用
	Q3 自己評価の実施	31	学校目標の方向付けと資源
		32	評価原則の理解に基づく体系的手順
		33	結果を引用する
	Q4 個別のフィードバック	34	個別のフィードバックの準備と実施

的領域Ⅱ1とⅡ3あるいはⅡ2)。

　　質的領域Ⅱ　　　　　　　　Ⅱ1+Ⅱ3　　又は　Ⅱ2
　　質的領域Ⅳ、質的領域Ⅴ　　Ⅳ1、Ⅳ2、Ⅴ1又はⅤ2

3) 学校監督・学校評価・学校支援

　州学校開発研究所の第2部門「質的改善と評価」は、外部評価を組織して実施することを含めた評価関連領域を所管している (LS 2009b)。外部評価は、州学校教育研究所により一定時間の訓練を受け、独自に資格化された教員によって実施されている。評価チームは2〜4人で構成されている。チームの最低1人は評価される学校種での教職経験者である。

　評価者となる前に選抜された教員は集中的な訓練を受ける。訓練は州学校教育研究所と州教員研修アカデミー (Landesakademie für Fortbildung und Personalentwicklung an Schulen) で計画され、共同で組織され、実施されている。州学校開発研究所と州教員研修アカデミーでの訓練と並んで、対象教員は外部評価に同行する。

　評価されるすべての学校は、「相談者 assoziierte Person」と呼ばれる者を評価チームの補充的構成員として指名することができる。相談者とは、他の学校の校長や学校教育領域以外の者で、特有の経験や能力によって学校の信頼を得ている者である。利害対立を避け、信頼を得るために、学校改善支援者 (Fachberater im Bereich Schulentwicklung、以前のプロセス随伴者 Prozessbegleiter) 並びに現在その職責に従事している学校監督の代表者は、評価チームの相談者の役割を引き受けることはできない。評価される学校に個人的関係を持つ者(例えばその学校の子どもの保護者)も同様である。

　学校訪問後、学校外部評価報告書が作成される。この報告書は公表義務はない。どの範囲に公表するのかは校長の権限であり、一般には(主要な)教員、学校会議関係者等にのみ公開されている。

　学校外部評価報告書が作成されてから、2ヶ月程度で学事課(教育委員会に相当)と目標協定を結ぶ。施設設備関連では、学校設置者にも報告書を送付し、

設備等の更新を求める。

　学校側は外部評価で指摘された質的保証、質的改善のために、何らかを行動に移すことが必要になる。外部評価が実際に学校変革への影響力を持つように、BW州では、質的領域Qで「個人へのフィードバック」が試行案から実施の際に加えられた。教員個人のレベルでの行動変容を促すことが重要であるとの認識である。実際に、外部評価の後、教員達は関連する授業方法や指導法の研修、教科の研修、学校改善の研修等に参加する者が増えているそうである。もちろん、意識レベルの変容にとどまり、行動レベルでの変容が現れていない学校もあった。

　実際に学校評価終了後、評価を受けた学校は、学校改善支援者に学校改善の支援指導を年数回受けることができる。BW州は、このように外部評価後に学校を支援するためのスタッフを準備している。彼らは現在のところ、学校に勤務する教員であり、専任スタッフではない。学校改善支援者としての仕事を実施すると、本務校の授業時数が軽減される。将来的には専任スタッフとしたい意向である。

4) 第一サイクルの評価と改善

　同州では2015年度から学校外部評価の第二サイクルに入った。その際、質的領域が見直された。第一サイクルでは、6つの質的領域（Qualitätsbereiche）、15の規準（Kriterien）、34の指標（Merkmale）で構成され、学校外部評価は、QBI（10）、QBIII（5）、QBQ（7）は必修とされ、QBII、QBIV、QBVは選択必修として位置づけられた。34の規準のうち、26規準で外部評価されるものとされていた（LS 2009, 21&44）。

　第二サイクルにおける質的領域は、6つの質的領域、17の規準（14の外部評価規準）61の質的スタンダード（Qualitätsstandards）、200以上の指標（Indikatoren）で構成されることとなった。学校外部評価の対象は、QBI（6指標）、QBII（3指標）、QBIII（3指標）、及びEW（1指標）が必修となり、QBIIが選択必修から必修領域へと変化した。QBIVとQBVは選択領域である（LS 2015b, 12&16）

　同州における第一サイクルと第二サイクルの修正は、大きなものではない。

表4-5　第二サイクルの質的領域と規準（バーデン・ヴュルテンベルク州）

質的領域		規　準
QBI　授業	I1	学習集団を指導する
	I2	授業を構造化する
	I3	授業を認知的に挑戦し、動機をつくる
	I4	自立的な学習過程を可能にし、支援する
	I5	学習や成績の水準を確定し、知らせる
	I6	グループや個人に学習を提供する
QBII 教員の専門性	II1	合議的に協力する
	II2	専門性を確保し、向上させる
	II3	支援のための労働条件を確保する
QBIII 学校経営と学校運営	III1	学校開発を方向付け、計画する
	III2	質的開発の道具を活用する
	III3	学校を制御し、統制する
QBIV 学校や学級の雰囲気	IV1	学校共同体をつくり、生活する
	IV2	終日の教育提供を開発し、実施する
QBV 学校内外の協力	V1	保護者と協力する
	V2	外部関係者と協力する
QBQ 質保証と質的開発	EW1	学校教育活動に満足する

出典：LS（2015b）S.6.

　これはニーダーザクセン州とは対照的に、学校外部評価の導入までに一定の時間をかけて準備を行ったことが影響していると考えられる。QBII（教員の専門性）が選択必修から必修へと変化したことは、教員の能力開発を重視していると解釈することができよう。

5) まとめ

　これまでみてきたように、BW州における学校外部評価は、次のような効果があったと考えられる。

1. 教員の協働意識を高める。
2. 自分たちの学校の長所と短所を知ることができる。
3. 改善点を明らかにする。それによって、教員個々人がなすべき改善点を意識化できるようにし向けている。

課題として考えられるのは以下の点である。
1. 目標協定の効果。改善への道筋を示すという意味では有意義であると考えられるが、実際にその協定に従って実施される担保はない。
2. 研修の充実。個人にフィードバックされた内容を質的改善に結びつけるためには、研修等の機会が充実していなければならない。ドイツは一般に研修提供が少ない。BW 州も研修センターが州に 3 カ所であり、より細やかな整備が必要である。
3. 評価者の質。BW 州はニーダーザクセン州ほどではないにしても、事前研修を丁寧に行っており、ある程度評価者の質を確保できていると考えられる。ただし、専任は少なく、学校の仕事に加えて評価者として活動する者もいるため、ある程度時間的制約を受ける。

4　学校外部評価と学校改善

1　学校外部評価と学校の自己評価

　1990 年代後半からの行財政改革による教育予算の縮小は、学校教育の効果を求めることとなった。教育行政当局は、学校の目標を明確にするために、学校プロフィールや学校プログラムを各学校で作成することを進めていった。1990 年代、ロルフらによって提唱された学校の自己評価のためのインディケータは、当初あまり普及しなかった。しかし 2001 年の「PISA・ショック」を契機として、入り口による管理から出口による管理へと行政手法が変化していった。
　更に、OECD や EU レベルでの学校教育の質への関心が高まり、学校評価が導入されていくことになる。イングランド、オランダ、スコットランドといった諸外国の事例を参考にしながら、ランキング化しない学校評価の導入が検討された。しかしドイツでは、これまで学校が自己評価を行うということは例外的であった。また、日本の学校のように、教員の大規模で定期的な人事異動がない。多くの学校では、前年度踏襲型となりやすく、新たな課題に積極的に取り組む姿勢が弱かったといえる。

1995年にノルトライン・ヴェストファーレン州の通称「ラウ委員会」で作成された『教育の未来－未来の学校』(Bildimgskommission NRW 1995) で示されたように、家庭環境や社会環境の変化によって、「生活の場」としての学校という視点が重視されるようになり、多様な子ども達に対応するために、学校の自律性が一方では重視されるようになった。知識を伝達する学校だけではなく、生活全般から学校を見直すことが求められた。

　それまで、学校とは無縁であった学校の自己評価、そして外部評価が2000年代に急速に導入されていく。目的はあくまで学校教育の質保証・質開発である。そのためには学校の自己評価が不可欠である。教育行政当局は、学校が自己評価を行うようにし向けたが、うまく進まなかった。このため、外部評価の実施によって、学校の自己評価を同時並行して進めることとした。日本が2002年の学校設置基準によって学校の自己評価をまず普及させ、その後2007年の学校教育法改正によって外部評価を推進していったことと比較すると、その違いが理解できよう。

　ドイツでは、学校外部評価が学校の自己評価を普及させるための手段としての側面を有している。このことは、各州における学校評価の目的でも確認できる。例えばチューリンゲン州は、自己責任を持つ学校の要素として学校評価を位置付けている。同州の2008年改正の学校法第40条bの第2項は、「学校教育及び授業の質を査定するために、学校は定期的に内部評価(interne Evaluationen) を行う。評価手法の選択については、学校が自己責任をもって決定する。……」となっている。これに引き続き、第3項は、「適切な時期に学校は外部の専門家による評価(Evaluationen durch externe Experten) に参加する。外部評価の終了後、学校と所轄の学事課の間で目標協定が結ばれる。それによって学校は質開発及び質保証のための計画を確定する。……」となっている。しかしこれまでの研究では、学校外部評価が学校開発や授業開発に役立ったとするものと役立たないとするものに分かれている (Lambrecht / Rürup 2012, 65)。これはエーレン / ヴィッシャー (2006, 59) が提示した学校外部評価と学校開発等の関係モデルにみられるように、学校外部評価は学校関係者、具体的には教員を通じて効果に影響するためであると考えられる。

2　学校外部評価後の教育行政の支援

　学校外部評価を行う目的は、学校教育活動の質保証・質改善のためである。従って、学校外部評価を受けた後に、どのような改善策を策定し、どのように実施していくのかが重要となる。

　チューリンゲン州の学校法にも規定されているように、ほとんどの州（ザールラント州とザクセン・アンハルト州を除く 14 州）において、学校外部評価終了後、学校と学校監督当局と間で目標協定（Zielvereinbarung）を結ぶこととなっている（一部の州は「水準に満たない」学校のみ）。

　学校監督当局は、これまでも学校への支援を行うことになっていたし、支援を行っていたはずである。しかし学校で教員の行っている授業を観察し、指導する機会は非常に限られていた。実際の支援は、学校管理職の相談相手といったところであった。目標協定において意図されているのは、具体的な学校改善への道筋であり、そのための方途を明らかにすることである。

　学校監督当局は、目標協定に従って、学校改善が進んでいるのかどうかを確認すること、そしてそのための支援を行うことが主な役割となる。しかし、フスフェルト（Husfeldt 2011）が指摘するように、学校監督当局関係者の意識改革が進まなければ、学校外部評価による学校開発は進展することが困難であろう。

3　学校外部評価の効率化

　第一サイクルでは多くの州が包括的学校外部評価を実施した。しかし、第二サイクルに入ると、評価の対象領域をしぼり、評価を重点化する手法を取り入れる州がでてきている。ニーダーザクセン州、ザールラント州、ザクセン・アンハルト州などでこうした変化が現れている。学校外部評価の「軽量化」は、学校外部評価が多くの評価者を必要とすること、その効果を次に述べる学校改善に結びつけるために別途手立てが必要であることから、費用対効果が問われていることを意味している。実際にオランダ等でも、こうした学校外部

評価の効率化・軽量化が図られているし、うまくいっている学校は外部評価を実施しないといった対応もとられている (坂野 2015)。

4　学校外部評価後の学校の対応

　実際に、学校教育の質を保証し、改善していくために、重要なことを2点にしぼって整理しておく。

　第一に、学校の連帯感である。これまでの調査において、幾つかの学校で外部評価結果のプレゼンテーションに立ち会う機会を得た。チューリンゲン州のあるギムナジウムでは、質領域毎に行われる評価結果について、一喜一憂していた。1時間30分程のプレゼンテーション終了後、参加した教員達が集まり、概ね良好であった評価結果について大いに喜び合うとともに、今後の学校の方針について真剣に議論していた。ザールラント州のある基礎学校では、学校外部評価による学校訪問最終日に口頭による評価報告が行われた。そこでは、教員間による授業方法の違いが指摘されていた。多くの(年配の)教員の授業方法は、全体指導の後で個別指導を行うというドイツの伝統的な授業方法であった。一方、若手教員の授業方法は、いわゆる一斉授業を極力抑えるとともに、週ごとに一定の課題を自由に選択して行う「週案 Wochenplan」型の授業を行っていた。学校外部評価者(校長出身で専任)は、そうした新しい授業スタイルを紹介し、お互いの授業を見合うことを提案していた。教員がともに学びあうことの重要性が議論された。

　第二に、教員の能力開発である。ドイツの教員研修は、養成段階と比べると手薄であることは否定できない。教員の能力開発は、教員養成段階である種完結するものと考えられてきたためである。こうした考え方は近年大きく変化してきている。ヘッセン州は2000年代の早い時期から、教員研修に力を入れてきた。同州では、研修予算を学校に配分し、州教育研究所等が提供する研修あるいは民間の研修を選択できるようにしている。ハンブルク市(都市州)では、年間5日間の研修を義務化し、研修を普及させようとしている。目標協定によって、何を研修すべきかが明示されることにより、目的意識をも

つことが可能となってきている。

　また、学校の自律性により、学校裁量予算で校内研修を実施するところがでてきている。学校の課題に即した研修を共同して実施することは意味がある。

まとめ

1　学校外部評価による学校改善

　これまでみてきたように、ドイツにおける学校外部評価は、学校教育の質を保証し、改善するための手法として活用されている。学校の自律性を基盤として、学校の実態に即した形での学校外部評価を進めている。学校の自己評価が進まなかったドイツの学校に評価という文化が定着しつつあるといえる。

2　学校外部評価の費用対効果

　学校外部評価の課題の第一は、費用がかかることである。専任の学校評価者を多くするほど、その費用は増大し、教育行政費用を増大させる。そのため、各州とも費用を圧縮するための努力をしている。ブレーメン市(都市州)では、学校外部評価を民間の研究所に委託している。このため、専任の学校評価者はいない。一方、ニーダーザクセン州は、評価者をすべて専任とし、しかも評価者の職位を校長と同等かそれ以上に昇格させている。

3　学校外部評価の継続的効果

　イングランドやオランダにおいて、学校の外部評価が一巡した後に、そのやり方を変えている。網羅的、体系的な評価から、前回指摘のあった課題の部分を中心に評価を実施するシステムとなってきた。ドイツにおける学校外部評価は、第一周期が終了する時期を迎えつつある。シュレスヴィヒ・ホルシュタイン州では、当初、2巡目を予定していたが、結果的に外部評価が一巡し

た後は、外部評価を取りやめた。ブレーメン市も一巡目が終了した後、ホームページは改訂されていない。2巡目以降の効果をどのように高めるのかについて、検討する必要がある。学校開発は長期的な課題であり、継続性が重視されなければならない。

4　日本への示唆

　日本では2002年に各学校設置基準において、学校の自己評価が努力義務とされ、2007年の学校教育法改正によって、自己評価は義務に、学校関係者評価は努力義務となった。外部評価（第三者評価）については、推奨されているものの、明確な法的根拠はない。

　ドイツと日本を比べる際、次の2点を視野に入れておく必要がある。第一に、ドイツでは学校の自己評価が普及しなかった結果、外部評価のために自己評価が行われるようになったことである。日本では自己評価がすでに定着している。第二に、教員の人事異動である。日本のように、教員を大規模かつ定期的に異動させる国は例外である（佐藤1992）。ほとんどの国では教員は希望しない限り、同一校に勤務する。このことは、教員相互の意思疎通が図りやすいという長所もあるが、改革が進まないという要因にもなっている。

　これらの点に留意しながら、ドイツから日本における学校評価について得られる示唆は、以下の点である。第一に外部評価の確かさである。学校外部評価の結果が学校から信頼されるためには、評価者の資質能力が重要である。ドイツの学校外部評価者に対して、一般には事前及びOJTによる研修が行われている。ニーダーザクセン州に代表されるように、評価者の給与表の位置づけを校長と同等以上にしている州もある。外部評価の鑑定眼が学校からの信頼につながり、学校改善を促すことに資することになる。第二に、外部評価実施後の支援である。学校監督、学校評価、学校の支援が、どのように連動するのかが、学校改善を促す鍵になる。多くの国ではこうした支援がうまく機能していない（福本2013）。ドイツのように、目標協定を設定し、学校の行うべき自己改善、教育行政の行うべき支援を明確にする必要がある。第三

にコストパフォーマンスである。外部評価には一定の費用がかかる。外部評価者は、教員経験者で、教育行政職や学校管理職を経験している者も少なくない。外部評価に費用をかけるならば、支援に資源を投入すべきという考え方も成立する。日本で第三者評価を実施している自治体の事例をみると、評価者は学識経験者等であり、非常勤の者が多い。外部評価の信頼性を得るためには、熟練した外部評価舎の育成が重要であろう。第四に、学校外部評価の効果を測定するための手法開発である。この点はドイツを含めた各国でも研究が十分に蓄積されていない。一部の県等で実施されるようになってきた学校外部評価を検証する研究が必要であろう。

注

1　SICI の HP <http://www.sici-inspectorates.eu/About-us/Who-we-are-and-what-we-do>（160720access）参照。
2　ラインラント・プファルツ州では、2016年予算で AQS が廃止されることとなった。同州文教予算書679頁参照。（Rheinland-Pfalz 2015）
3　Schulgesetz des Landes Sachsen-Anhalt（SchulG LSA）in der Fassung der Bekanntmachung vom 22. Februar 2013.
4　Hamburgisches Schulgesetz（HmbSG）Vom 16. April 1997（HmbGVBl. S. 97）, zuletzt geändert am 22. Juni 2016（HmbGVBl. S. 258）.
5　Inspectie van het Onderwijs, Niedersaechsisches Kultusminiteirum（2003）.
6　"Schulinspektion in Niedersachsen" RdErl. d. MK v. 07.04.2006.
7　Niedersächsisches Schulgesetz（NSchG）. Stand: 03.06.2015（Nds. GVBl. S. 90）
8　2015/16年度後半から第二サイクルが開始されたが、この記述は第一サイクルの内容である。

主要参考文献・資料

Ackermann, H.（Hrsg.）（1998）Schulqualität managen. Neuwied, Luchterhand.
Avenarius, H. / Füssel, H. -P.（2010）Schulrecht.（8.Aufl.）Carl Link.
Avenarius, H. / Heckel, H.（2000）Schulrechtskunde.（7.Aufl.）. Luchterhand.
Avenarius, H.（Hrsg.）（1998a）Schule in erweiterter Verwaltung. Positionsbestimmungen aus erziehungswissenschaftlicher, bildungspolitischer und verfassungsrechtlicher Sicht. Neuwied, Luchterhand.
Avenarius, H.（Hrsg.）（1998b）Schule in erweiterter Verwaltung.Ein Berliner Modellversuch（1995 bis 1998）. Frankfurt am Main, GFPF.
Baden-Württemberg Statistisches Landesamt（2008）Baden-Württemberg-ein Porträt in

Zahlen 2008. <http://www.badenwuerttemberg.de/fm7/1899/803808018.pdf>
Baden-Württemberg Ministerium für Kultus, Jugend und Sport (2007a) Hinweise für allgemein bildende Schulen zur Selbstevaluation im Schuljahr 2007/2008.
Baden-Württemberg Ministerium für Kultus, Jugend und Sport (2007b) "Schule entwickeln- Qualität fördern" Information zum Unterstützungssystem für die allgemeinbildenden Schulen.
BW Landesinstitut für Schulentwicklung (2015a) Qualitätsentwicklung und Evaluation. Konzeption und Verfahren zur Fremdevaluation (zweiter Durchgang) an allgemeinbildenden Schulen in Baden-Württemberg ab zweitem Schulhalbjahr 2015/16.
BW Landesinstitut für Schulentwicklung (2015b) Qualitätsentwicklung und Evaluation. Qualitätsrahmen zur Fremdevaluation (zweiter Durchgang) an allgemeinbildenden Schulen in Baden-Wüertemberg ab zweitem Schulhalbjahr 2015/16. Stuttgart.
BW Landesinstitut für Schulentwicklung (2010) Qualitätssicherung und Qualitätsentwicklung. Fremdevaluation an beruflichen Schulen in Baden-Württemberg. Schuljahr 2009/10.
BW Landesinstitut für Schulentwicklung (2009a) Qualitätssicherung und Qualitätsentwicklung. Fremdevaluation an allgemeinbildenden Schulen in Baden-Württemberg. Schuljahr 2009/10.
BW Landesinstitut für Schulentwicklung (2009b) Jahresbericht 2008.
BW Landesinstitut für Schulentwicklung (LS) (2007) Orientierungsrahmen zur Schulqualität. Für allgemeinbildende Schulen in Baden-Würdenberg.
Bauer, Karl-Oswald (Hrsg.) (2007) Evaluation an Schulen. Theoretischer Rahmen und Beispiele guter Evaluationspraxis. Juventa.
Bayerisches Staatsministerium für Unterricht und Kultus (2005) Externe Evaluation an Bayerns Schulen. Das Konzept, die Instrumente, die Umsetzung.
Bay ISB (Staatsinstitut für Schulqualität und Bildungsforschung), Qualitätsagentur (2009) Bildungsbericht Bayern 2009.
Bay ISB (Staatsinstitut für Schulqualität und Bildungsforschung), Qualitätsagentur (2006) Von der Schule bereitzustellende Daten.
Bay ISB (Staatsinstitut für Schulqualität und Bildungsforschung), Qualitätsagentur (2003) Evaluation vor Ort.
Bay ISB (Staatsinstitut für Schulqualitaet und Bildungsforschung) HP: <http://www.isb.bayern.de/isb/>(160720 access)
Bildungskommission NRW (1995) Zukunft der Bildung Schule der Zukunft.
BLK (Bund-Länder-Kommission für Bildungsforschung und Forschungsförderung) Projektgruppe "Innovationen im Bildungswesen" (2005) Abschlussbericht zum BLK-Programm "Qualitätsverbesserung in Schulen und Schulsystemen" (QuiSS). <http://www.pedocs.de/frontdoor.php?source_opus=1547> (160720 access)
BLK (1999) Qualitätsverbesserung in Schulen und Schulsystemen. Materialien zur Bildungsplanung und zur Forschungsförderung. Band 71.
Böttcher, W. / Keune,M. (2010) Funktion und Effekte der Schulinspektion. In: Böttcher, W. / Dicke, J. N. / Hogrebe, N. (Hrsg.) Evaluation, Bildung und Gesellschaft. Münster, Waxmann, 151-164.
Böttcher, Wolfgang. (Hrsg.) (2007) Schulinspektion: Evaluation, Rechenschaftslegung

und Qualitaetsentwicklug. Waxmann.

Daschner, P.u.a. (Hrsg.) (1995) Schulautonomie–Chancen und Grenzen. Weinheim, Juventa Verlag.

Daschner, P. (1995) Verführung von oben oder Bedürfnis von unten? Zur Diskussion um Schulautonomie in Hamburg. in: Daschner (1995).

Deutscher Bildungsrat (1973) Zur Reform von Organisation und Verwaltung im Bildungswesen. Teil I .Verstärkte Selbständigkeit der Schule und Partizipation der Lehrer, Schüler und Eltern.

Döbert, H. (2008) Externe Evaluation von Schulen. Historische, rechtliche und vergleichende Aspekte. Waxmann.

Ehren, M. C. M / Vissgher, A. J. (2006) Towards a Theory on the impact of School Inspections. In: British Journal of Educational Sutdies. Vol. 54, No.1, 51-72.

Ehren, M. C. M / Vissgher, A. J. (2008) The Relationships between School Inspctions, School Characteristics and School Improvement. In: British Journal of Educational Sutdies. Vol. 56, No.2, 205-227.

Fend, H. (1982) Gesamtschule im Vergleich. Weinheim, Beltz.

Frommelt, B. (1995) Auf dem Weg von der Lernschule zur Lebensschule.Das hessische Autonomiekonzept. in: Daschner (1995).

Füssel, H. -P. (1998) Schulleitung zwischen Staatlicher Steuerung und Schulischer Handlungsautonomie.in: Ackermann, H. (1998).

Heckel, H. / Seipp, P. (1969, 1976) Schulrechtskunde. (4.u.5.Aufl.) Neuwied, Luchterhand.

Höfling, W. (1997) Demokratiewidrige Schulautonomie? in: RdJB 1997.S.361-371.

Höfling, H. (1998) Die Bedingungen für eine Schule in erweiterter Verantwortung nach deutschem Verfassungsrecht. in: Avenarius, H. (1998a).

Husfeldt, V. (2011) Wirkungen und Wirksamkeit der externen Schulevalution. Überblick zum Stand der Forschung. In: Zeitschrift für Erziehungswissenschaft. Jg.14. H2, 259-282.

Inspectie van het Onderwijs / Niedersaechsisches Kultusministerium (2003) : Von anderen Nationen lernen. Hannover/Utlecht.

Keune, M. -S. (2014) Schulinspektion unter besonderer Berücksichtigung externer Zielvereinbarungen. MV-Verlag.

KMK (2010) PISA 2009: Deutschland holt auf. Presse 07.12.2010. <http://www.kmk.org/presse-und-aktuelles/meldung/pisa-2009-deutschland-holt-auf.html>

Lambrecht, M. / Rürup, M. (2012) Bildungsforschung im Rahmen einer evidence based policy: Das Beispiel "Schulinspektion". In: Wacker, A. (Hrsg.) Schul- und Unterrichtsreform durch ergebnisorientierte Steuerung. VS Verlag für Sozialwissenschaften, Wiesbaden.

Landesinstitut für Schule und Weiterbildung (1995) Evaluation und Schulentwicklung. Ansätze, Beispiele und Perspektiven aus der Fortbildungsmassnahme Schulentwicklung und Schulaufsicht. Soast.

Landesinstitut für Schule Bremen (2009) Vom Bildungsplan zum schulinternen Curriculum. Ein Handbuch für Fachkonferenzen. Bremen.

Lange, H. (1995) Schulautonomie und Personalentwicklung für Schule. in: Daschner (1995).

Melzer, W. /Sandfuchs, U. (1996) Schulreform in der Mitte der 90er Jahre. Strukturwandel und Debatten um die Entwicklung des Schulsystems in Ost- und Westdeutschland. Bergmann+Helbig, Opladen.

Merki, K. -M. / Schwippert, K. (2008) Systeme der Rechenschaftslegung und Schulentwicklung. In: Zeitschrift für Pädagogik. Jg.54. S.773-776.

Ministrium für Bildung,Wissenschaft, Forschung und Kultur des Landes Schleswig-Holstein (1998) Wege zum Schulprogramm. Hildesheim.

Nevermann, K. (1982) Der Schulleiter. Stuttgart. Klett-Cotta.

Niedersächsisches Kultusministerium (2006) Orientierungsrahmen Schulqualität in Niedersachsen. Hannover.

Niedersächsisches Kultusministerium (2014) Orientierungsrahmen Schulqualität in Niedersachsen. Hannover.

NLQ (Niedersächsisches Landesinstitut für schulische Qualitätsentwicklung) (2012) Schulinspektion (2006-2012) Abschlussbericht.

NLQ (2013) Unterrichtsbeobachtungsbogen für Niedersachsen. (なお、授業観察表は2014年7月に一部改訂されている。)

NLQ (2014) Zum Entwicklungsauftrag der Schulinspektion. Grundlagen des weiterentwickelten Inspektionsverfahrens an allgemeinbildenden Schulen.

NRW-MSWWF (1998) Schulprogramm - eine Handreichung.

NRW-MSWWF (1997) "...und sie bewegt sich doch!" Entwicklungskonzept "Stärkung der Schule".

Pritchard, R. (1998) Die Autonomie der Schule in Grossbritannien. in: Avenarius (1998a). 89-98.

Rheinland-Pfalz Ministerium für Bildung, Wissenschaft, Weiterbildung und Kultur (2015) Rheinland-Pfalz Haushaltsplan für das Haushaltsjahr 2016 Einzelplan 09. <https://fm.rlp.de/de/themen/finanzen/landeshaushalt/haushalt-2016/> (160721 access)

Richter, I. (1994) Theorien der Schulautonomie. in: Recht der Jugend und des Bildungswesens, H.1.1994.S.5-16. Auch: Daschner (1995).

Riedel, K. (1998) Schulleiter urteilen über Schule in erweiterter Verantwortung. Ergebnisse einer empirischen Untersuchung. Neuwied, Luchterhand.

Risse, E. (1998) Schulprogramm–Entwicklung und Evaluation. Neuwied, Luchterhand.

Rolff, H-. G. (1999) Pädagogisches Qualitätsmanagement: Schulentwicklung und Schulentwicklungsforschung vor neuen Herausforderung. Einleitungsvortrag zur 25-Jahr-Feier des IFS. in: Rösner (1999)

Rolff, H-. G. (1998) Schulprogramm und externe Evaluation. in: Risse (1998) 254-266.

Rolff, H-. G. (1997) Sozialisation und Auslese durch die Schule. Juventa, Weinheim und München.

Rolff, H-. G. (1996) Autonomie von Schule–Dezentrale Schulentwicklung und zentrale Steuerung. in: Melzer (1996) 209-227.

Rolff, H-. G. (1995) Evaluation- ein Ansatz zur Qualitätsentwicklung von Schulen? in: LSW (1995) 293-310.

Rolff, H-. G. (1990) Wie gut sind gute Schulen? Kritische Analysen zu einem Modethema. in: Rolff (Hrsg.) (1990) 243-261.

Rolff, H-. G, (Hrsg.) (2002) Jahrbuch der Schulentwicklung. Bd.12. Weinheim, Juventa.

Rolff, H-. G, (Hrsg.) (2000) Jahrbuch der Schulentwicklung. Bd.11. Weinheim, Juventa.

Rolff, H-. G, (Hrsg.) (1994) Jahrbuch der Schulentwicklung. Bd.8. Weinheim, Juventa.
Rolff, H-. G, (Hrsg.) (1992) Jahrbuch der Schulentwicklung. Bd.7. Weinheim, Juventa.
Rolff, H-. G, (Hrsg.) (1990) Jahrbuch der Schulentwicklung. Bd.6. Weinheim, Juventa.
Rösner, E. (Hrsg.) (1999) Schulentwicklung und Schulqualität. Dortmund, IFS-Verlag.
Rürup, M. (2008) Typen der Schulinspektion in den deutschen Bundesländern. In: die Deutsche Schule, 100. Jg. 2008, H.4. 467-477.
Schleswig-Holsteiner Landtag (2016) Bericht der Landesregierung. Bericht zur schulischen Qualitätsentwicklung in Schleswig-Holstein. Federführend ist das Ministerium für Schule und Berufsbildung. Drucksache 18/3719.
Schley, W. (1998) Konfliktmanagement–Zum Verhältnis von Schulleitung,Lehrern,Eltern und Schülern. in: Ackermann (1998).
SICI (Johan C. van Bruggen 2010) Inspectorates of Education in Europe; some comparative remarks about their tasks and work. <http://www.sici-inspectorates.eu/ getattachment/c2bfe3ff-49b7-4397-ae65-d0a203451928> (160724 access)
Steffens, U. / Bargel, T. (1993) Erkundungen zur Qualität von Schule. Neuwied; Kriftel; Berlin: Luchterhand.
Stern, C.u.a. (Hrsg.) (1999) Wie gut ist unsere Schule? Selbstevaluation mit Hilfe von Qualitätsindikatoren. Bertelsmann Stiftung, Güterloh.
Tillmann, K. -J. (Hrsg.) (1989) Was ist eine gute Schule? Bergmann+Helbig Verlag. Hamburg.
Wenzel, H. (2008) Studien zur Organisations- und Schulkulturentwicklung. In: Helsper, W./ Boehme, J. (Hrsg.) Handbuch der Schulforschung. (2. Aufl.) Wiesbaden, VS Verlag für Sozialwissenschaft. 423-447.
Winkel, R. (1986) Was macht eine Schule zu (k) einer guten Schule? in: Tillman (1989) 26-31.
Wurster, S. / Gärtner, H. (2013) Erfassung von Bildungsprozessen im Rahmen von Schulinspektion und deren potenzieller Nutzen für die empirische Bildungsforschung. In: Unterrichtswissenschaft, 41.Jg. 2013, H.3, 216-234.

その他各州の学校評価関連資料、各州の教育法令集

窪田眞二・木岡一明編著 (2004)『学校評価のしくみをどう創るか―先進5カ国に学ぶ自律性の育て方』学陽書房(ドイツの学校評価について、南部・坂野が執筆)
小松郁夫 (2015)『学校の第三者評価に関する国内外の最新動向と今後の課題に関する調査研究』平成26年度文部科学省委託研究「学校の総合マネジメントの強化に関する調査研究」研究報告書
榊原禎宏 (2011)「ドイツにおける外部評価の枠組み―バーデン―ヴュルテンベルク州の場合―」『学校評価システムの展開に関する実証的研究』最終報告書(科学研究費補助金基盤研究(B)、研究代表者：福本みちよ) 159-176頁
榊原禎宏 (2010)「ドイツ、バーデン―ヴュルテンベルク州における外部評価」『学校評価システムの展開に関する実証的研究』中間報告書(3)(科学研究費補助金基盤研究(B)、研究代表者：福本みちよ) 98-107頁
榊原禎宏・辻野けんま (2010)「学校評価における外部評価論の選択―ドイツ、ヘッ

セン州の例を手がかりにして―」『日本教育経営学会紀要』第 52 号 80-95 頁
坂野慎二(2015)「オランダの学校第三者評価」 平成 26 年度文部科学省委託研究「学校の総合マネジメントの強化に関する調査研究」研究報告書『学校の第三者評価に関する国内外の最新動向と今後の課題に関する調査研究』(研究代表者：小松郁夫・常葉大学・教授) 118-131 頁
坂野慎二(2008)「義務教育の弾力化と質保証－ドイツの事例－」(平成 18 ～ 19 年度科学研究費補助金基盤研究(B)研究課題番号 18330179 『義務教育の機能変容と弾力化に関する国際比較研究(最終報告書)』(研究代表者：杉本均) 107-118 頁所収
坂野慎二(2007)「ドイツにおける学力保証政策」 大桃敏行『教育改革の国際比較』ミネルヴァ書房 40-55 頁所収
坂野慎二(2006a)『少子化と地域差を考慮した基礎学力を保障するための小中高一貫教育の総合的調査研究』(研究成果報告書)(平成 15 ～ 17 年度科学研究費補助金基盤研究(B) 15330171、代表：坂野慎二)
坂野慎二(2006b)「ドイツにおける学校評価と外部査察制度」『学校評価システムの構築に関する開発的研究』(平成 15 ～ 18 年度科学研究費補助金 基盤研究(B) 代表：木岡一明 15330173) 中間報告書(2) 43-58 頁所収
坂野慎二(2004)「ドイツの自律的学校経営」河野和清編著『地方分権下における自立的学校経営の構築に関する総合的研究』多賀出版
坂野慎二(2003)『統一後ドイツの教育政策』(科研費報告書)
佐藤全(1996)『教員に求められる力量と評価－日本と諸外国』東洋館
南部初世(2001)「ドイツにおける「学校の自律化」構想の展開」『日本教育経営学会紀要』(43) 119-131 頁
南部初世(2010a)「ドイツにおける教育の「新制御」－その構造と特質」名古屋大学大学院教育発達科学研究科紀要『教育科学』57(1) 15-28 頁
南部初世(2010b)「ドイツにおける外部評価システムの現状と課題」名古屋大学大学院教育発達科学研究科紀要『教育科学』57(1) 29-51 頁
南部初世(2012)「ドイツにおける学校監督の機能変容」名古屋大学大学院教育発達科学研究科紀要.『教育科学』59(1) 1-15 頁
前原健二(1992)「現代ドイツの学校制度における法制化の両義性―「法制化」による「学校監督の縮小」論の理解をめぐって」日本教育学会『教育学研究』第 59 巻第 4 号 525-533 頁
福本みちよ(2013)『学校評価システムの展開に関する実証的研究』玉川大学出版部

第5章
教員政策と質保証

はじめに

　2000年前後から、日本ではNPMと総称される新自由主義的な教育政策が進められている。それは、基礎学力の向上や、学力・学習状況調査等による出口評価、学校評価システムの導入といった学校教育の質保証を重視した政策に代表される。教員政策もこれと連動して、大きく変化してきている。それは、①教育政策全般における地方分権化の動きと連動しているもの、②教員の質保証に関するもの、③不適格教員、問題教員と呼ばれる者の排除に関するもの、④教育の自由化、規制緩和に関するもの、といった多様な文脈において行われようとしているため、整合的に理解することが難しくなっている。

　諸外国における動向も日本の教育政策と多くの共通点を有しているように思われる。例えば、OECDでもPISA調査によって義務教育段階終了段階での学力が測定され、各国の比較が行われている。教員政策においても、いくつかのプロジェクトが進行し、その報告書が公表されている。また、ヨーロッパ連合(以下「EU」)による各種の報告書はヨーロッパ各国の教員政策に影響を与えていると考えられる。とりわけ、1990年代末以降の教育関連報告書は、各国の研究者や政策関係者に共通の問題関心を提示してきた。また、1999年のボローニャ宣言以降、EUでは高等教育改革が進められ、教員養成政策にも多くの変化を見いだすことができる。

　本章では、こうした課題の中で、教員の質保証に焦点を当て、ヨーロッパ諸国における教員政策に影響を与えているEUの教員政策動向を整理した上で、ドイツを事例として同国で進められている教員政策の方向性を明らかに

することを目的とする。ドイツと日本の教員政策の共通点並びに相違点を明らかにすることによって、今日の日本の教員政策の方向性について示唆を引き出したい。

　日本における教員政策についての国際比較研究においては、各国の教員政策の事例的研究（日本教育大学協会 2005a 及び 2005b、宮﨑英憲・東洋大学往還型教育チーム 2012 等）、が主流を占めている。このうち、吉岡（2007）は、国際機関の政策動向を整理した上で各国の事例を分析しているが、EU との関係については、十分には言及していない。日本教師教育学会（2008）は、年報第 17 号で「教師教育改革の国際的動向」の特集を組んでいる。その中で吉岡真佐樹氏が「教師教育の質的向上策と養成制度改革の国際的動向」を取り上げているが、ドイツについてはやはり近年の動向について言及されていない。また、対象が 2000 年代前半までとなっており、ボローニャ・プロセスの完成目標とされた 2010 年までの状況は分析されていない。近年辻野の研究（2009）があるが、州毎の事例研究となっており、教員政策を全体的に俯瞰する内容とはなっていない。

　本章の構成は、以下の通りである。第一に、EU の教員政策について整理し、ヨーロッパ諸国における教員養成制度の現状を示す。次いで 2001 年の「PISA ショック」によって、教育改革に着手したドイツ連邦共和国（以下、「ドイツ」と略）の教員の質保証政策について分析する。これらの作業によって、ドイツは、ヨーロッパ全体における教員政策の影響を受けつつも、ドイツ語圏の伝統を引き継いだ教員政策を進めていることを示す。ドイツの教員政策の特質は、目的別の教員養成を行っており、ヨーロッパ諸国の中では少数派に属する。日本の「教員養成における開放制」とは対照的である。第二に、「PISA ショック」前後から教員養成改革が進展し、ボローニャ・プロセスにおいて制度設計が変更されつつあること、等を明らかにする。そこでモジュール化による中間試験の廃止等の改革が行われている。一方で、質保証の観点から、一端導入したバチェラー・マスターの養成課程を再度国家試験による養成へと変更を決定する州（ザクセン州）も現れた。現在のところ、多様な教員養成システムが併存する可能性が高いと考えられる。

1　ヨーロッパ連合における教員の質保証

1　ヨーロッパ連合における教員の質保証

　EU は 1990 年代後半から積極的に教員養成等についての調査研究を行ってきた。2000 年代前半には教員政策についての 4 つの報告書が取りまとめられる。最初の報告書は、2002 年にまとめられた「ヨーロッパにおける教育専門職－プロフィール、傾向及び重要性：報告 1　教員養成と職業生活への移行」(Eurydice 2002a) である。第二報告書以降は、「同：報告 2　供給と需要」(Eurydice 2002b)、「同：報告 3　雇用条件と給料」(Eurydice 2003)、「同：報告 4　21 世紀に向けて教職の魅力を保つために」(Eurydice 2004) となっている。これら 4 つの報告書は、教員政策について、ヨーロッパ諸国に共通する課題を示している。その後、簡潔な最終報告書が 2005 年にまとめられている (Eurydice 2005)。その中で、初期研修の重要性が指摘されている (同 9 頁)。この初期研修の課題は、後に教員資格が高等教育段階終了として取り扱われるべきという課題へと連動していく (同 10 頁)。

　1990 年代後半から教員政策が重視されるようになっていく背景として、①ヨーロッパ諸国の国際競争力の維持・向上と雇用拡大、②専門職としての教員の必要性、③教員の大量の世代交代、が挙げられている[1]。1980 年代以降、ヨーロッパ諸国が NPM を順次導入するようになっていくと、教員の雇用条件や給与等への変化をもたらしていく。また、地方分権化、学校の自律性を強化する動きが 1990 年代に顕著になるが、これは教員の職務内容の変化をうみ、教授中心の教員から学校組織の一員としての教員という変化をもたらす。1990 年代から 2002 年までに教員養成の内容を変更した国が 18 カ国あり、教員養成の内容と構造が変更した国は、9 カ国に上っている。その内容は、国 (中央政府) と教育実施機関とが決定に関わる国が多いが、実質的内容は教員養成実施機関に委ねられている国が多い (「報告 1」105 頁)。イギリス (イングランド及びウェールズ) やオランダでは教員養成の権限委譲が進んだ一方で、フランス等では中央集権化したままである。権限委譲が進んだ国では、教員を雇用する権限も

学校等で行われるのに対し、中央集権型の国では教員採用は国を中心とした権限になっている。更に、教員養成段階のみならず、養成終了後に試用期間あるいは試補期間を設定する国が増加している（「報告1」108頁）。

　2002年3月にスペインのバルセロナで合意された「教育と訓練2010」(ET2010)は、EU諸国における教育及び職業訓練に関する達成目標である。このうち、教員政策は①の「教育と訓練システムの質的改善」に位置付けられ、4つの重点施策からなる。第一は、知識基盤社会における教員とその指導者の資質能力の明確化である。第二は、教員と指導者が生涯学習の観点から知識社会に挑戦することを適切に支援することである。第三は、教員の量的確保である。第四は、他の分野の職業経験者を教職に引きつけることである[2]。

　前述した教員政策の現状を把握するための報告書「ヨーロッパにおける教育専門職－プロフィール、傾向及び重要性：報告1　教員養成と職業生活への移行」(Eurydice 2002a)が作成されるのは、2002年のバルセロナにおける欧州理事会の決議後の2002年9月である。この中で、1975年以降の各国の教員養成政策(前期中等教育中心)について概観した上で、2002年までの時点で収集されたデータに基づき、各国の教員養成の構造(段階や長さ)、内容、試補段階、新人教員の能力評価について整理している。これらの文書・報告書等から理解できるのは、2000年代前半において、EU諸国は教員政策を重要な政策課題として位置づけていることである。さらにOECDもこの時期に教員政策についての研究を行っている。2003年9月にはOECDの調査団にドイツを訪問し、2004年9月にはドイツの国別報告書を公表している(OECD 2004)。

　その後のEUにおける教員政策について幾つかの文書・報告書等が公表されている[3]。EUの教育政策の推移をみると、2009年5月には、教育と訓練におけるヨーロッパの協力のための新たな戦略的枠組み「教育と訓練2020(ET2020)」が定められた。ここでは、「ET 2010」の時とは異なり、教員政策が重点的な施策とはなっていない。むしろ、これまでの各国での政策を共通に実施することが重視されている。ET2020では職業教育や高等教育の現代化が重要視されており、ボローニャ・プロセスもここに位置付けられている。従って、以下に2009年のET2010最終報告書によって、EUレベルでの教員政策

2 ヨーロッパ連合における教員政策の現状

　ET2010 の教師教育の内容についての最終報告書「EU における教師教育の内容」は、2009 年にフィンランドのイエバスキラ大学の教育研究所でとりまとめられた（Finnish Institute for Educational Research 2009）。この報告書の目次は以下のようになっている。

　要約（英文、独文、仏文）
　1　序文（背景、研究グループ等）
　2　研究の概要（技能と資質能力の概念、国際的議論における教員の技能及び資質能力、教師教育と経済成長、プロジェクトの背景、加盟国における教師教育システム）
　3　研究の内容（対象と成果、方法とデータ収集、研究の手順、データ収集について、EU 文書における教員の技能及び資質能力、経験的データの記述）
　4　EU 諸国における教師教育資料に見られる教員の技能及び資質能力（教員の技能及び資質能力についての定義、教員養成教育における教員の資質能力、教員導入教育及び研修における教員の資質能力、教師教育課程の定義、教師教育の組織、事例研究の要約、結果としての主な知見）
　5　結論と政策への勧告（結論、教師教育政策への勧告、今後の研究への提案、教師教育におけるヨーロッパ原則の改善）
　索引
　資料目次

　同報告書に基づいて、ヨーロッパ諸国の教員養成を中心とした教員政策の要旨は、以下のように整理できる。

1) 教員養成の段階及び期間

表5-1　EU諸国の教員養成段階（2009年）と年数

国名	初等教育	前期中等教育	後期中等教育
オーストリア	BA3	BA3	MA4.5+1
ベルギー（フラマン語圏）	非uniBA3	非uniBA3	非uniBA3
ベルギー（フランス語圏）	非uni120ECTS	非uni120ECTS	非uni120ECTS
ブルガリア	非uniBA3-4,4-5	MA4-5	MA4-5
キプロス	BA4,240ECTS,MA1	BA4,240ECTS,MA1	BA4,240ECTS,MA1
チェコ	MA2	MA2	MA2
デンマーク	BA4	BA4	-
エストニア	BA3	MA	MA
フィンランド	BA3,MA2,300ECTS	BA3,MA2,300ECTS	BA3,MA2,300ECTS
フランス	BA3,Licence+IUFM1,+IEUF1	BA3,Licence+IUFM1,+IEUF1	BA3,Licence+IUFM1,+IEUF1
ドイツ	BA/Ma 州別	BA/Ma 州別	BA/Ma 州別
ギリシャ	BA4	MA1-2	MA1-2
ハンガリー	非uni3+1	非uni3+1	大学5
アイルランド	BA3	BA3+1	BA3+1
イタリア	大学4	大学4+2	大学4+2
ラトビア	BA3-4+1-2	BA3-4+1-2	BA3-4+1-2
リトアニア	CollegeBA4-5	CollegeBA4-5	MA1-2
ルクセンブルク	BA4	-	-
マルタ	大学4	-	-
オランダ	非uniBA240ECTS	非uniMA+60-90ECTS	非uniMA+60-90ECTS
ポーランド	CollegeBA3	CollegeBA3	MA2
ポルトガル	非uni240-300ECTS	MA240-300ECTS	MA240-300ECTS
ルーマニア	大学3	MA2	MA2
スロバキア	BA3+MA2	BA3+MA2	BA3+MA2
スロベニア	MA5,300ECTS	MA5,300ECTS	MA5,300ECTS
スペイン	BA240ECTS	+MA60ECTS	+MA60ECTS
スウェーデン	BA,MA3-5	BA,MA3-5	BA,MA3-5
イギリス(E,W,NI)	BA3-4+MA1	BA3-4+MA1	BA3-4+MA1
イギリス(Sc)	BA4,PGDE1	-	-

出典：Finnish Insititute for Educational Research(2009) 153-154.
注：BA：バチェラー、MA：マスター、数字：学修年数、非uni：総合大学以外の高等教育機関、ECTS: European Credit Transfer System（欧州の学修単位、1ECTSは大学内外の学修時間で25-30時間））

教員養成の段階は、後期中等教育学校の教員はすべての国で総合大学において行われている。養成期間が5年かそれ以上の国が18ヵ国、5年未満の国は10ヵ国であった（計27ヵ国だが、ベルギーはフラマン語圏とフランス語圏で異なる）。前期中等教育学校の教員養成は、すべての国において高等教育段階で実施されているが、一部の国（ベルギー、オーストリア）では専門大学で実施されている。養成期間が5年かそれ以上の国は12ヵ国、5年未満の国は13ヵ国である。初等教育学校の教員養成は、多くの国において総合大学段階で行われているが、4ヵ国（ベルギー、ルクセンブルク、オーストリア、ルーマニア）では大学以外の高等教育機関（専門大学、教育大学等）で実施されている。養成期間が5年の国が7ヵ国（ドイツ、エストニア、フランス、ポーランド、フィンランド、スロベニア、イギリス）、4年の国が15ヵ国、3年の国が5ヵ国（ベルギー、スペイン、ルクセンブルク、オーストリア、スウェーデン）である。

2）教員の資質能力の規定者

　教員養成あるいは教師教育における教員の資質能力を規定する形態は3種類に区分される。第一が国レベルで教員の資質能力を詳細に規定する国で5ヵ国である[4]。第二が国レベルで教員の資質能力の大綱を定め、詳細は実施機関（大学や教員養成機関等）が定める国である。これが最も多く18ヵ国である[5]。第三が国レベルで教員の資質能力が規定されていない国で、4ヵ国である[6]。教員に必要な資質能力を国や養成機関で項目リストにしているのは、エストニア、フラマン語圏及びフランス語圏ベルギー、デンマーク、ドイツ、ルーマニア及びスウェーデンの7ヵ国・圏であるが、認証評価等においてより詳細な内容が実質的に要求される場合もある。

3）教員養成において求められる内容

　EUの教員政策に関する2009年の報告書は、教員養成あるいは教師教育について求められる内容を以下の8領域に区分している。①教科、②教育学、③理論と実践の統合、④協働・協力、⑤質保証、⑥流動性、⑦リーダーシップ、⑧継続教育。このうち、法令で定められている割合が高いのが、①教科、②

教育学、⑤質保証、⑧継続教育であり、5割前後に上る。

　教員の資質能力と整理してみると以下の点を指摘できよう。第一に、教科に関する知識、教育学全般の理解といった点が重要であることも共通している（理論と実践の統合）。第二に、協調性・同僚性といった、学校における対人関係能力が重視されている。第三に、教員の職能成長能力が重視されている。また、「⑥流動性」は、EU内外における統合というEU独自の政策によって強調されていると考えられる。

2　ドイツの教員政策

1　ドイツにおける教員政策の特色

　これまでみてきたEUの調査研究等に従えば、1990年代後半以降教員政策が重視されるようになっていく原因として、①ヨーロッパ諸国の国際競争力の維持・向上と雇用拡大、②専門職としての教員の必要性、③教員の大量の世代交代、の3点が挙げられている[7]。

　これらはドイツにおいてどの程度あてはまるのであろうか。①の国際競争力の維持向上は、1990年に東西ドイツの統合を果たした後、旧西ドイツ地域が旧東ドイツ地域を財政的にも、人材的にも支援する「東西格差」が大きな問題であった。東ヨーロッパの共産圏から離脱して「ヨーロッパ統合」を進めていこうとした時代に、国際競争力の維持向上は、ドイツにとっても大きな関心事であった。②の「専門職としての教員の必要性」は、ドイツの文脈ではやや特異である。他のヨーロッパ諸国と比較してドイツの教員養成期間は長く、教員給与も相対的に高い。しかし、他の大学卒業者と比較すると、基礎学校や基幹学校、実科学校の教員は公務員俸給表で一段低く位置付けられている（概ね俸給表「A12」ランク、一般大学卒業者は「A13」ランク）。1999年からのボローニャ・プロセスによって教員養成をBA/MAとすれば、ギムナジウム教員と養成期間の違いはなくなり、この問題を改めて検討する必要性がある。③の「教員の世代交代」は、ドイツにおいてもあてはまる。1960年代末から1970

年代初頭にかけて、児童生徒数が急速に増加し、これに対応して当時は教員採用が大量に行われた。しかし1970年代後半以降の教員採用は急速に減少した。つまり児童生徒数の変動によって、教員の養成・採用も大きく変化を繰り返すのである。こうした好ましくない教員の養成・採用の労働市場は、採用減少期には試補期間を修了して第二次国家試験に合格しても、教員としての採用がなく、待機リスト待ちという状態を生み出す。これは社会的にも大きな損失である。更に近年は大量採用された教員が、65歳の定年を迎える時期となり、教員不足を生んでいる。幾つかの州では、正規の教員養成を受けずに大学を修了した者を教員として採用し、その後職務と並行して資格を取得させる制度を実施している。いわゆる「経路変更者 Quer-/Seiteneinsteiger」の問題である[8]。2015年の統計では、公立学校のフルタイム教員に雇用された者はドイツ全体で34,488人で、そのうちの1,508人が正規の教員養成を受けていない「経路変更者」である(4.4%)。内訳では職業科目が446人、普通科目で1003人等となっており、普通科目では理科(282人)、スポーツ(181人)、音楽(108人)、外国語(105人)、数学(96人)等が多い。2005年から2015年の間で「経路変更者」は、新規採用者の2.3%から6.0%となっている(KMK 2016)。

　ドイツの教員政策は、以下の特質があることを指摘できる。第一に、連邦国家であるドイツは16州毎に教員政策も異なる。16州の文部大臣の集まりである常設各州文部大臣会議(以下「KMK」)等が調整機関としての役割を果たしているが、州毎に多様な政策が存在している。第二に、教員養成課程の構造である。ドイツの教員養成課程への入学は、各州での採用見込みに入学定員が定められ、定員により入学制限される「目的別養成」である。更に定員は学校種、科目別に定められることが通例であるため、科目によっては倍率が高くなり、逆に定員ぎりぎりあるいは定員割れという場合もありうる。日本の教員養成の開放制とは対照的である。第三に、ドイツ語圏諸国の教員養成は、大学における教員養成とそれに続く試補期間があり、二段階型となっている。二段階型教員養成であるために、教員の養成期間が長い。EU諸国のなかでも、ドイツの教員養成期間が4年半から7年程度と長くなっている(後述)。また、大学における教員養成の学修構造は、OECD(2005)のいう同時履修型が

大半であり、これは大学入学時に教員を職業として選択することを意味している[9]。第四に、第二段階である試補制度における教員ゼミナールと実習校における実習の関係が十分とはいえないという指摘である（理論と実践の関係）（渡邉・ノイマン 2010）。

以下、教員養成段階に焦点を当てて、ドイツの教員政策をみていこう。

2　1990年代後半以降の教員養成政策の推移

ドイツにおける教員政策の推移と課題について簡潔に整理しておく（参照吉岡 2007）。第一に、1990年の東西ドイツの統一以降、教員養成制度の相違があり、教員の身分も旧西側の諸州が公務員（Beamte）を基本とするのに対し、旧東側諸州では職員（Angestellte）が基本となっている。その違いをどのように調整するのかが課題となった。第二に、1995年実施の TIMSS 調査結果から学力向上が不可欠であると考えられるようになった。第三に、1990年代に連邦及び州・地方の行財政改革が不可避となり、学校の自律性議論が展開されるようになった。教員は学校の自律性における重要な構成員として位置づけられるようになってきた。第四に、国際的な動向である。これまでみてきた OECD や EU が教員政策に積極的に関与するようになり、1999年にはボローニャ・プロセスによって、教員養成制度を BA/MA 課程へと改編することが必要となった。

こうした流れの中で、1990年代末から連邦レベルで教員養成等に関する委員会が設置され、報告書が公表されていく。KMK は 1997年2月28日までに、教職のタイプを6種類に整理した。①基礎学校あるいは初等教育段階、②初等教育段階と中等教育段階Ⅰ、③中等教育段階Ⅰ、④中等教育段階Ⅱ及びギムナジウム、⑤職業教育諸学校、⑥特別支援教育の6種類である。KMK は 1998年9月に学術及び教育行政の専門家と合同で「教師教育合同委員会（KMK "Gemischte Kommission Lehrerbildung" mit Fachleuten aus Wissenschaft und Bildungsverwaltung)」を設置し、同委員会は翌 1999年10月21/22日には報告書を提出した。一般に「テルハルト委員会」報告書と呼ばれるこの報告書は、ドイツの教員に関わる課題を以下のように整理している（Terhart 2000）。第一に

ヨーロッパ諸国と比較して、教員養成期間が長いことである。この二段階型の教員養成を維持するか否かが問題とされた。また、現職教員に対する研修の重要性も指摘され、教員採用後を教師教育の第三段階として把握すべきことがまとめられている。第二に、教員像として、コンピテンシーを基盤とした考え方を導入することである。とりわけ、①授業、②生徒指導、③診断－判断－評価、④メタ・コンピテンシーとしての学校組織力、が重視されるべきと考えている。その基盤となるのが、科学的知識、柔軟な応用力、そして職業倫理である (Terhart 2000, 54f)。こうしたコンピテンシーを獲得するために、①教育学を基盤として、それから専門教科の学修を行う、②専門教科の学修を基盤として、後から教育学を学修する、③専門教科と教育学を並行して学修する、という3つのモデルを提示した上で、③の同時並行型が教科教授法等で効果があるといる理由でこのモデルを推奨している (Terhart 2000, 93f)。その上で、単位による学修課程のモジュール化を教員養成課程にも導入するために、①専門教科、②教科教授法、③教育学、④学校での実習といった諸要素による教育モデルを構築するよう提案している。報告書は大学に教師教育及び学校教育センターを設置するように提案している (109ff)。試験も従来のように、中間試験と卒業試験という形ではなく、各科目の終了時にテストを行い、単位を積み上げるよう求めている。その上で、最低限の教員養成を大学は真剣に引き受けることを主張している。また、ドイツ語圏諸国に共通する試補制度についてはこれを維持すること、ただしゼミナールにおける学修と実習校における経験との組み合わせについて新たなモデルを開発することが必要としている。

　KMK以外にも、教師教育について学術審議会が2001年11月に決議を (Wissenschaftsrat 2001)、ドイツ学長会議が1998年11月[10]と2003年10月[11]にそれぞれ勧告を (後者は専門大学部会) 公表した (吉岡2007)。

　近年の改革の始まる前の2000年時点における各州の教員養成の種類等は、以下の**表5-2**に示しておく。KMKは1995年に東西ドイツ統一後の教員養成についての立場を表明している (KMK 1995) が、その中で標準となる教員養成の学期数は7-9学期であるとしている。実態をみてみると、初等教育段階で

はかつての国民学校時代からの流れを引き継ぎ、基礎学校と基幹学校を合わせた教員養成を行っている州が10州あり、基礎学校のみの教員養成を行っている州は6州である。学修期間は6-9学期であるが、6学期が7州、7学期が4州、8学期が4州、9学期が1州である。ギムナジウムの教員養成は8-9学期で大きな相違はない。

表5-2　各州の教員養成の種類と学期数（2000年）

	州名	1 基礎学校	2 基礎学校 及び 中等段階Ⅰ	3 中等段階Ⅰ	4 中等段階Ⅱ 及び ギムナジウム	5 中等段階Ⅱ （職業教育科目）	6 特別支援 学校
1	BW		6	7	8	8	8
2	BY	6		6	8	8	8
3	BE		7	9	9	9	9
4	BB		8	8	9	9	+4
5	HB		8	8	8	8	8
6	HH		8	8	8	8	+1
7	HE	6		6	8	8	8
8	MV		9	9	9	9	9
9	NI		8	8	9	9	9
10	NW	6		6	8	8	8
11	RP		6	6	8	8	8
12	SL		7	7	9	9	9
13	SN	7		7	9	9	9
14	ST	6		7	9	9	7
15	SH		7	7	9	9	9
16	TH	6		7	8	8	+4
	KMK 1995	7	7-9	7-9	9	9	8-9

出典：Einstellung von Lehrkräften 2001. Beschluss der Kultusministerkonferenz vom 14.12.2001 <https://www.kmk.org/dokumentation-und-statistik/statistik/schulstatistik/einstellung-von-lehrkraeften.html>（160804 access），BLK / Bundesanstalt für Arbeit（2000），KMK（1995）．

3　教師教育スタンダードの作成

　KMK は 2000 年 10 月に教員団体代表との共同声明「今日の教員の責務－学習のための専門家」(いわゆる「ブレーメン声明」) を決議する[12]。そこではあるべき教師像として、①教員は教授と学習のための専門家である、②教員は生徒指導が授業や学校生活と密接につながっていることを意識すること、③教員は授業や進路について判断し責務を果たすこと、④教員は自己のコンピテンシーを向上させること、⑤教員は学校開発に参加すること、⑥教員は自己評価と外部評価を支援すること、⑦教員は支援を期待できること、を挙げている。

　この教師像を基に、更には上述した報告書の提案等を参考として、2004 年 12 月 16 日に KMK は「教師教育のスタンダードに関する協定：教育学」を決議する (KMK 2004)。この決議において、①教師教育のスタンダードは、教員養成及び日常の職務に重要な教育学の資質能力 (コンピテンシー) であり、継続教育や研修にも接続できる教育学の資質能力であること、②このスタンダードは 2005/06 年の教員養成から適用されること、③各州は教師教育を定期的にこの協定のスタンダードを基盤として評価すること、が確認された。

　この教師教育のスタンダードは、教員に必要とされるコンピテンシーを次のように整理している。

コンピテンシー領域 1：授業 (Unterrichten)
1. 授業の適切な計画・実施
2. 生徒の動機付け・学習支援
3. 生徒の自立的学習支援

コンピテンシー領域 2：教育 (生徒指導) (Erziehen)
4. 生徒の社会的文化的な生活条件の把握と発達支援
5. 価値規範の伝達と、自己判断・自己行動の支援
6. 学校や授業における困難及び葛藤への解決発見

コンピテンシー領域 3：判断力 (Beurteilen)
7. 生徒の学習条件と学習過程の診断、並びに生徒とその保護者への助言

8. 明確な判断基準による成績判断

コンピテンシー領域 4：刷新（Innovieren）
9. 教職特有の責任と義務等への意識
10. 研修
11. プロジェクトや行事の立案及び実施への参加

　こうしたコンピテンシーを獲得するために、大学における教員養成の教育課程の中で、教育学の内容は、以下のものが中心となる。①学習指導と生徒指導、②教師という職業と役割、③教授法と方法学、④学習、発達と社会化、⑤成績及び学習動機、⑥多様化、統合、支援、⑦診断、判断、指導、⑧コミュニケーション、⑨メディア教育、⑩学校開発、⑪教育研究。
　教員志望の学生は、こうした内容を、プロジェクト学習や問題解決戦略といった方法によって大学で学修し、習得することが求められた。

　また、2008年10月16日にはKMKで「州間で共通の教師教育における専門科学及び教科教育法の内容スタンダード（「教師教育のスタンダード：諸科目」）」が決議された（KMK 2008）。このスタンダードは、教員養成課程の科目専門の枠組みを提示したものであり、認証評価の基盤となるものとして位置づけられている。大学の養成課程においては、専門科学、その認識・活動方法及び教科教授法の要求を考慮した基本的能力（grundlegende Kompetenzen）は主に大学の学修で獲得されること、むしろ授業実践的に定義される能力の伝達は第二段階である試補勤務の課題であること、教員としての職業的役割におけるその他の発達は研修の責任であること、が示されている（3頁）。
　こうして、教職関連の資質能力、教科の資質能力が連邦レベルで規定され、各州は、ボローニャ・プロセスにおける単位制の中で、教員養成課程を編成することになった。

4 各州における教員養成改革の動向

表5-3は、2011/12年度の時点における16州の教員養成課程の概要である。

16州の中で、少なくとも5州はBA/MAではなく、国家試験で修了する制度を維持している。ただし、従来型の中間試験、修了試験ではなく、科目毎の試験を実施しているところもある。一方、10州はBA/MA課程へと教員養成課程を改革している。また、ザクセン州のように、一度はBA/MAを導入したものの、再度国家試験で修了する養成課程へと制度変更した州もある。2012年2月に実施したザクセン州調査では、関係者(大学教員養成担当者、州教育エージェンシー)は、やはり教員養成課程は一貫型が好ましいという結論に達したということである。人口の少ないザールラント州では、大学段階における基礎学校の教員養成を実施せず、隣のラインラント・プファルツ州等で大学における教員養成を修了した者に2年の試補制度を実施していた[13]。また、同じ州内でもBA/MAによる教員養成を行っている大学と、国家試験課程として教員養成を実施している大学があるところもある(ザクセン・アンハルト州)。

大学での教員養成期間は、BA/MAあるいは第一次国家試験までの学修課程を合わせてみると、7学期から10学期(3年半から5年)となる。第二養成段階である試補制度の期間は、1年から2年までとかなりのばらつきがある。大学における教員養成期間がBA/MAで延長された分を第二段階である試補制度の期間を短縮することで対応した州も少なくない。両者を合わせて最も長く養成期間となるのは10学期プラス4学期で7年を必要とする。これは先にみたEU諸国の中でも教員養成期間が最も長いといえる。各州で取得される教員資格は、すべての州で相互に承認されることになっている。

この表には記載していないが、多くの州で大学における教員養成段階で学校における実習を重視する傾向がある。しかしその実態は多様である(渡邉・ノイマン2010, 53)。表5-3の典拠となっている「Studien- & Berufswahl. 2011/2012.」では、ニーダーザクセン州の大学における教員養成段階における実習が18週と最も長い。筆者が調べた範囲でも、ニーダーザクセン州が合計18週の教育実習を実施することが規定されている(2007年の規定)。従って、

表5-3 ドイツ各州の教員養成の種類と学期数

	州名	学位	タイプ1 基礎学校	タイプ2 基礎学校及び中等段階I	タイプ3 中等段階I	タイプ4 中等段階II及びギムナジウム	タイプ5 中等段階II（職業教育科目）	タイプ6 特別支援学校
1	BW	国家試験 2011-	基礎学校 8+3		作業実科学校、基幹学校及び実科学校 8+3	ギムナジウム 10+3	職業教育諸学校 10+10W	特別支援学校 9+3
2	BY	BA/MA	基礎学校 7+4		基幹学校 7+4、実科学校 7+4	ギムナジウム 9+4	職業教育諸学校 10+4	特別支援学校 9+4
3	BE	BA/MA	1-10年 （基礎学校重点） 6+2+2		1-10年 （2科目） 6+2+2	7-13年 6+4+4	職業学校及びギムナジウム 6+4+4	特別支援学校 6+2+2
4	BB	BA/MA		中等段階I及び初等段階 6+3+4		ギムナジウム 6+4+4	職業教育諸学校 6+4+4	特別支援学校 6+4+4
5	HB	MA 2011-	基礎学校 6+4+3		中等学校及び総合制学校 6+4+3	ギムナジウム及び総合制学校 6+4+3	職業教育諸学校 6+4+3	支援センター及び特別支援学校 6+4+3
6	HH	BA/MA		初等段階及び中等段階I 6+4+3		ギムナジウム 6+4+3	職業教育諸学校 6+4+3	特別支援学校 6+4+3
7	HE	国家試験	基礎学校 7+4		基幹学校及び実科学校 7+4	ギムナジウム 9+4	職業教育諸学校 6+4+4	特別支援学校 9+4
8	MV	国家試験		基礎学校及び基幹学校 9+4	基幹学校及び実科学校	ギムナジウム 9+4		特別支援学校 9+4
9	NI	BA/MA	基礎・基幹学校、基礎学校重点 6+2+3	基礎・基幹学校、基幹学校重点 6+2+3	実科学校 6+2+3	ギムナジウム 6+4+3	職業教育諸学校 6+4+3	特別支援学校 6+4+3
10	NW	BA/MA 2009-2011	基礎学校 6+4+3		基幹・実科・総合制学校 6+4+3	ギムナジウム及び総合制学校 6+4+3	職業コレーク 6+4+3	特別支援教育 6+4+3
11	RP	BA/MA	基礎学校 6+2+15W		実科学校プラス 6+3+15W	ギムナジウム 6+4+15W	職業教育諸学校 6+4+15W	特別支援学校 6+3+15W
12	SL	国家試験	なし +4	初等段階及び中等段階I (5-9年) 8+3	基幹学校及び総合制学校 8+3、実科学校及び総合制学校 8+3	ギムナジウム及び総合制学校 10+3	職業教育諸学校 10+3	特別支援教育 →なし
13	SN	BA/MA → 国家試験 2011-	基礎学校 6+4+2 → 8		中間学校 Mit.6+4+2 → 9	ギムナジウム 6+4+2 → 10	職業教育諸学校 6+4+2 → 10	特別援学校 6+4+2 → 10
14	ST	国家試験	基礎学校 7+16W		中等学校 Sek.9+16W	ギムナジウム 9+16W	職業教育諸学校 6+4+16W	特別支援学校 （治療教育学） 9+16W
15	SH	BA/MA		基礎学校及び基幹学校 6+2+3	実科学校 6+2+3	ギムナジウム 6+4+3	職業教育諸学校 6+4+3、6+4+4	特別支援学校 6+4+3
16	TH	BA/MA 2003-	基礎学校 6+3+3		正規学校 Reg.6+3+4 （短縮可）	ギムナジウム 10+4	職業教育諸学校 6+4+4	特別支援学校 6+4+4

出典：Die Länder der Bundesrepublik Deutschland. Bundesagentur für Arbeit.（2011）: Studien- & Berufswahl. 2011/2012. を基に、一部は坂野が現地調査及びHP等で確認）

注：数字は学期数（半年）、Wは週数を意味する。数字が3列の箇所はBA+MA+試補の学期数等を、2列の箇所は大学＋試補の学期数等を示す。

KMKの決議の方向性である実習重視という点からすると、始めに同州が「先導的」な事例として取り上げられる意味はある（渡邉・ノイマン 2010）。次いで、大学と州（市）が教員養成の機関を設置したハンブルク市の事例を取り上げる。

3　各州の教員政策

1　ニーダーザクセン州

　ここでは、2007年の省令に従って基礎学校及び基幹学校教員養成課程及びギムナジウム教員養成課程に限定して整理する。渡邉・ノイマン (2010) は、ドイツの例としてニーダーザクセン州にあるブラウンシュバイク工科大学の教員養成の事例を中心に取り扱っている（第3章、第4章、第5章）。筆者が基とした2007年の省令[14]とは内容が異なる記述もある。

　基礎学校及び基幹学校（ハウプトシューレ）の教職課程（2条）は、BAが6学期（180ECTS）、MAが2学期（60ECTS）で、合計8学期となっている。ギムナジウムの教職課程（4条）は、BAが6学期（180ECTS）、MAが4学期（120ECTS）、合計で10学期となっている。学修内容と単位数（European Credit Transfer System、1P=事前事後学修を含め25-30時間相当）　は以下のようになっている。

表5-4　基礎学校及び基幹学校並びに
ギムナジウムの教職課程における学修内容と単位数（ECTS）

内　容	基礎学校及び基幹学校（2007年）	基礎学校及び基幹学校（2014年）	ギムナジウム
教育学	60	75	45
一教科の専門科学及び教科教授法	60	60	95
別教科の専門科学及び教科教授法	60	60	95
学士論文、修士論文、口頭試問	25	35	35
その他	35	25	30
実習 Praktika	(15)	45	(15)
計	240	300	300

出典：Nds. MasterVO-Lehr. Nds. GVBl. 2007, Nds. GVBl. Nr. 22/2014.

教職課程では、実習が重視されている。教育実習は、①企業、福祉施設又はスポーツ協会、②一般的学校実習、③2科目の実習、の3種類で合計18週実施する (9条)。それぞれの具体的な割合は示されていない。このうち③の教科実習は、多様な学年、学級で実施することが規定されている。例えば基礎学校に重点を置く基礎学校・基幹学校の教職では、統合学級(特別の支援を要する子どもが含まれる学級)の一部、初年時の学習集団、あるいは言語支援措置を要する就学前学習集団での実習を含むことが示されている (9条2項)。ギムナジウムの教職課程の教科実習では、中等段階Ⅰと中等段階Ⅱの両者を含むこと、教科1科目か教育学の課題実習が行われることが示されている (9条5項)。

　同州では、いずれの学校種でも実習は18週とされており、単位としては15ECTS (単位) となっている。これはBA/MA課程合計の単位数である240あるいは300ECTSの5～6%程度であることを意味している。日本と比較して特徴的なのは、実習は学校ばかりでなく、企業や福祉施設等の学校以外の施設を含めて規定していることである。

　また、ドイツでは、一般教養に該当する領域はギムナジウムで獲得することになっており、教員養成の学部を含め、専門科目を教授することが通例である。もちろん、免許状の科目については、教科教授法とともに大学の講義等で教授される。一般にドイツの中等教育段階の教員は2科目の教員免許状を取得する。

　教員養成制度の改革は更に続く。2013年1月、州議会選挙が実施され、CDU/FDP政権からSPD/緑の党政権へと政権交代が行われた。SPD/緑の党政権は連立協定において、すべての教員養成課程をBA6学期、MA4学期とすること、試補期間を18ヶ月とすることを盛り込んだ[15]。2013年6月に学校法を改正し、ギムナジウムを8年制から9年制へと変更した。翌2014年10月には教職のマスター修了に関する規定を改訂し[16]、基礎学校を含むすべての教職課程をBA6学期、MA4学期で行うこととした。この改正によって、大学における教員養成における実習の割合が非常に高くなった。基礎学校教員養成課程では実習ブロック (20単位) に加え、プロジェクト期間が複数学期にまたがって別途モジュールとして設置されることとなった (15単位)。

また、大学でのBA/MAに引き続き行われる試補制度は、従来は基礎学校や基幹学校では12ヶ月、ギムナジウムでは18ヶ月とされていた[17]が、2010年の規則改訂によって、すべての学校の試補期間は18ヶ月となった[18]。この改正において、試補勤務で獲得すべき必要なコンピテンシーのリストが別表として示された。試補勤務終了までに求められるコンピテンシーの領域は、①授業、②生徒指導、③判断、助言と支援、診断と支援、④学校の自己責任と自身の基礎コンピテンシー開発を実施するための協働、⑤自己コンピテンシー、の5領域である。これはKMKが2004年に規定した教員スタンダード(教育科学)の4領域のうち、「刷新」の部分を分割したものとして理解できる。

　以上のように、同州では、大学における教職課程がすべての校種で5年10学期となり、試補勤務も18ヶ月となった。とりわけ、基礎学校の教員養成では、改正前の大学学修が4年、試補勤務が12月で、合計で5年であったが、改正後は合計で6年半となった。

2　ハンブルク市における教員養成課程改革

1) 経緯と概要

　ハンブルク市(都市州)の小学校(通例第1～4学年)及び中学校(第5～9学年)の教員養成課程を事例に整理する。ハンブルク市を取り上げる理由は、第一に2007/08年からBA/MAによる教員養成を開始した。それに合わせて試補期間が24ヶ月から18ヶ月へと短縮されることとなった。試補勤務を含めた教員養成全体で期間が延長されたニーダーザクセン州とは対照的である。第二に、大学、ゼミナール、教員採用の行政機関との連携組織が構築されていることが特徴である。第三に、ハンブルク市はドイツで少なくなった基礎学校と基幹学校の教員資格を合わせて実施しているという特色がある。

　ハンブルク市では、改革前の教員養成は9.5学期で実施されていた。基礎学修課程は原則4学期でその終わりに中間試験を受ける。合格すると主要学修4学期に進み、9ヶ月の修了試験を受け、合格すると試補勤務へと進んでいた。初等中等学校教員の第一次国家試験の必修試験科目は、①教育科学、

②基礎学校教育学、③2授業科目、であった。この他に論文が必要とされていた[19]。また、実習は基礎学校で4週間、中等学校で4週間、福祉実習が4週間であった[20]。

ハンブルク市は、1999年にハンブルク市教師教育委員会(Hamburger Kommission Lehrerbildung(HKL))を設置し、2000年に委員会報告書を作成した[21]。報告書のポイントは、①大学、試補勤務における入職後の活動に必要となる学修の強化と、②大学と試補の連携強化、であった。そのために大学及び試補段階におけるコア・カリキュラムの作成と、実習の強化が提言されていた[22]。また、新たに教員に求められる能力として、①ICT、文化的社会的多様性への対応力、学校開発力が求められた。

この報告を受け、ハンブルク市参事会は2006年2月26日に「教師教育改革」を通知している[23]。この報告書の中で、大学における教員養成改革ポイントは、①大学と試補を通じてのコア・カリキュラムの開発、②実習の改革、③単位のモジュール化、④教科指導法の位置づけ、等である。①のコア・カリキュラムは、2004年のKMK協定に即して作成されるものであり、教員に必要とされる能力を明らかにする。そこから②の実習の改革や③の単位のモジュール化、④の教科指導法の位置づけ、等が必要になる。その結果、2007年度入学者から教員養成課程が以下の様に改訂され、実施された。

表5-5　ドイツ・ハンブルク市教員養成関連略年表

1999年	欧州	ボローニャ宣言	2010年までにBA/MAに高等教育を整備
1999年	ハンブルク		教師教育委員会設置
2000年	ハンブルク		教師教育委員会報告書
2001年	ドイツ	「PISAショック」	KMKが教育の質向上への行動指針を公表
2004年	ドイツ	KMK協定	教師教育のスタンダード：教育科学
2006年	ハンブルク	通知	教師教育改革　理論と実践の往還
2008年	ドイツ	KMK協定	教師教育における教科科学及び教科指導法に対する内容的諸要求

第一段階である学部(BA)は、3年6学期で、180単位(LP、日本の2単位が3LPに相当)を修得する。第二段階が修士(MA)は、2年4学期で、120単位を

修得する。この段階に半年間の中核実習が含まれている。第三段階が試補勤務 (Vorbereitungsdienst) である。これは18ヶ月継続し、国家試験で終了する。

表5-6　ハンブルク市の小中学校教員養成課程

学部 (6学期)	単位数	修士 (4学期)	単位数	計
教育科学 (基礎教育学と教科指導法を含む)	80	教育科学 (基礎教育学と教科指導法を含む)	30	110
第一科目	45	第一科目	20	65
第二科目	45	第二科目	20	65
(実習入門4、総合実習8)	(12)	中核実習	30	30 (12)
卒業論文	10	修士論文	20	30
計	**180**	計	120	**300**

(単位：LP。事前事後学習を含め、25-30時間で1単位。3LPが日本の2単位相当。)

2) 教員養成課程における実習

　ハンブルク市の大学における教員養成においても実習が重視されるようになった。中でも教員としての適性について実習等を通じて自身で見極めることが必要とされている。その規準は、心理的安定性、意欲、社会的能力、職業関連の基礎能力、等である[24]。この適性を見出すために、実習とその振り返りが重視されている。小中学校教員養成課程では、学部1学期に「実習概論」(4単位)がある。これは教育学概論の一部に位置づけられている。職業経験というよりも、学校の教育活動について、経験と観察から新たな視点を発見することに重点が置かれる。それによって、教育学理論が実践領域と結びつけられる。「実習概論」は、学校で通例2回実施される。学生は1日中、学校における教員の授業や教育活動に従う。2学期にその事後指導が行われる。

　次に5学期(3年目)に総合実習(Integriertes Schulpraktikum, 8単位)がある。これは、事前事後指導各2単位、そして教育実習が大学の講義期間以外の4週間4単位(学校の3月休み前)である。その中で、30時間は授業を支援し、10時間は授業を実施する。学校における出席は、最低20日間である。これは原則集中型であるが、場合により授業期間中に行われる場合もある。総合実習の目的は、2006年の通知「教師教育改革」によれば、学生が「理論と実践の往還」を行うことである (2.3.1)。

修士課程においては、第2〜3学期にかけて中核実習が実施される[25]。これは大学側とハンブルク市教師教育・教育開発研究所の協力で実施される。その中心的目的は、ギムナジウム教員の場合は2科目の授業、初等中等教育段階の教員の場合は2科目の中心科目の1科目である。実習は第2学期（通算8学期）から実施される。これは講義期間に週1日と休業期間中に4〜5週間実施される。第2学期には15〜20時間授業を実施し、第3学期には15時間実施する。その中心は、授業の計画・実施・評価の能力である。初等中等教育段階の教職学生は、第2学期の実習を中等教育学校かギムナジウムで、第3学期の実習を基礎学校で実施する。これには振り返りが合わせて行われる。振り返りは学期中に5回、集中実習期間内に最低2回、合計10回実施される。こうした振り返りは、ハンブルク市の教師教育・学校開発研究所の責任で実施される。更に最低1回は小グループでの訪問が行われる。また、学期期間中は、教科指導法の演習が平行して実施される。実習モジュールの終了試験は、大学の責任で実施される。

表5-7　中核実習（MA）の単位（LP）内訳

中核実習Ⅰ（2学期）	単位	中核実習Ⅱ（3学期）	単位
学校実習（5週）	8	学校実習（4週）	7
振り返り	1	振り返り	1
訪問ゼミ	3	訪問ゼミ	3
第2言語としてのドイツ語	1	第2言語としてのドイツ語	1
試験	2	試験	3
計	15	計	15

以上のように、ハンブルク市の場合、教職課程における実習は、1年（1学期、2日）、3年（5〜6学期、4週間）、4〜5年（8〜9学期、5週間＋4週間）に実施されている。

3) モジュール化

大学の学修は、単位によって細分化されているが、コンピテンシーを獲得するためには、単位を相互に連関・統合させることが重要になる。ハンブル

ク市では、単位をグループ化して修了試験をモジュール化した。

　BAの教育科学を例に具体的にみてみよう。1年時は、「教育学概論モジュール」(12単位)と「算数数学指導法基礎モジュール」(12単位)を学修する。1年時の試験はこの2つのモジュール試験である。2年時は、2科目の指導法(各6単位で計12単位)と「言語教科指導法基礎モジュール」(12単位)を学修する。3年時は「総合実習」(8単位)、「学校教育学概論モジュール」(12単位)、科目領域(美術、音楽等で合計12単位)、「修了モジュール」(10単位)となっている(修了モジュールは教育科学に含まれていない)。こうした大学における学修課程の単位をまとめることにより、必要とされる能力が獲得できているのかを確認するシステムが導入された。

4) 教科指導法

　教科指導法は教員養成課程における理論と実践を結ぶ架け橋の役割を担う。ドイツの教員養成課程では、2008年のKMK協定[26]にみられるように、教科指導法は教科と合わせて学修することが一般的である。しかしハンブルク市は、これまで教科指導法を教育科学として位置づけてきた。今回の教員養成課程改革においても、この点が議論されたが、結局、従来と同様に教育科学に含めて学修することが決定された(Drucksache 18/3809, 2.3.3)。学識者の見解においても、教科指導法を教育科学として位置づける場合と、教科と合わせて位置づける場合では、それぞれに長短があることを「通知」は指摘している。

5) 教師教育センターの設置

　こうした課題を克服するために、ハンブルク市はハンブルク教師教育センター(Das Zentrum für Lehrerbildung Hamburg (ZLH))を2006年6月に設置した。同センターは、ハンブルク大学と市教師教育・学校開発研究所(Landesinstitut für Lehrerbildung und Schulentwicklung)の協働組織である[27]。同センターの目的はハンブルク市の教師教育に関連するすべての諸機関の教員養成を調整すること、その責務を実現するために実際の審議を行い、教員養成の発展に必要なことを明らかにし、必要な措置のための科目を決定することである。

6) 試補制度と教員資格

　教職課程の学生は、修士試験の合格により、同時に第 1 次国家試験にも合格したものと見なされ、その後、試補勤務に入る。試補勤務は従来 24 ヶ月であったが、教員養成課程改革との関係において、2004 年に 18 ヶ月に短縮された。試補勤務は、ハンブルク市教師教育・学校開発研究所が所掌している。教員養成は、市研究所と学校とで行われる。試補制度による教員養成の目的は、①授業力、②生徒指導、③臨床性・判断・評価、④学校改善、の 4 点である。学校での養成は、養成授業 (指導教員の授業に随伴、授業補佐及び主体としての授業) 及び学校行事等からなる。学校管理職は、研究所担当者と協力して、指導教員を決定する。ゼミナール指導員は 3 回の授業参観・指導を行う。ゼミナールでは、スタート時の指導 (27 時間)、主要ゼミナール (70 時間)、教科ゼミ (2 科目 × 48 時間)、コーチングを含む教員育成 (27 時間)、モジュール・チーム訓練 (50 時間)、自己裁量の時間 (60) 時間となっている[28]。自己裁量の時間は、振り返りと活動である。実習校では、18 ヶ月のうちに単独の授業 450 授業時間、それ以外の学校活動への出席 300 時間である。

　終了は第 2 次国家試験により判定される。これは 2 回の実習試験授業、論文 (7 万語程度)、及び口頭試験である。試験委員は教育行政関係者か学校管理職、市研究所のゼミナールの長、各科目のゼミナールの科目指導員、である。

　以上、ハンブルク市の教員養成改革は、ニーダーザクセン州のそれと比較すると、以下の点を指摘できる。第一に、大学における学修を BA/MA としてことにより長期化した。そのため、ニーダーザクセン州とは逆に、試補勤務の期間を 24 ヶ月から 18 ヶ月へと短縮した。このことが、教員の能力向上にどのような影響を及ぼすのか。確かに大学における実習時間が確保されるようになったことで、「理論と実践の往還」を早期に開始するシステムは構築されつつある。従来のような細切れの単位認定をモジュール化し、コンピテンシーを育てるシステムづくりが行われている。問題は、そこで教職希望者が獲得するコンピテンシーである。大学における学修段階から試補勤務を見通し、教員として必要なコンピテンシーを獲得するための機関として、試補

勤務を所管するハンブルク市教師教育・学校開発研究所と大学との協働組織であるハンブルク教師教育センターが設置され、教員養成関連事務を一元化している。その効果について、今後の成果を分析することが課題となるであろう[29]。

4　教員政策の成果と課題

1　ドイツの教員政策

　始めに、教員スタンダード策定以降のドイツ全体での動向を簡単に補足しておく。KMK は 2012 年に試補勤務の構成と国家試験についての州共通要求水準を決議した[30]。これは試補勤務希望者を州は受け入れるべきこと、受け入れに特別な事情がある場合には法令に基づくこと等が整理されている。その中で、試補勤務における養成形態は、①導入指導、②授業への随伴 (Hospitation)、③教員指導の下での授業、④独自の授業、⑤ゼミナール等での指導、の 5 つに整理している。また、2013 年 7 月に「教員養成第一段階における適性に関する勧告」[31] を決議している。この中で、教職志望者に対して、教職へのガイダンスを多様な関係者が実施すること、適性を自己評価すべきこと（例えばネット上での自己評価）、大学入学前後に数週間の適性実習 (Einigungspraktikum) を実施すること、等が述べられている。KMK と HRK は 2015 年 3 月に特別支援教育について教員養成の内容を強化する「多様性の学校のための教師教育」[32] を決議する。これは国連条約の発効に伴う「インクルージョン」への対応である。こうした KMK の動向に対応して、HRK は 2015 年 6 月に「教師教育のためのベルリン声明」[33] を公表し、統合 (Inklusion) のための教育や教科指導法等を重視すること、そして何よりも大学が真摯に教師教育に取り組むことを提案している。また、2013 年 5 月 14 日に「教師教育のための勧告」[34] を出し、就学前教育の教員養成についての重要性を提起している。

　こうした推移を踏まえ、ドイツにおける教員政策をまとめてみよう。KMK の教員スタンダード策定 (2004 年及び 2008 年) によって、ドイツの教員養成政

策は大きく変化してきた。EUの教育政策の影響を受けながら、PISA調査による教育の質保証のために必要な重要課題として教員政策は位置づけられている。この15年余りの期間において、教師教育について、次のような変化が看取できる。第一に、教員の質を高め、保証していくために、二段階型の教師教育を維持するとともに、各州に共通のスタンダードがKMKによって設定されたことである。ドイツの教師教育の特色は、大学での養成課程と試補制度の二段階構造となっている。実践的能力は試補段階での実習校における実習によっても育成されるのであるが、大学における養成課程でも実習期間が長くなる傾向が読み取れる。ただし、ベルリン市、ブランデンブルク州、ハンブルク市等では、試補期間が短縮され、大学における実習を重視することが不可欠となった。こうした状況において、KMKの設定した教師教育スタンダードの内容は、教職関連（教育学）に該当する内容と、教科関連に該当する内容である。このスタンダードは、各州が達成すべき教員養成の最低基準を意味しており、その意味での共通化が図られている。同時に、その達成方法は各州、各大学に委ねられている。

　第二に、大学における教員養成課程の目的や内容の変化、とりわけ実習の重視である。大学の学修を単位に細分化するのではなく、獲得される能力を単位としてモジュール化が進められている。これは単なる単位の集積ではなく、実際に獲得されるコンピテンシーを評価するという方向性を示している。教員養成課程の内容は、多くの州や大学では教育学、専門教科、教育実習の3つに区分されている。その中で、教科指導法は多くの州で専門教科の中に組み込まれているが、ハンブルク市のように、教育学の中に分類しているところもある。実際に学校における実習や模擬授業とどのように関係づけるのかが課題といえる。

　大学での教員養成における実習の重視は、共通の傾向としてしてきできる。このうち、一部の州では大学における教員養成がBA/MAとなり長期化したため、試補勤務期間の短縮化という制度的枠組みの変更があったことを念頭に置く必要がある。ボローニャ・プロセスが始まる前の時点でも、ドイツでは大学における実習は重視されていた。2000年の時点でニーダーザクセ

ン州では 12-14 週、ハンブルク市では 12 週の実習がすでに課されていた（BLK / Bundesanstalt für Arbeit 2000）。つまりドイツの教員養成において、実習は従来からの重要な内容として位置づけられていたのである。これは学生の教員としての適性を見極めるという目的があった。同時に、学校以外の企業等での実習が設定されており、教員としての社会性、人間性を重視していることの現れといえる。こうした大学における教員養成段階に求められる理論と実践の往還を支えるために、大学と州で連携協力機関を設置する動きが出てきている。ミュンヘン工科大学がその先駆けとして位置づけられているが、こうした連携協力機関はすでに 1999 年のテルハルト委員会の報告書で提案されてい

表5-8　2015/16年度の各州の教員養成概要

州	課程	GS タイプ1	GS+Sek1 タイプ2	Sek1 タイプ3	Gym タイプ4	Ber.S タイプ5	SonderS タイプ6
BW	BA/MA	6+2+18M		6+4+18M	6+4+18M	6+4+18M	6+4+18M
BY	BA/MA	7+24M		7+24M	9+24M	6+4+24M	9+24M
BE	BA/MA	6+4+18M			6+4+18M	6+4+18M	
BB	BA/MA	6+4+12M			6+4+12M	6+4+12M	6+4+12M
HB	BA/MA	6+4+18M			6+4+18M	6+4+18M	6+4+18M
HH	BA/MA		6+4+18M		6+4+18M	6+4+18M	6+4+18M
HE*1	国家試験	6+21M		6+21M	8+21M	6+4+21M	8+21M
MV	国家試験	9+18M		9+18M	10+18M	7+3+18M	9+18M
NI	BA/MA	6+4+18M		6+4+18M	6+4+18M	6+4+18M	6+4+18M
NW	BA/MA	10+18M		10+18M	10+18M	10+18M	10+18M
RP	BA/MA	6+2+18M		6+3+18M	6+4+18M	6+4+18M	6+3+18M
SL	国家試験	8+18M		8+18M	10+18M	10+18M	
SN	国家試験	8+12M		9+12M	10+12M	10+12M	10+12M
ST	国家試験	7+16M		8(6+4)+16M	9(6+4)+16M	6+4+16M	9+16M
SH	BA/MA	6+4+18M		6+4+18M	6+4+18M	6+4+18M	6+4+18M
TH	国家試験・BA/MA	6+4+18M		6+4+24M	6+4+24M	6+4+24M	6+4+24M

出典：Bundesländer/BfA Studien-&Berufswahl 2015/2016、KMK2015 及び各州 HP 等により筆者作成。
注：*1 ヘッセン州の学期数（タイプ5を除く）は最低学期。標準学期数はこれよりも1学期長い。

た。後は大学が「本気で(HRK 2003)」教員養成に取り組んでいることを検証する作業が必要であろう。

2015/16年度の各州における教員養成制度の概要は**表5-8**のようになる。傾向として基礎学校と基幹学校を合わせたタイプ2による教員養成の減少である。2000/01年度の時点では、10州でタイプ2による教員養成が行われていた(表5-2参照)ことからすると、ボローニャ宣言以降にBA/MAへの転換と同時に、学校種別から教育段階による教員養成へと転換したことは明らかである。唯一タイプ2が残っているハンブルク市でも委員会が2015年に設置され、タイプ2からの変更を検討している。

ドイツでは、ボローニャ・プロセスによる国家試験の学修課程からBA/MAへの改革と、教員養成課程の学修内容や方法の改革が同時に進行した。これらを検証するための研究が現在進行しているが、本章では十分に取り上げることができなかった。また、教員の需給関係やそれに連動する教員処遇の問題(労働条件や給与等)についても、十分に言及できなかった。今後の課題としたい。

2 日本への示唆

それではドイツにおける教員養成政策の近年の動向から、日本の教員養成に対して引き出される知見は何か。第一に、大学学部の教員養成段階において必要とされるコンピテンシーの明確化である。2012年8月28日に中教審答申「教職生活の全体を通じた教員の資質能力の総合的な向上方策について」が公表されたが、教員養成段階で最低限必要とされる能力は必ずしも明らかではない。基礎免許状(仮称)と一般免許状(仮称)に求められる能力を今後より具体的にしていくことが必要である。例えば、東京都は小学校教員に最低限必要とされる能力リストを明らかにしている[35]。

第二に、大学段階での教員養成を全体として見直すことが必要になる。すでに幾つかの国立大学を中心として、教員に必要とされる諸能力リストが作成されている。2013年度卒業者から実施される「教職実践演習」が、こうした

能力ベースとしての達成を実際に保証できているのかどうか、大学側の運営体制が問われる。大学での教員養成センター等の組織がどのように機能するのかを検証していく必要がある。

　第三に、大学等での学修課程における実習の重視である。学部段階における学校ボランティア、修士課程における実習単位の増加等は、先の中教審答申でも重視されている。その際、大学と教員を採用する側である県市との連携協力機関が必要である。2015年12月21日の中教審答申「これからの学校教育を担う教員の資質能力の向上について〜学び合い、高め合う教員育成コミュニティの構築に向けて〜」は、教育委員会と大学等で協議・調整のための体制（教員育成協議会）の構築を提案している。ハンブルク市等の事例は、こうした体制の先行事例といえる。ただし、日本とドイツとでは、状況が異なることに留意する必要がある。ドイツの教員養成は、州立大学での目的養成であり、定員によって、ある程度の量的調整が行われている。一方、日本では戦後教員養成改革で導入された開放制による教員養成が維持されている。実習の質を高めるためには、必要とされる教員数の予測に沿った形で行われることが求められる。この点については、中教審答申では十分に論究されていない。量と質の問題は、教員養成において、分析すべき課題である。

注

1　Finnish Institute for Educational Research (2009) p.26.
2　Official Journal of the European Communities 14.6.2002 Detailed work programme on the follow-up of the objectives of Education and training systems in Europe. (2002/C 142/01).
3　主な文書・報告書等は以下の通り。
　・European Commission (2006) Study on Key Education Indicators on Social Inclusion and Efficiency, Mobility, Adult Skills and Active Citizenship. Lot 2: Mobility of Teachers and Trainers. Final Report.
　・European Commission (2007) A Rewarding Challenge how the Multiplicity of Languages could strengthen Europe.
　・Commission of the European Communities (2007a) Improving the Quality of Teacher Education. Communication from the Commission to the Council and the European Parliament. COM (2007) 392 Final. (Brussels, 3rd Aug. 2007).
　・Commission of the European Communities (2007b) Conclusions of the Council and of the Representatives of the Governments of the Member States, meeting within the

Council on improving the quality of teacher education. (Brussels, 26th Oct. 2007).
- Eurydice (2008) Levels of Autonomy and Responsibilities of Teachers in Europe. <http://bookshop.europa.eu/en/levels-of-autonomy-and-responsibilities-of-teachers-in-europe-pbNC8008292/> (160802 access)
- Finnish Institute for Educational Research (2009) Education and Training 2010: Three studies to support School Policy Development Lot 2: Teacher Education Curricula in the EU. FINAL REPORT.

4 キプロス、エストニア、ドイツ、スロベニア、イギリス。
5 オーストリア、ベルギー、ブルガリア、デンマーク、フランス、ハンガリー、アイルランド、イタリア、ラトビア、リトアニア、ルクセンブルク、オランダ、ポーランド、ポルトガル、ルーマニア、スロバキア、スペイン、スウェーデン。
6 チェコ、フィンランド、ギリシャ、マルタ。(Finnish 2009, 60-61)
7 Finnish Institute (2009) p.26.
8 Böhmann, M. (2011) Das Quereneinsteiger. So gelingt der Start in den Lehrerberuf. Beltz. Weinheim und Basel.
9 ただしチューリンゲン州のイエナ大学で実施されている「イエナ・モデル」のように、BAを教員養成希望と教育学履修希望の学生が共通に履修し、MAでそれぞれの学修課程を区分するというところもある。
10 HRK: Empfehlungen zur Lehrerbildung. 186. Plenum der HRK vom 2. November 1998. <https://www.hrk.de/positionen/beschluesse-nach-thema/convention/empfehlungen-zur-lehrerbildung/> (160801 access)
11 HRK: Empfehlungen zur Lehrerbildung- aus Sicht der Fachhochschulen.22. Versammlung der Mitgliedergruppe Fachhochschulen am 20.10.2003. <https://www.hrk.de/positionen/beschluesse-nach-thema/convention/empfehlungen-zur-lehrerbildung-aus-sicht-der-fachhochschulen/> (160801 access)
12 Gemeinsame Erklärung des Präsidenten der Kultusministerkonferenz und der Vorsitzenden der Bildungs- und Lehrergewerkschaften sowie ihrer Spitzenorganisationen
　　Deutscher Gewerkschaftsbund DGB und DBB-Beamtenbund und Tarifunion Beschluss der Kultusministerkonferenz vom 5.10.2000 <http://www.kmk.org/fileadmin/Dateien/veroeffentlichungen_beschluesse/2000/2000_10_05-Bremer-Erkl-Lehrerbildung.pdf> (160801 access)
13 ザールラント州は、2012/13年度から「初等段階及び中等段階Ⅰ」(KMKのタイプ2) として初等教育の教員養成を再開した (KMK / Bundesagentur für Arbeit 2015)。更に2016年度からはタイプ1の初等教育段階での教員養成を開始する。なお、宮﨑 (2012) は、ドイツの教員養成において、ザールラント州を取り上げているが、初等教育の教員養成が実施されていない点について言及していない。
14 Verordnung über Masterabschlüsse für Lehrämter in Niedersachsen (Nds.Master-VO-Lehr) (Nds.GVBl. 2007 S.488) 13. September 2007
15 Erneuerung und Zusammenhalt. Nachhaltige Politik für Niedersachsen Koalitionsvertrag zwischen der Sozialdemokratischen Partei Deutschlands (SPD) Landesverband Niedersachsen und Bündnis 90/Die Grünen Landesverband Niedersachsen für die 17. Wahlperiode des Niedersächsischen Landtages 2013 bis 2018. <http://www.spdnds.de/imperia/md/content/landesverbandniedersachsen/ltw2013/koalitonsvereinbarung_der_jahre_2013-2018.pdf> (160802 access)

16　Verordnung über Masterabschlüsse für Lehrämter in Niedersachsen（Nds.Master-VO- Lehr）. Vom 8.11.2007（Nds.GVBl. Nr. 33/2007 S.488）, geändert durch VO vom 28.10.2014.（Nds. GVBl. Nr. 22/2014 S. 302）
17　Verordnung über die Ausbildung und die Zweiten Staatsprüfungen für Lehrämter（PVO-Lehr II）Vom 18. Oktober 2001.（Nds.GVBl. Nr.28/2001 S.655; SVBl. 12/2001 S.485）
18　Verordnung über die Ausbildung und Prüfung von Lehrkräften im Vorbereitungsdienst（APVO-Lehr）Vom 13.Juli 2010.（Nds.GVBl. Nr.19/2010 S.288; SVBl. 9/2010 S.325）
19　Verordnung über die Erste Staatsprüfung für Lehrämter an Hamburger Schulen Vom 18. Mai 1982, Prüfungsordnung für die Zwischenprüfung in den Lehramtsstudiengängen der Universität Hamburg Vom 28. Juni 2001.
20　BLK, BA（2005）Studien- & Berufswahl2005/2006. S.428.
21　ハンブルク市教師教育センター（Zentrum für Lehrerbildung）HP「教師教育改革」参照 <http://www.zlh-hamburg.de/reform-der-lehrerbildung/>（160803 access）。
22　ハンブルク市教師教育委員会報告書 <http://www.zlh-hamburg.de/zlh/wp-content/uploads/2010/08/hkl-bericht.pdf>（160803 access）参照。
23　Mitteilung des Senats an die Bürgerschaft. Reform der Lehrerausbildung in Hamburg. Drucksache 18/3809 <http://www.zlh-hamburg.de/zlh/wp-content/uploads/2010/08/drucksache-18_3809.pdf>（160803 access）参照。
24　ハンブルク市教師教育センター（Zentrum für Lehrerbildung）HP「Praxisphasen: Lehramt der Primarstufe und Sekundarstufe I（LAPS）」参照。<http://www.zlh-hamburg.de/nomenu/praxisphasen-laps/>（160803 access）
25　Aufbau und Beschreibung des Kernpraktikums. <http://www.zlh-hamburg.de/zlh/wp-content/uploads/2012/04/120424-sh-darstellung-kp-fur-hp.pdf>（160803 access）
26　Ländergemeinsame inhaltliche Anforderungen für die Fachwissenschaften und Fachdidaktiken in der Lehrerbildung.（Beschluss der Kultusministerkonferenz vom 16.10.2008 i. d. F. vom 16.09.2010）
27　Vorstellung des ZLH. <http://www.zlh-hamburg.de/zentrum-fuer-lehrerbildung/das-zlh-stellt-sich-vor-2/>（160803 access）
28　 Entwurf der Neufassung der "Richtlinien über Ziele, Gestaltung und Organisation der Ausbildung im Vorbereitungsdienst für die Lehrämter an Hamburger Schulen". Gültig für Beginn VD ab Februar 2013. <http://li.hamburg.de/contentblob/3923832/data/download-pdf-ar-2013-02-entwurf.pdf>（160801 access）
29　なお、ハンブルク市では 2015 年 11 月に市文部省と市科学研究省が合同で教員養成についてのプロジェクトを立ち上げた。その中で、初等教育と中等教育とを合わせて行っている教員養成（KMK のタイプ 2）を段階別に改訂する方向を示している（Behörde für Wissenschaft, Forschung und Gleichstellung. Wie sieht die Hamburger Lehrerausbildung der Zukunft aus? <http://www.hamburg.de/bwfg/hamburger-lehrerausbildung/>（160804 access））。2016 年 6 月 23 日時点で KMK のタイプ 2 で、今後も継続の予定の州は、ハンブルク市及びノルトライン・ヴェストファーレン州のみである <https://www.kmk.org/fileadmin/Dateien/veroeffentlichungen_beschluesse/1997/1997_02_28-RV_Lehramtstyp_2.pdf>（160805 access）。
30　Ländergemeinsame Anforderungen für die Ausgestaltung des Vorbereitungsdien-

stes und die abschließende Staatsprüfung. Beschluss der Kultusministerkonferenz vom 06.12.2012. <https://www.kmk.org/fileadmin/Dateien/veroeffentlichungen_beschluesse/2012/2012_12_06-Vorbereitungsdienst.pdf> (160801 access)
31　Empfehlungen zur Eignungsabklärung in der ersten Phase der Lehrerausbildung. (Beschluss der Kultusministerkonferenz vom 07.03.2013) <https://www.kmk.org/fileadmin/Dateien/veroeffentlichungen_beschluesse/2013/2013-03-07-Empfehlung-Eignungsabklaerung.pdf> (160801 access)
32　Lehrerbildung für eine Schule der Vielfalt Gemeinsame Empfehlung von Hochschulrektorenkonferenz und Kultusministerkonferenz. (Beschluss der Kultusministerkonferenz vom 12.03.2015/ Beschluss der Hochschulrektorenkonferenz vom 18.03.2015) <https://www.kmk.org/fileadmin/Dateien/veroeffentlichungen_beschluesse/2015/2015_03_12-Schule-der-Vielfalt.pdf > (160801 access)
33　HRK : Berliner Erklärung zur Lehrerbildung. Am 11. Juni 2015. <https://www.hrk.de/fileadmin/_migrated/content_uploads/2015-06-Berliner-Erklaerung.pdf> (160801 access)
34　HRK: Empfehlung der 14. Mitgliederversammlung der HRK am 14. Mai 2013 in Nürnberg Empfehlungen zur Lehrerbildung. <https://www.hrk.de/fileadmin/_migrated/content_uploads/Empfehlungen_zur_Lehrerbildung_2013_01.pdf> (160801 access)
35　東京都に関しては、東京都教育委員会 (2010)「小学校教諭教職課程カリキュラムについて」を参照。

主要参考文献

BLK/Bundesanstalt für Arbeit (2000) Studien- & Berufswahl 2000/2001. Nürnberg, BW Bildung und Wissen Verlag.

BLK/Bundesagentur für Arbeit (2005) Studien- & Berufswahl 2005/2006. Nürnberg, BW Bildung und Wissen Verlag.

Commission of the European Communities (2007a) Improving the Quality of Teacher Education. Communication from the Commission to the Council and the European Parliament. COM (2007) 392 Final. (Brussels, 3rd Aug. 2007).

Commission of the European Communities (2007b) Conclusions of the Council and of the Representatives of the Governments of the Member States, meeting within the Council on improving the quality of teacher education. (Brussels, 26th Oct. 2007) <http://register.consilium.europa.eu/pdf/en/07/st14/st14413.en07.pdf> (160802 access)

European Commission. (2007) A Rewarding Challenge how the Multiplicity of Languages could strengthen Europe.

European Commission (2006) Study on Key Education Indicators on Social Inclusion and Efficiency, Mobility, Adult Skills and Active Citizenship. Lot 2: Mobility of Teachers and Trainers. Final Report.

European Commission/EACEA/Eurydice (2015) The Teaching Profession in Europe: Practices, Perceptions, and Policies.

Eurydice (2008) Levels of Autonomy and Responsibilities of Teachers in Europe. <http://bookshop.europa.eu/en/levels-of-autonomy-and-responsibilities-of-teachers-in-europe-pbNC8008292/> (160802 access)

第 5 章　教員政策と質保証　191

Eurydice (2005) THE TEACHING PROFESSION IN EUROPE: PROFILE, TRENDS AND CONCERNS. Supplementary report. Reforms of the teaching profession: a historical survey (1975-2002) general lower secondary education.
Eurydice (2004) THE TEACHING PROFESSION IN EUROPE: PROFILE, TRENDS AND CONCERNS REPORT IV Keeping teaching attractive for the 21st century. general lower secondary education.
Eurydice (2003) THE TEACHING PROFESSION IN EUROPE: PROFILE, TRENDS AND CONCERNS REPORT III Working conditions and pay. general lower secondary education.
Eurydice (2002a) THE TEACHING PROFESSION IN EUROPE: PROFILE, TRENDS AND CONCERNS REPORT I Initial training and trasition to working life. general lower secondary education.
Eurydice (2002b) THE TEACHING PROFESSION IN EUROPE: PROFILE, TRENDS AND CONCERNS REPORT II Supply and demand. General lower secondary education.
Finnish Institute for Educational Research (2009) Education and Training 2010: Three studies to support School Policy Development Lot 2: Teacher Education Curricula in the EU. FINAL REPORT. <http://ec.europa.eu/education/policy/school/doc/teacherreport_en.pdf> (160802 access)
Hochschulrektorenkonferenz (2006) Empfehlungen zur Zukunft der Lehrerbildung in den Hochschulen. Beschluss des 206. Plenums vom 21.2.2006.
Hochschulrektorenkonferenz (2003) Empfehlungen zur Lehrerbildung–aus Sicht der Fachhochschulen–. Verabschiedet auf der 22. Versammlung der Mitgliedergruppe Fachschulen in der Hochschulrektorenkonferenz am 20. Oktober 2003.
Hochschulrektorenkonferenz (1998) Empfehlungen zur Lehrerbildung. 186. Plenum der HRK vom 2.11.1998.
HRK (2015) Berliner Erklärung zur Lehrerbildung. Am 11. Juni 2015. <https://www.hrk.de/fileadmin/_migrated/content_uploads/2015-06-Berliner-Erklaerung.pdf> (160801 access)
HRK/KMK (2015) Lehrerbildung für eine Schule der Vielfalt Gemeinsame Empfehlung von Hochschulrektorenkonferenz und Kultusministerkonferenz. (Beschluss der Kultusministerkonferenz vom 12.03.2015/ Beschluss der Hochschulrektorenkonferenz vom 18.03.2015) <https://www.kmk.org/fileadmin/Dateien/veroeffentlichungen_beschluesse/2015/2015_03_12-Schule-der-Vielfalt.pdf> (160801 access)
IBF International Consulting (2013a) Study on Policy Measures to improve the Attractiveness of the Teaching Profession in Europe. Final report Volume 1.
IBF International Consulting (2013b) Study on Policy Measures to improve the Attractiveness of the Teaching Profession in Europe. Final report Volume 2.
KMK (2016) Einstellung von Lehrkräften 2015–Tabellenauszug–. Berlin, den 22.03.2016.
KMK (2015) Sachstand in der Lehrerbildung. Stand: 21.09.2015. <https://www.kmk.org/fileadmin/Dateien/pdf/Bildung/AllgBildung/2015-09-21-Sachstand_LB-mit-Anlagen.pdf> (160808 access)
KMK (2013) Empfehlungen zur Eignungsabklärung in der ersten Phase der Lehrerausbildung. (Beschluss der Kultusministerkonferenz vom 07.03.2013) <https://www.kmk.org/fileadmin/Dateien/veroeffentlichungen_beschluesse/2013/2013-03-07-Empfe-

hlung-Eignungsabklaerung.pdf>（160801 access）
KMK（2012）Ländergemeinsame Anforderungen für die Ausgestaltung des Vorbereitungsdienstes und die abschließende Staatsprüfung. Beschluss der Kultusministerkonferenz vom 06.12.2012. <https://www.kmk.org/fileadmin/Dateien/veroeffentlichungen_beschluesse/2012/2012_12_06-Vorbereitungsdienst.pdf>（160801 access）
KMK（2008）Ländergemeinsame inhaltliche Anforderungen für die Fachwissenschaften und Fachdidaktiken in der Lehrerbildung. Beschluss der Kultusministerkonferenz vom 16.10.2008.
KMK（2004）Standards für die Lehrerbildung: Bildungswissenschaften（Beschluss der Kultusministerkonferenz vom 16.12.2004）
KMK（1995）Studienstrukturreform für die Lehrerausbildung.（Stellungsnahme der Kultusministerkonferenz vom 12.05.1995）
KMK / Bundesagentur für Arbeit（2015）Studien- & Berufswahl 2015/2016. GGP Media, Poessneck.
Die Länder der Bundesrepublik Deutschland. Bundesagentur für Arbeit.（2011）Studien- & Berufswahl. 2011/2012.
OECD（2005）Teachers matter: Attracting, Developing and Retaining Effective Teachers.（邦訳：国立教育政策研究所（2005）『教員の重要性－優れた教員の確保・育成・定着－』）
OECD（2004）Attracting, Developing and Retaining Effective Teachers. Country Note: Germany. <http://www.oecd.org/edu/school/33732207.pdf>（160802 access）
Terhart, E.（Hrsg.）（2000）Perspektiven der Lehrerbildung in Deutschland. Abschlussbericht der von der Kultusministerkonferenz eingesetzten Kommission. Weinheim und Basel, Beltz.
Wissenschaftsrat（2001）Empfehlungen zur zukünftigen Struktur der Lehrerbildung. Drs.5065/01.
木戸裕（2012）『ドイツ統一・EU統合とグローバリズム－教育の視点からみたその軌跡と課題』東信堂
木戸裕（2008）「ヨーロッパ高等教育の課題―ボローニャ・プロセスの進展状況を中心として―」国会図書館『レファレンス』2008年8月号5-27頁
辻野けんま（2013）「ドイツにおける学校の質保証と教員政策」 日本学術振興会科学研究費補助金基盤研究（C）（課題番号：24531019）「日欧教育の質保証と効率性に関する研究」（平成24～26年度、研究代表者：坂野慎二）研究成果中間報告書101-116頁
辻野けんま（2009）「ドイツの大学の学士・修士課程における教員養成：ポツダム大学の『生活・倫理・宗教科』教職課程を例に」東京学芸大学『教員養成カリキュラム開発研究センター研究年報』第8号34-43頁
東京都教育委員会（2010）「小学校教諭教職課程カリキュラムについて」<http://www.kyoiku.metro.tokyo.jp/press/pr101014s/pr101014s_3.pdf>
中留武昭（1994）『アメリカの学校評価に関する理論的・実証的研究』第一法規
日本教育経営学会・学校改善研究委員会（1990）『学校改善に関する理論的・実証的研究』ぎょうせい
二宮晧（2005）「OECDの教員養成に関する政策提言」所収：日本教育大学協会2005b 141-160頁

日本教育大学協会（2005a）『世界の教員養成Ⅰ－アジア編』学文社
日本教育大学協会（2005b）『世界の教員養成Ⅱ－欧米オセアニア編』学文社
日本教師教育学会（2008）『教師教育改革の国際的動向』（日本教師教育学会年報第17号）学事出版
宮﨑英憲・東洋大学往還型教育チーム（2012）『変革期にあるヨーロッパの教員養成と教育実習』東洋館出版社
文部科学省(2012)「平成24年度公立学校教員採用選考試験の実施状況について」図表
　　<http://www.mext.go.jp/a_menu/shotou/senkou/__icsFiles/afieldfile/2012/12/21/1329248_1.pdf>
吉岡真佐樹（2007）『教師教育の質的向上策とその評価に関する国際比較研究』（科研費成果報告書）

結　論

　本書では、ドイツを対象領域としてNPMの影響を受けた「新制御」による教育政策の公正さと質保証について考察してきた。ここでは、これまで展開してきた内容を総括し、そこから得られた知見から日本の教育政策への示唆を述べる。

1　教育の公正さと多様な者のための教育政策

　教育、とりわけ学校教育は、国民にとって、職業選択の自由や他の諸権利を保証するための基本的な権利である。学校教育の対象となる児童生徒の多様性は、欧米諸国に共通する現象である。ヨーロッパ諸国における多様性の特徴は、移民の背景を持ち、文化的・宗教的に異なる児童生徒を包括し、国民・市民として育成していくための教育政策である。アメリカでは、1960年代に補償教育政策として見られた児童生徒の多様性を、教育政策で統合していく政策が、ヨーロッパ諸国でも今日の教育政策の中心的課題となってきたのである。ドイツでは2000年に改正国籍法が施行され、それまでの血統主義から出生地主義への転換が図られた。移民の背景を持つ児童生徒をドイツ国民として受け入れ、彼らの支援を行うことが重要な政策課題となったのである。

　更に日本を含めた諸国に共通する児童生徒の多様性は、経済的・社会的要因による多様性を、学校教育システムによって教育機会を保証し、統合していく役割をどのように果たしていくのか、という課題である。これは上述の移民の背景を持つ児童生徒と重なる部分がある。様々な不利益を抱える児童生徒に、学校教育を通して、社会的・経済的地位を獲得できるような経路を

確保することが、学力の底上げ政策となって現れている。このことは、2006年に初めてドイツで作成された「教育報告書」の特集テーマ（H 章）が「移民（Migration）」であったことでも確認できよう。更に、同報告書のインプット部分に相当する「変化する諸条件の緊張領域にある教育（A 章）」では、一人っ子、一人親、経済的に厳しい家庭等、困難な状況にある子どもたちが増加していることが示されている。そのために連邦及び各州が進めた教育政策は、主に以下のようなものであった。

1) 入学前後の教育政策

2001 年に公表された PISA 調査によって、それまでのドイツの教育政策は成功しているとはいえないことが示された。その原因として、ドイツの学力調査結果は分散が大きく、結果として平均点が OECD のそれを下回っていた。PISA 調査では、ドイツの学力上位層は一定の割合で分布しているが、中位層が他国と比較すると少なく、下位層が多かった。従って、学力向上を目指す教育政策の主たる対象は、学力下位層の子どもたちの学力を中位層へと押し上げることとなる。

学力の下位層の子どもたちは、二重の意味で、学校教育における成功が困難であった。第一に、子どもたちの家庭環境である。そこでは、外国人の子どもを中心とした、移民の背景を持つ子どもの割合が高いことが挙げられる。第二に、移民の背景を持たない子どもでも、経済的条件や一人親や一人っ子のように、伝統的な家族スタイルとは異なる環境で育つ子どもが増えている。

移民の背景を持つ子どもたちは、学校文化の基盤であるドイツ語の習得に課題を抱えていた。ドイツでは 1960 年代を中心にトルコを中心とした外国人労働者を招聘したという経緯がある。彼らは家庭ではドイツ語以外の言語を使用することが多い。このため、就学前教育段階におけるドイツ語の習得が重視されることとなった。ドイツ語能力試験が各州で導入され、ドイツ語の習得が不十分な子どもには語学コースが提供されることとなった。基礎学校に入学する時点までに、子どもたちの基盤条件を共通化することにより、学校教育に溶けこけるようにしようとしている。

更に、基礎学校導入段階では、発達段階に違いが見られることから、子ど

もの発達状況に応じて、学年編成を柔軟化する政策が進められている。ブランデンブルク州やベルリン市等に導入された「柔軟な学校導入段階」は、従来の飛び級よりも子どもの負担を軽減するシステムであると考えられる。ただし、こうした学校教育の条件変更は、それに対応できる学校全体での力、教員の力量が必要となる。

2) 社会階層の再生産機能の緩和

　子どもの生活する家庭環境の多様化は、学校教育における成否に強い影響を与えている。このことはPISA調査によって明らかになった事実の1つである。上述の移民の背景を持つ子どもに加え、経済的に不利な立場にある家庭の子ども、一人親で一人っ子といった家庭の子どもは、学校での成績が振るわないことが明らかにされた。また、親の学歴と経済的地位が、子どもの学業成績に他国よりも強く影響していることも明らかになった。

　こうした社会階層の再生産機能を弱めるために、2つの対応策がとられている。第一に、学校の活動が終了した放課後の支援である。終日学校（Ganztagsschule）による放課後の支援は、1970年代に開始されたが、その本格的な普及は2000年代に入ってからである。終日学校の普及には、連邦政府の補助金として2003年から2007年までに40億ユーロが継続された。その後2008年から2015年まではその成果を調査するための予算がつけられている。ドイツでは教育に関する権限は各州に属するが、終日学校政策は連邦と州の政策がうまくかみ合った成功事例として位置づけられている。

　第二に、分岐型学校制度の見直しである。1990年の東西ドイツ統一以降、学校制度は非常に多様化した。多くの旧東ドイツ諸州は、三分岐型ではなく、二分岐型学校制度を導入した。その理由は、旧東ドイツ時代の単線型学校制度による影響があったこともあろうが、人口が少ない地域において、三分岐型学校制度を維持することが困難であったことも大きな要因である。旧西ドイツ諸州でも、少子化と高学歴志向によるギムナジウム進学率の増大により、伝統的な三分岐型学校制度を維持する必然性は減少した。ベルリン市は中等教育段階で、ハウプトシューレ、実科学校、総合制学校を統合中等学校

(ISS、Integrierte Sekundarschule)に集約し、ギムナジウムと合わせて完全な二分岐型とした。他のほとんどの州においてもハウプトシューレと実科学校を統合した形態の学校を設置している。こうした学校制度の簡素化志向は、学校における社会階層の再生産機能を弱める方向に作用すると考えられている。また、旧西ドイツ諸州で二分岐型学校制度を導入した州の政権はSPDが与党であった。学校教育政策は州レベルにおける重要な政策課題である。政治的決定に至るまでの根拠に基づいた政策を提示することが、教育学研究の大きな責務の1つである。これまでのところ、PISA調査や州間比較調査等で成績の良い州は分岐型学校制度を維持している州である。ベルリン市、ハンブルク市、ブレーメン市といった都市州は、いずれも二分岐型学校制度を採用しているが、成績は良くない。これは学校の制度的要因よりもそれ以外の要因(家庭的、経済的、社会的要因)が影響を与えているといえる。こうした諸要因をどのように分析していくのかが教育研究に問われている。

2 質保証のための教育政策

1) データによる評価の枠組み

ドイツでは、学校の成果を十分には明らかにしてこなかった。これはインプット段階での制御を基本とした教育行政システムが基本となっていたことを意味する。しかし、イギリス等のNPMがドイツ(語圏)に入ってきたことにより、「新制御(neue Steuerung)」による結果・成果を重視した教育政策へと転換していった。そのための制度的枠組みの1つがスタンダードの設定、統一的な成績の測定であった。例えば、ギムナジウムを終了する際には大学入学資格であるアビトゥアを獲得するが、従来は学校毎に試験課題を決定・実施・判定する州が9州と過半であった。現在は1州(ラインラント・プファルツ州)を除く15州で統一アビトゥアが実施されている。PISAショック後、州内でギムナジウムを含めて学校終了段階で統一試験を実施することが一般的となり、州内での水準の統一化が図られている。

更に、州間の学校教育成果を測定するために、比較調査(VERA)が第3学年

と第 8 学年で実施されている。これによって、州間の比較が可能となり、各州が教育成果を検証することが可能となっている。加えて、IQB は言語や数学・理科等でドイツ全体の調査を実施し、その結果を分析し、公表している。教育政策の成果を分析する基本的資料を整えることが重要であることが認識されてきたといえる。こうした結果・成果の「見える化」によって、各州、あるいは各学校の関係者は、自分たちの教育が成功しているのか、失敗したのかを明示されることとなった。成果の明示化は、学校関係者や教育関係者に責任を問うシステムとなる。

2) 学校評価と改善支援

　ドイツ諸州では 2000 年代に入って学校外部評価（学校査察）が導入された。学校外部評価はインプット、プロセス、アウトプットという流れの中で、進められる。評価チームは事前に学校の諸データを読み込み、授業観察を行い、学校関係者とのインタビュー等によって、学校の良さと課題を、第三者の視線で明らかにしている。学校外部評価は、学校関係者からもある程度支持されている。ドイツの教員は、従来学校での協働意識が希薄であったが、学校外部評価と平行した実施される学校自己評価によって、協働意識を高め、学校づくりを進める機会としての役割を果たした。また、外部評価チームは、今後の改善のための方向性を提示する。学校と学校設置者は、学校がなすべきことと、学校設置者がなすべきことについて目標協定を結び、学校改善を目指すシステムを構築している。各学校は、立地条件等により、学校で成果を挙げるための条件が異なる。単に学習の成果だけではなく、丁寧に学校教育のプロセスを評価する必要がある。

　こうした学校単位における関係者の緩やかな合意と、それに基づく学校開発は、投入すべき人的あるいは財政的な資源が確保できる場合には効果を発揮しうる。しかし同時に、資源を確保できない学校に対して、どのような支援を行うのかが明示されなければならない。学校外部評価の結果は、一般に学校関係者と学校設置者に示されるが、その結果に基づく目標協定が機能するのかどうかを検証していく必要がある。また、学校外部評価は費用が高く

なるため、一部の州で廃止となった。学校教育の質保証システムの一部としての学校外部評価の費用対効果が問われている。

3) 教員政策の重視

学校教育の質保証を行うためには教員の役割が重要である。今日、教員には多面的な能力が求められ、新規採用段階で高い能力を獲得することは困難である。ドイツでは大学入学段階(国家試験の場合)あるいはMA段階(二段階型の場合)で教員養成に特化した学修課程となっている。養成段階では、理論と実践を1年目から相互に関連づけるとともに、獲得すべき能力によるモジュールで構成されるように推移してきた。試補制度によって、入職時の業務軽減を行い、育成を主眼とした制度設計がなされている。

2004年及び2008年に作成された教師教育スタンダードは、教員が入職するまでの必要な資質能力を示している。こうしたある時点での目標設定を行い、各州、あるいは各大学がそのために必要な内容と方法を開発していくという手法は、学校の教育スタンダードと学習指導要領等と同様であるといえる。教員養成段階で示唆的なのは、早期からの実習の導入である。これは2000年代以降の改革以前から実施されていたものである。教員養成の現場主義が徹底しているともいえる。また、教師教育スタンダードにおける「コンピテンシー領域3：判断力(Beurteilen)」は、上述してきた児童生徒の多様化・個別化と対になっていると考えられる。「コンピテンシー領域4：刷新(Innovieren)」は、教員養成期間が長いドイツでは、入職段階で必要な資質能力が備わっているといった考え方を大きく変更するものであった。このことは、社会の変化が早くなり、教員に新たな能力を求め、変革し続ける姿勢が重要であることを示唆している。

3 日本との比較及び示唆

1) 教育の公正さと多様な者のための政策

日本の学校教育政策とドイツのそれとを比較すると、指摘すべき点は、児

童生徒の多様性をシステムに導入することである。とりわけ、画一的な年齢主義を柔軟にする必要がある。ドイツでは「柔軟な学校導入段階」による発達・能力段階での学年制度が導入された。更に飛び級や原級留置（落第）の制度もある。児童生徒が教育課程を修了するのに適した運用が求められている。これらのことは、学校教育における「入り口」と「出口」が一様ではないという前提で学校システムを設計していくことを必要とする。義務教育の入り口である小学校段階に、何もできないという前提で教育を開始することは、就学前教育が広範に普及した今日では、子どもの成長・発達を阻害する可能性が高い。子ども達が異なる前提条件で入学してくることを前提としたシステムづくりが急がれる。また、義務教育を終了する段階で、同一の課程を修了することを前提としたシステムを変更していく必要がある。実際の学力の違いは、高校入試によって顕在化している。生徒それぞれの能力に適した教育を提供することにより、高校や大学に接続する一連の教育課程をつなげる必要がある。中高一貫教育は1998年に法令が改正され、1999年度から制度化されている。中等教育学校及び併設型学校では、教育課程編成上の特例が認められており、高校（中等教育学校の後期課程）の学習内容の一部を、中学校（中等教育学校の前期課程）で行うことが認められている。また、2003年の学習指導要領の一部改訂で、発展的学習の実施が普及してきている。多様な教育の提供は、日本でも一部で制度化されている。

　一方、ゆっくり理解する生徒には、理解しやすい速度での授業が必要であろう。この10年程の間に、中学校段階においても習熟度別学習が普及してきた。学習の速度の違いをある程度容認した学校システムを構築する必要がある。ドイツでは、従来の三分岐型学校制度が二分岐型学校制度へと変化しつつある。日本は分岐型システムを前提とするよりも、一元的なシステムを維持した上で、多様性を追求する方が抵抗感が少ないであろう。

　次に、支援を要する児童生徒への対応を具体化する必要がある。高等学校段階でも支援を要する生徒への対応が重要である。インクルーシジョンと同時に、個別の指導計画を作成することが必要であろう。とりわけ2006年に国連で採択された「障害者の権利に関する条約」は、日本の小中学校等にも大き

な影響を与えるものと思われる。

　加えて、就学前教育と初等・中等教育の連続性を強化する必要がある。就学前教育は、幼稚園、保育所、認定こども園のように、所管が多元的である。学校間では幼小連携教育、小中連携・一貫教育が推進されているが、交流レベルの活動が多い。具体的にどのような能力を伸ばすのか、そのためにそれぞれが何をなすのか、が明らかにされる必要がある。

　ドイツの最重要課題である移民の背景を持つ児童生徒の教育について、現行制度では日本の中心的な課題としては位置づけられないであろう。というのも、憲法第26条や教育基本法第4条及び第5条等に規定されているように、教育政策の主たる対象は「国民」と規定されているからである。まずは初等・中等教育において、外国人の子どもを学校教育の対象として法的にも位置づけることが必要である。

2) 質保証のための政策

　日本でも2007年に全国学力・学習状況調査が導入され、成果の測定がなされるようになってきた。しかしデータは成果部分のみであり、出発点における測定が不十分である。この点はドイツも同様で、各学校の諸条件を合わせた学校教育のプロセスを評価する必要がある。アメリカでは、学校の諸条件をデータ化し、学校教育の過程による成果の可視化を試みており、成果のみで学校を評価しているのではない。学校を支援するための評価となるような制度設計が必要である。

　教員の質的向上は日本でも重要な課題である。教員の勤務実態調査がほぼ40年振りに実施され、公立学校の教員は1日2時間程度の残業を行っていることが明らかにされた。業務の精選を図り、本来の教育活動に集中できるような環境整備が求められている。また、開放制の教員養成制度を前提として、養成期間を長期化することは、学生の経済的負担を増すとともに、他の労働市場との流動性がなくなり、希望者が減少し、能力の高い教員が減少する可能性がある。しかし、開放制を維持すれば、教職に就かずに他の職業に就く者のために、多くの資源が非効率的に投入されることになる。大学あるいは

大学院を卒業・修了する時点での質保証は、現行制度のままでは相当程度困難であると考えられる。

　また、教員に求められる資質能力を明らかにすることが重要である。そのためには教員の主要職務とそれ以外の職務を区分する必要がある。外的環境整備として、学校教育と学校以外の活動との分担と連携を明示する必要がある。

あとがき

　本書の成立に至る背景について、述べておきたい。筆者はドイツの中等教育研究に関する博士論文を書き終え、1998年2月に東北大学から「博士（教育学）」の学位を授与されました（2000年に『戦後ドイツの中等教育制度研究』として風間書房から出版）。その後国立教育研究所、国立教育政策研究所時代（2006年まで）には、国の教育政策動向に対応して、就学前教育から生涯学習まで、対象を広げて研究する機会に恵まれました。また、研究所の調査研究、及び科学研究費補助金の研究代表者あるいは研究分担者として継続的に資金を獲得することができ、恵まれた研究環境に身を置くことができました。日本とドイツに加え、アメリカ、イギリス、オランダ、オーストラリア等、複数の国を訪問調査することにより、その視野を広げる幸運にも恵まれました。調査にご協力いただいた多くの方々に感謝いたします。

　本書の研究基盤となった、筆者が研究代表者となった科学研究費補助金は、以下のとおりです。

　1999～2000年度　奨励研究(A)「中高一貫教育における学習の個別化と教育課程の整合性に関する日独比較研究」（課題番号11710164）

　2001～2002年度　基盤研究(C)「卒業後評価による中高一貫教育の教育課程の個別化と系統性に関する日独比較研究」（課題番号13610344）

　2003～2005年度　基盤研究(B)(2)「少子化と地域差を考慮した基礎学力を保障するための小中高一貫教育の総合調査研究」（課題番号15330171）

　2007～2008年度　基盤研究(C)「学校教育質保証手法開発に関する日独比較研究」（課題番号19530717）

　2009～2011年度　基盤研究(C)「教育の質保証に関する日欧比較研究」（課題番号21530851）

　2012～2014年度　基盤研究(C)「日欧教育の質保証と効率性に関する研究」（課題番号24531019）

2015〜2017年度　基盤研究(C)「新しい能力観と学校教育の質保証に関する研究」(課題番号 15K04315)

　研究に加え、そろそろ教育にも力を注ぎたいと考えていた2006年、玉川大学に異動することとなり、通信教育部、教職大学院、教育学部及び教育学研究科の教員として、多様な学生を指導する機会をえることができました。身をもって教育の多様性を体験し、同時に質保証の難しさを実感することとなりました。

　2016年から2017年にかけて、ドイツのケルン大学経済社会学部のMatthias Pilz教授及びボンにあるドイツ連邦職業教育研究所(BIBB)のIsabelle Le Mouillour国際職業教育部第一課長のところで研究する機会をいただきました。ケルン大学やBIBBの関係者には研究上多くの示唆をいただきました。滞在中に多くの文献に触れ、これまで集中して読むことが難しかった文献を読むことができました。こうした機会を与えてくださった玉川大学の小原芳明学長はじめ、授業や学内業務を代わりに引き受けていただいた関係者の皆様に感謝いたします。

　当初の計画では、博士論文出版から5年後を目途として、2冊目の単著をまとめる予定でしたが、前半は日本の教育政策の急速な進展と共同研究等の調査研究や論文執筆、後半は大学の教育及び運営の仕事に時間をとられ、研究のとりまとめが予想外に遅れてしまいました。このため、研究所時代の論文はすでに時代遅れとなり、近年執筆した論文を中心に本書を構成することとなりました。主な論文等は以下のとおりですが、かなりの加筆・修正を行っています。

- 「学校体系における中等教育段階の意義と機能」日本教育学会(2010)『教育学研究』第77巻第2号　171-182頁
- 「ドイツにおける学力保証政策」大桃敏行他編(2007)『教育改革の国際比較』ミネルヴァ書房　40-55頁
- 「ドイツにおけるPISAショックと教育政策」日本ドイツ学会(2004)『ドイツ研究』第37/38号　成文堂　33-43頁
- 「ドイツにおける学校教育と質保証」平成24〜26年度日本学術振興会科学研究費

補助金　基盤研究（C）（研究代表者：坂野慎二、課題番号 24531019）「日欧教育の質保証と効率性に関する研究」研究成果中間報告書（2013）『教育の質保証に関する比較研究』81-99 頁
・「ドイツにおける教員政策の展開過程－EU との関連から－」玉川大学教職大学院（2013）『教師養成研究紀要』第 4 号　1-15 頁
・「就学前教育と初等教育の接続に関する一考察―日本とドイツの比較から―」玉川大学教職大学院（2015）『教師養成研究紀要』第 6 号　5-21 頁
・『教育の多様性と質保証　―統一後ドイツの教育政策―』（2015）平成 24 ～ 26 年度日本学術振興会科学研究費補助金　基盤研究（C）「日欧教育の質保証と効率性に関する比較研究」（研究代表：坂野慎二）課題番号 24531019　125 頁
・「学校間接続と選抜に関する一考察―ドイツの基礎学校と中等教育段階の事例を中心に―」玉川大学教育学部紀要（2016）『論叢』第 14 号　35-59 頁

本書の刊行にあたり、平成 28 年度科学研究費助成事業（科学研究費補助金）（研究成果公開促進費）「学術図書」の助成（課題番号 16HP5204）を受けました。

最後にドイツ滞在中を含めてこれまでの研究生活を支えてくれた妻珠江に感謝します。

2016 年 10 月 3 日

　　　　　　　　　　　ドイツ統一の日に　ライン河畔のケルンにて
　　　　　　　　　　　　　　　　　　　　坂野　慎二

事項索引

【あ行】

移民の背景を持つ子ども（児童生徒、者）　12, 21, 27, 28, 45, 51, 52, 54, 55, 72-75, 193, 194, 200

【か行】

学習指導要領　5, 6, 9, 51, 58, 64-70, 77, 98, 113, 140-142, 198, 199

学校外部評価（学校査察）　9-11, 13, 14, 52, 117-142, 144-153

教育スタンダード　7, 9, 20, 22, 44, 51, 54, 64, 65, 67-71, 88, 127

教育制度における質的開発研究所（Institut für Qualitaetsentwicklung im Bildungswesen, IQB）　71, 77, 111, 197

教育フォーラム（Forum Bildung）　11, 20-22, 44, 46, 47, 52, 54, 61, 67, 78

教員養成　9, 13, 14, 68, 75, 76, 150, 159-179, 181-187, 198, 200

教師教育スタンダード（KMK）　171, 184, 198

キリスト教社会同盟（CSU）　11, 22, 38-40, 42, 62

キリスト教民主同盟（CDU）　11, 22, 38-42, 45, 46, 62, 63, 110, 130, 139, 176

経済協力開発機構（OECD）　3, 5, 17, 35, 43, 46, 67, 147, 159, 162, 167, 168, 194

研修　13, 14, 21, 56, 123, 124, 127, 133, 138, 142, 143, 145, 147, 150-152, 161, 163, 169, 171, 172

コンピテンシー　9, 13, 65-68, 70, 77, 78, 137, 140, 169, 171, 172, 177, 180, 182, 184, 186, 198

【さ行】

左派党（die Linke）　39-42

就学前教育　12, 14, 19, 21, 22, 43, 45, 46, 51, 52, 54-56, 60, 183, 194, 199, 200

州間比較調査（VERA）　71, 111, 196

終日学校　12, 21, 22, 46, 51, 52, 61-63, 75, 195

常設各州文部大臣会議（KMK）　7, 11-13, 18, 19, 22, 43, 46, 52, 54, 56, 57, 61, 64, 68-72, 75, 87, 88, 96, 98-100, 103, 104, 122, 167-169, 171, 172, 174, 177, 178, 181, 183, 184

新制御（neue Steuerug）　3, 8, 9, 119, 193, 196

総合制学校　42, 63, 64, 85-92, 95, 98, 101, 107-110, 118, 119, 172, 195

【た行】

多課程制学校　53, 63, 87-92, 94, 98, 101, 104, 107, 109, 110

TIMSS（調査）　18-20, 52, 65, 66, 71, 96, 168

ドイツ基本法　12, 22, 23, 40, 44, 46, 103, 121

ドイツ社会民主党（SPD）　11, 20, 22, 38-42, 45, 46, 63, 87, 110, 130, 176, 196

ドイツ自由民主党（FDP）　38-40, 45, 46, 62, 130, 176

ドレスデン会議　23, 42, 43

【な行】

7つの行動プログラム（KMK）　19, 54

ニュー・パブリック・マネジメント（New Public Management, NPM）　3, 5, 7, 10, 12, 20, 85, 117, 119, 159, 193, 196

【は行】

PISA調査　3, 5, 9, 11, 17, 19-21, 44, 51, 52, 65, 66, 69, 71, 73, 91, 111, 159, 184, 194-196

分岐型学校制度　12, 14, 42, 63, 85, 86, 93, 94, 110-112, 118, 130, 195, 196, 199

ボローニャ・プロセス　4, 13, 68, 76, 160, 162, 166, 168, 172, 184

【ま行】

【ら行】

緑の党　20, 22, 39, 40, 42, 45, 46, 110, 140, 176

連邦・州・教育計画及び研究促進のための委員会（BLK）　22, 23, 55, 67, 120

人名索引

【あ行】

アベナリウス（Avenarius, H.）　86, 95, 101, 103, 104, 121
アルトリヒター（Altrichter, H.）　3, 8
ヴァイネルト（Weinert, F. E.）　67, 112
ヴィッシャー（Visscher, A. J.）　117, 148
エーレン（Ehren, M. C. M.）　117, 148

【か行】

クッサウ（Kussau, J.）　8-10
クラフキ（Klafki, W.）　65
クレム（Klemm, K.）　3
コイネ（Keune, M.）　117
コップ（Kopp, B. v.）　8

【は行】

ハインリヒ（Heinrich, M.）　8
ハーシュ（Hirsch, E. D. Jr.）　65
ファン・アッケレン（Van Ackeren, I.）　3, 8
フィッシュ（Fisch, R.）　3
フスフェルト（Husfeldt, V.）　149
フックス（Fuchs, H. -W.）　9
ブリューゼマイスター（Brüsemeister, T.）　8-10
ベトヒャー（Böttcher, W.）　65, 117

【ら行】

ランブレヒト（Lambrecht, M.）　117, 148
リュールプ（Rürup, M.）　117, 118, 148
ロビンゾーン（Robinsohn, S. B.）　65

著者紹介

坂野 慎二（さかの しんじ）　玉川大学教育学部、同大学院教育学研究科教授
1961年生まれ。東北大学大学院教育学研究科修了。博士（教育学）。
専門：教育経営学、比較教育学、教育課程論。

主要著書

『海外の教育改革』（共編著、放送大学出版会、2015年）、『学校教育制度概論』（共編著、玉川大学出版部、2012年）、『教育改革の国際比較』（共著、ミネルヴァ書房、2007年）、『戦後ドイツの中等教育制度研究』（風間書房、2000年）、など。

統一ドイツ教育の多様性と質保証―日本への示唆―

2017年2月28日　初版　第1刷発行　〔検印省略〕
定価はカバーに表示してあります。

著者©坂野慎二／発行者：下田勝司　　印刷・製本／中央精版印刷

東京都文京区向丘1-20-6　郵便振替00110-6-37828
〒113-0023　TEL（03）3818-5521　FAX（03）3818-5514
発行所　株式会社 東信堂

Published by TOSHINDO PUBLISHING CO., LTD.
1-20-6, Mukougaoka, Bunkyo-ku, Tokyo, 113-0023, Japan
E-mail : tk203444@fsinet.or.jp　http://www.toshindo-pub.com

ISBN978-4-7989-1411-4 C3037 © Sakano Shinji

東信堂

比較教育学事典	日本比較教育学会編	一二〇〇〇円
比較教育学の地平を拓く	森下稔子編著 山田肖子	四六〇〇円
比較教育学──越境のレッスン	馬越徹	三六〇〇円
比較教育学──伝統、挑戦、新しいパラダイムを求めて「持続可能な社会」のための比較教育学の最前線	M・ブレイ編著 馬越徹・大塚豊監訳	三八〇〇円
国際教育開発の研究射程──途上国の基礎教育普及に向けて	北村友人著	二八〇〇円
国際教育開発の再検討	小川啓一・西村幹子・北村友人編著	二四〇〇円
発展途上国の保育と国際協力	三輪千明・浜野隆著	三八〇〇円
トランスナショナル高等教育の国際比較──留学概念の転換	杉本均編著	三六〇〇円
東アジアにおける留学生移動のパラダイム転換──大学国際化と「英語プログラム」の日韓比較	嶋内佐絵著	三六〇〇円
中国教育の文化的基盤	顧明遠著 大塚豊監訳	二九〇〇円
中国大学入試研究──変貌する国家の人材選抜	大塚豊	三六〇〇円
東アジアの大学・大学院入学者選抜制度の比較──中国・台湾・韓国・日本	南部広孝	三二〇〇円
中国高等教育独学試験制度の展開	南部広孝	三二〇〇円
中国の職業教育拡大政策──背景・実現過程・帰結	劉文君	五〇四八円
中国における大学奨学金制度と評価	王帥	五四〇〇円
中国高等教育の拡大と教育機会の変容	王傑	三九〇〇円
現代中国初中等教育の多様化と教育改革	楠山研	三六〇〇円
文革後中国基礎教育における「主体性」の育成	李霞	二八〇〇円
戦後台湾教育とナショナル・アイデンティティ──「郷土」としての台湾──郷土教育の展開にみるアイデンティティの変容	林初梅	四六〇〇円
戦後台湾教育の多様性と質保証	山崎直也	四〇〇〇円
統一ドイツ教育の多様性と質保証──日本への示唆	坂野慎二	二八〇〇円
ドイツ統一・EU統合とグローバリズム──教育の視点からみたその軌跡と課題	木戸裕	六〇〇〇円
教育における国家原理と市場原理──チリ現代教育史に関する研究	斉藤泰雄	三八〇〇円
中央アジアの教育とグローバリズム	嶺井明子編著 川野辺敏	三二〇〇円
インドの無認可学校研究──公教育を支える「影の制度」	小原優貴	三二〇〇円
バングラデシュ農村の初等教育制度受容	日下部達哉	三六〇〇円
オーストラリアのグローバル教育の理論と実践──開発教育研究の継承と新たな展開	木村裕	三六〇〇円
マレーシア青年期女性の進路形成	鴨川明子	四七〇〇円

〒113-0023 東京都文京区向丘1-20-6 TEL 03-3818-5521 FAX03-3818-5514 振替 00110-6-37828
Email tk203444@fsinet.or.jp URL:http://www.toshindo-pub.com/
※定価：表示価格（本体）＋税

東信堂

アメリカ公立学校の社会史 ―コモンスクールからNCLB法まで	W・J・リース著 小川佳万・浅沼茂監訳	四六〇〇円
アメリカ 間違いがまかり通っている時代 ―公立学校の企業型改革への批判と解決法	D・ラヴィッチ著 末藤美津子訳	三八〇〇円
教育による社会的正義の実現―(1945-1980)―アメリカの挑戦	D・ラヴィッチ著 末藤美津子訳	五六〇〇円
学校改革抗争の100年―20世紀アメリカ教育史	D・ラヴィッチ著 末藤・宮本・佐藤訳	六四〇〇円
[増補版]現代アメリカ公民教育におけるサービス・ラーニング	唐木清志	三四〇〇円
アメリカ学校財政制度の公正化	竺沙知章	三四〇〇円
現代アメリカの教育アセスメント行政の展開 ―マサチューセッツ州(MCASテスト)を中心に	北野秋男編	四八〇〇円
[増補版]現代アメリカにおける学力形成論の展開 ―スタンダードに基づくカリキュラムの設計	石井英真	四六〇〇円
ハーバード・プロジェクト・ゼロの芸術認知理論とその実践 ―内なる知性とクリエティビティを育むハワード・ガードナーの教育戦略	池内慈朗	六五〇〇円
アメリカにおける学校認証評価の現代的展開	浜田博文編	二八〇〇円
アメリカにおける多文化的歴史カリキュラム	桐谷正信	三六〇〇円
EUにおける中国系移民の教育エスノグラフィ	山本須美子	四五〇〇円
現代ドイツ政治・社会学習論 ―「事実教授」の展開過程の分析	大友秀明	五二〇〇円
現代教育制度改革への提言 上・下	日本教育制度学会編	各二八〇〇円
日本の教育をどうデザインするか	村田翼夫・上田学編著	二八〇〇円
現代日本の教育課題 ―二一世紀の方向性を探る	村田翼夫・岡知也編著	二八〇〇円
バイリンガルテキスト現代日本の教育	上田学編著	二八〇〇円
人格形成概念の誕生―近代アメリカの教育概念史	田中智志	三八〇〇円
社会性概念の構築―アメリカ進歩主義教育概念史	田中智志	三六〇〇円
グローバルな学びへ―協同と刷新の教育	田中智志編著	二〇〇〇円
学びを支える活動へ―存在論の深みから	田中智志編著	二〇〇〇円
教育の共生体へ―ボディ・エデュケーショナルの思想圏	田中智志編	三五〇〇円
社会形成力育成カリキュラムの研究	西村公孝	六五〇〇円
社会科は「不確実性」で活性化する ―未来を開くコミュニケーション型授業の提案	吉永潤	二四〇〇円

〒113-0023　東京都文京区向丘 1-20-6
TEL 03-3818-5521　FAX03-3818-5514　振替 00110-6-37828
Email tk203444@fsinet.or.jp　URL:http://www.toshindo-pub.com/

※定価：表示価格（本体）＋税

東信堂

溝上慎一 監修 アクティブラーニング・シリーズ（全7巻）

① アクティブラーニングの技法・授業デザイン　水野正朗 編　一六〇〇円
② アクティブラーニングとしてのPBLと探究的な学習　溝上慎一編　一八〇〇円
③ アクティブラーニングの評価　成田秀夫 編　一六〇〇円
④ 高等学校におけるアクティブラーニング：理論編　石井英真 編　一六〇〇円
⑤ 高等学校におけるアクティブラーニング：事例編　溝上慎一編　二〇〇〇円
⑥ アクティブラーニングをどう始めるか　成田秀夫 編　一六〇〇円
⑦ 失敗事例から学ぶ大学でのアクティブラーニング　亀倉正彦　一六〇〇円

アクティブラーニングと教授学習パラダイムの転換　溝上慎一　二四〇〇円
大学生の学習ダイナミクス——授業内外のラーニング・ブリッジング　河井亨　四五〇〇円
大学のアクティブラーニング——「学び」の質を保証するアクティブラーニング　河合塾編著　三二〇〇円
「深い学び」につながるアクティブラーニング——全国大学の学科調査報告とカリキュラム設計の課題　河合塾編著　二八〇〇円
アクティブラーニングでなぜ学生が成長するのか——経済系・工学系の全国大学調査からみえてきたこと　河合塾編著　二八〇〇円
初年次教育でなぜ学生が成長するのか——全国大学調査からみえてきたこと　河合塾編著　二八〇〇円

主体的学び 創刊号　「主体的学び」につなげる評価と学習方法——カナダで実践されるCEモデル　主体的学び研究所編　一八〇〇円
主体的学び 2号　主体的学び研究所編　一六〇〇円
主体的学び 3号　主体的学び研究所編　一六〇〇円
主体的学び 4号　主体的学び研究所編　二〇〇〇円

ポートフォリオが日本の大学を変える——ティーチング・ポートフォリオ・アカデミック・ポートフォリオの活用　土持ゲーリー法一　二〇〇〇円
ティーチング・ポートフォリオ——授業改善の秘訣　土持ゲーリー法一　二五〇〇円
ラーニング・ポートフォリオ——学習改善の秘訣　土持ゲーリー法一　二五〇〇円

〒113-0023　東京都文京区向丘1-20-6　TEL 03-3818-5521　FAX 03-3818-5514　振替 00110-6-37828
Email tk203444@fsinet.or.jp　URL:http://www.toshindo-pub.com/

※定価：表示価格（本体）＋税